4·3 주요 유적

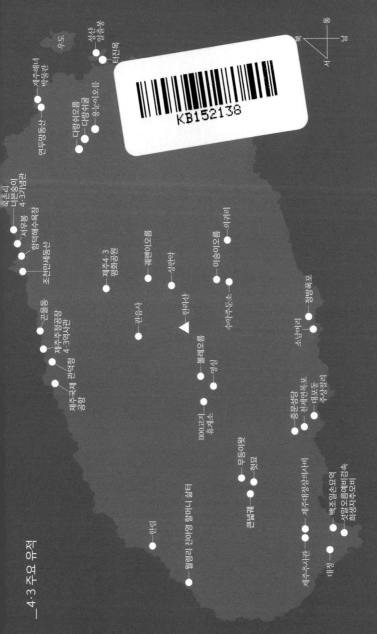

북
서 동
남

우도

성산 일출봉
터진목

제주해녀 박물관

연두망동산

다랑쉬오름
다랑쉬굴
용눈이오름

큰넓궤
너븐숭이
4·3기념관

서우봉 해수욕장
함덕해수욕장
조천만세동산

곤을동

제주주정공장
4·3역사관

관덕정

제주국제
공항

제주4·3
평화공원

궤뗴기오름

산양악

한라산

이승이오름

의귀리

수악주둔소

정방폭포

소낭머리

관음사

볼레오름

영실

1100고지

휴게소

무등이왓

핫모

큰넓궤

한림

월령리 진아영 할머니 삶터

중문 성당
천제연폭포
대포동 주상절리

제주대정읍알뜨르

배톤임손묘역
섯알오름예비검속
희생자추모비

제주주사관

대정

4·3,

기나긴 침묵 밖으로

19470301

19540921

4·3,

기
나 19470301
긴
침
묵 ——
밖
으
로 19540921

허호준 지음

"길을 걷는다. 길 위에서 4·3의 흔적을 찾는다. 이 길은 그들에게
가시밭길, 죽음의 길이었다. 그 길 위에 관광객의 발길이 이어진다.
길을 걷는 이들의 눈에 4·3은 보이지 않으나 그날은 그 길 위에 있다."

올레1코스에 있는 성산일출봉 앞 터진목 학살터.

희생자 11구의 유해가 발견된 다랑쉬오름 인근 다랑쉬굴

올레19코스에 있는 함덕해수욕장에서 서우봉에 이르는 길.

올레10코스에 있는 섯알오름 예비검속 학살터.

초토화로 '잃어버린 마을'이 된 서귀포시 안덕면 동광리 무등이왓

북촌리의 4·3 비극을 그린 현기영의 소설 『순이삼촌』을 기념하는 '순이삼촌문학비'.

"군인들이 불을 질렀다.
푸른 바다는 핏빛 바다가 되었다.
곤을동은 '잃어버린 마을'이 되었다.
북촌리에 총소리가 울렸다.
300여 명이 한 날 학살되었다.
한라산으로 피신한 동광리 주민들은
총살됐다. 헛묘를 만들었다."

혼적만 남아 있는 해안가 잃어버린 마을
제주시 화북동 곤을동.

시신을 수습하지 못해 만든 동광리 희생자들의 헛묘

"2007년 9월, 제주국제공항에서 학살 암매장된 지 60년 만에
그들의 유해가 세상 밖으로 나왔다. '폭력'과 '광기'의 시대를
고발했다. 산 자와 죽은 자는 그렇게 만났다."

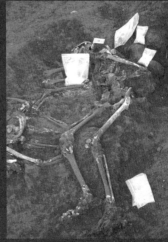

정뜨르비행장으로 불린 제주국제공항에서 발굴된 희생자들의 유해.

제주국제공항에서 발굴된 희생자들의 유해를 운구하는 가족들.

"관덕정은 언제나 제주 역사의 한 가운데 있었다. 1947년 3월 1일, 제주북교에서 3·1절 기념대회를 마친 참가자들이 거리 행진을 하며 빠져나온 곳도 여기다. 뒤이어 들린 수십 발의 총성은 제주 사회를 완전히 뒤바꾸어 놓았다."

제주의 역사를 대면하며 흘러온 곳 관덕정.

2008년, 육지 형무소 등으로 끌려간 희생자들의 혼백을 기리는 유족들.

한라산 정상 백록담 북쪽 능선에 있는 한라산개방평화기념비.

"금족의 땅이었던 한라산은 1954년 입산 금지령(금족령)이 해제되었다. 그러나 그것으로 비극은 끝나지 않았다. 제주도민들에게 4·3은 잊지 않고 기억해야 하는 일로 남았다."

2018년 일본 오사카 통국사에 제막된 '제주4·3희생자위령비'.

'4·3 기념 성당'으로 지정된 서귀포시 중문성당에 자리한 '4·3 기념 십자가'.

1992년 12월 11일
제주 유세에서
4·3특별법 제정 등
관련 공약을 내건
김대중 전 대통령
후보 시절 모습.

"1980년대 이후 정치권에서 처음으로 4·3 문제를
정면으로 내건 정치인은 훗날 대통령이 된 김대중이었다.
4·3특별법은 김대중 정부 시절인 2000년 1월 12일
제정 공포됐다. 왜곡되고 뒤틀렸던 사건의 진상을
밝히고, 희생자와 살아남은 자들의 명예를
회복시키기 위한 작업이 시작됐다."

2006년 4월 3일
열린 제58주년
위령제에 참석한
노무현 전 대통령.

"국정을 책임지고 있는 대통령으로서 과거 국가 권력의
잘못에 대해 유족과 제주 도민 여러분에게 진심으로
사과와 위로의 말씀을 드립니다. 무고하게 희생된
영령들을 추모하며 삼가 명복을 빕니다."

2018년 4월 3일 제주4·3평화공원에서 열린 4·3 추념식에 참석해 행방불명인 표석에 참배하는 문재인 전 대통령과 김정숙 여사. 문 전 대통령은 2018년과 2020년, 2021년 3차례나 4·3 추념식에 참석할 정도로 4·3 문제 해결에 각별한 관심을 보였다.

"노무현 대통령은 대통령으로서 처음으로 4·3에 대한 국가의
책임을 인정하고, 위령제에 참석해 희생자와 유족, 제주 도민께
사과했습니다. 저는 오늘 그 토대 위에서 4·3의 완전한 해결을 향해
흔들림 없이 나아갈 것을 약속합니다. 더 이상 4·3의 진상 규명과
명예 회복이 중단되거나 후퇴하는 일은 없을 것입니다.
그와 함께, 4·3의 진실은 어떤 세력도 부정할 수 없는 분명한
역사의 사실로 자리를 잡았다는 것을 선언합니다."

4·3 시기 대표적 집단 학살
사건 현장 북촌리 너븐숭이
4·3기념관 안에 새겨진
희생자들의 이름.

제주시 봉개동에 자리한 제주4·3평화공원.

제주4·3평화공원 안의 행방불명인 표석.

"언젠가 이 비에
제주4·3의 이름을 새기고
일으켜 세우리라"

4·3백비, 이름 짓지 못한 역사
Unnamed Monument

백비(白碑). 어떤 까닭이 있어 글을 새기지 못한 비석을 일컫는다.
봉기 항쟁 폭동 사태 사건 등으로 다양하게 불려온 제주4·3은 아직까지도
정명(正名)을 하지 못하고 있다. 분단의 시대를 넘어
진정한 화해와 상생, 평화와 인권의 새로운 역사를
일으켜 세우고자 그 날을 기다린다.

제주4·3평화기념관의 전시물 '백비'.

제주4·3평화기념관,
어두운 동굴 끝에 하얀 비석이 누워 있다.
비석은 천장을 통해 쏟아지는 햇빛을 받아 빛난다.
아무런 글자도 새겨지지 않았다.
'백비'다.
설명문에는 이렇게 적혀 있다.

'4·3 백비, 이름 짓지 못한 역사'

4·3

"1947년 3월 1일을 기점으로
1948년 4월 3일 발생한 소요 사태 및
1954년 9월 21일까지 제주도에서 발생한
무력 충돌과 그 진압 과정에서
주민들이 희생당한 사건."

제주4·3사건 진상 규명 및 희생자 명예 회복에 관한 특별법

책을 펴내며

이제야 끝냈다.

부끄러움과 미안함이 앞선다. 4·3에 관해 써보겠다고 구상하고 본격적인 취재에 들어간 것이 2017년이었으니 어느덧 햇수로 7년이 됐다. 이를 위해 제주도 전역은 물론 경기도 고양과 부산 등을 비롯한 육지와 도쿄와 오사카 등 일본에서 4·3을 안고 살아가는 할아버지, 할머니, 삼촌 들을, 4·3을 기억하는 관련자들을 만났다. 그동안 만나 깊은 이야기를 나눈 분들만 해도 100여 명은 훨씬 넘을 듯하다. 제주 사람들은 제주 이외의 다른 지역을 육지라고 부르고, 본인보다 나이 많은 분들을 친근하게 삼촌이라 부른다.

걸음마를 막 떼던 어린아이, 또는 소녀, 소년이었던 때로부터 백발이 성성한 오늘에 이르기까지 4·3을 안고 살아가는 이들은 울먹이기도 하고, 분노하기도 했으며, 4·3으로 인한 육체적·정신적 고통을 토로하기도 했다. 하나같이 "내가 글을 쓴다면 소설 한 권은 나올 거"라고 했다. 사연마다 절절하지 않은 것이 없었다. 그들에게 4·3은 과거가 아닌 현재진행형이다.

이 책은 기본적으로 4·3 생존 희생자, 유족들과 나눈 이야기를 뼈대로 삼았다. 이를 바탕으로 4·3의 전 과정을 나의 시각에서 축약했다. 해방 직전, 태평양전쟁 당시 바람 앞의 등불 같던 제주, 1947년 3월 1일 관덕정을 울린 총성으로부터 시작된 4·3의 첫 날과 1954년 9월 21일, 한라산의 금족령 해제로 끝난 마지막 날까지, 그리고 4·3 이후 오늘에 이르기까지를 아울렀다. 여기에 나의 관심사인 4·3과 미국의 관계를 담기 위해 노력했고, 당시 세계 정세의 흐름 속에서 4·3의 발생 원인과 배경을 알기 쉽게 설명하기 위해 고심했다. 성인 독자들은 물론 고등학생에게도 읽히는 책을 써보겠다고 마음먹은 터라 어렵지 않게 전달하는 것에 주력했다.

*

책의 구성은 4·3 그 자체의 역사, 4·3 이후 오늘날까지의 역사를 먼저 일별하는 것으로 시작한다. 이후 제주 섬 곳곳에 남은 흔적을 따라가 보았다. 많은 이로부터 사랑받는 올레길을 따라가 보면 지난했던 제주 사람들의 역사를 마주할 수 있다. 처연한 아름다움의 땅 성산포 터진목, 무지갯빛 물보라 이는 서귀포 정방폭포는 비극적인 역사의 현장이다. 모슬포 알뜨르비행장 일대는 4·3만이 아닌 일제 침략과 한국전쟁의 상흔이며, 한림 월령리는 4·3 당시 토벌대의 총에 턱을 크게 다쳐 평생 고통 속에 사신 무명천 할머니, 진아영의 삶터다.

핏빛 바다가 됐던 별도봉 아래 해안가 작은 마을 곤을동의 올레길을 돌아 만나는 연초록 물빛은 아름다우나 서럽고, 함덕해수욕장을 지나 서우봉을 거쳐 북촌으로 이어지는 절경의 길은 한때 죽음의 길이었다.

관덕정을 비롯한 제주 시내의 숱한 역사의 현장은 오늘도 그 자리에 있고, 일제 강점기 억압에 맞서 일본인 도사(島司, 지금의 도지사격)의 차 위에 올라타 투쟁한 해녀들이 만세를 외치던 연두망동산 역시 학살터의 기억을 함께 안은 채 그 자리에 있다. 그러나 오늘날 우리는 그곳에 서려 있는 비명(悲鳴)들을 모르거나 또는 잊고 있다.

미국을 빼놓고는 4·3을 말할 수 없다. 냉전 체제 형성기 미국이 제주도에 각별한 관심을 갖게 된 배경부터 구체적으로 개입한 경위에 이르기까지 따로 한 장을 할애한 이유다.

4·3이 남긴 상흔 가운데 빼놓을 수 없는 것이 바로 디아스포라다. 그때 토벌대의 방화와 학살로 마을이 통째로 사라져 떠난 뒤 다시는 돌아갈 고향이 없는 이들이 있으며, 살육의 현장에서 살기 위해 육지로, 일본으로 떠난 이들도 있다. 또는 육지의 형무소 끌려간 뒤 한국전쟁의 와중에 또다시 북으로 끌려간 이들도 있으며, 일본으로 떠났다가 북한으로 건너간 이들도 있다. 생존 희생자, 또는 그 유족들과 그들의 집에서, 찻집에서, 희생터에서, 고향을 떠난 타지에서 이야기를 들을 때마다 4·3을 연구하고 공부해야 하는 절실함을 느꼈다. 삶 자체가 4·3 디아스포라와 분단의 증표가 된 그분들은 두렵고 무서워 어디서도 꺼낼 수 없었던 이야기를 들려주셨다. 그분들의 이야기를 세상에 전할 수 있게 된 것이 보람이라면 보람이겠다.

4·3 무장봉기의 신호탄이라 할 수 있는 1947년 3월 1일 관덕정에 있던 목격자들, 그날 희생된 분들의 가족이나 지인들을 만나 들은 그날의 모습, 1949년 1월 17일 하루 최대의 희생자를 남긴 북촌리의 주민들로부터 들은 그날의 기억들 또한 최대한 담담하게 담으려 노력했다.

특별히 따로 한 장을 할애한 것은 여성들이 겪었던 고통과 이후 감내해야 했던 삶이다. 2003년 국무총리실 산하 '제주4·3사건 진상 규명 및 희생자 명예 회복 위원회'(이하 '4·3위원회')가 펴낸

『제주4·3사건 진상 조사 보고서』를 참고하고, 여러 분들을 직접 만나 들은 이야기를 바탕으로 했다.

＊

제주 사람들은 한라산을 바라보며 아침을 시작하고, 저녁을 맞는다. 4·3을 겪고서도 제주 섬을 떠나지 않은 아버지와 어머니 들은 평생 그 산을 바라보며 살아왔다.

1948년 겨울, 한라산에는 많은 눈이 내렸다. 그 눈 덮인 골짜기에서, 굴속에서 토벌대를 피해 피신 생활을 하던 삼촌들이 있었다. 중산간 깊은 굴속에서 시시각각 다가오는 토벌대의 그림자를 피해 숨을 죽인 채 살았다. 울음소리가 굴 밖으로 새어나갈까봐 입을 틀어막은 엄마의 손에 숨을 멈춘 아기도 있었다. 산 사람들은 그해 유난히 많이 열렸다던 볼레(보리수나무 열매)로 연명했다. 11살 어린 소년은 변변한 옷도, 신발도 없이 눈 쌓인 한라산을 헤매며 조막만 한 손으로 볼레를 훑고 입에 담았다. 함께 하던 이들이 모두 죽고 난 뒤 한라산 자락에 홀로 남은 12살 소녀는 "어디로 가야 하지?", "어떻게 해야 하지?" 되뇌이다 총소리에 놀라 숲속으로 뛰어들었다. 상상 이상의 세상이다.

그때를 겪은 섬 사람들은 그해의 눈을 기억한다. 그 소년과 소녀 들 중 많은 이가 죽었다. 가까스로 살아남은 이들은 울음조차 말라버렸다. 살아남은 탓에 두려움과 공포로 가득찬 세상에서 또다시 살아남아야 했다. 그들의 생존 투쟁은 가열찼다. 10대 어린 소년, 소녀 들이 작은 손으로 산에서 나무를 베어다 집을 짓고, 남은 가족들을 먹여 살렸다. 그렇게, 그 덕분에 마을들이 가까스로 되살아났다. 그로 인해 제주 섬은 서서히 재건되었다.

이런 비극은 세계사에서 또 만날 수 있다. 남동부 유럽, 세계 신화의 모태이자 민주주의의 발상지라는 그리스로 눈을 돌리면, 4·3은 그곳에도 있다. 제2차 세계대전 시기 나치 독일의 그리스 점령 이후 저항 운동을 분쇄하려 했던 독일은 그리스 산간 지역 마을을 저항 세력의 근거지라며 초토화했다. 독일군 철수 뒤 해방 그리스는 내전에 휘말려 들어 갔다. 거기에도 미국의 개입이 있었다. 그리스인들은 좌·우익의 희생양이 됐다. 제주 섬 사람들이 육지 형무소로 끌려간 것처럼 그리스인들은 섬의 수용소로 끌려갔다. 1947년 '3·1사건'이 일어나기 하루 전인 2월 28일에는 대만에서 이른바 '2·28사건'이 일어났다. 중국 대륙에서 온 외성인(外省人)들이 대만 본토의 본성인(本省人)들을 무차별 학살한 사건이었다. 이 사건은 계엄령으로 이어지고, 1950년대 백색 테러를 불러왔다. 이후로 수많은 대만 사람이 반공의 이름 아래 40여 년 동안 이어진 탄압 정치로 신음해야 했다.

*

4·3은 그때 그 일로서만이 아니라 외부 세력의 부당한 침탈이 있을 때마다 맞서 일어섰던 저항의 전통 속에 자리매김해야 한다. 나아가 4·3은 단지 제주에서 일어난, 제주 섬 사람들만의 비극이 아니다. 국제적 냉전 체제와 남북 분단의 산물이다. 문재인 전 대통령이 2020년 72주년 4·3 추념식에서 밝혔듯이, 해방된 땅에서 남북이 하나가 되는 것은 민족의 꿈이었다. 제주 섬 사람들은 그 꿈을 더 일찍 꾸었다. 따라서 남북의 평화로운 통일이 이루어질 때 비로소 4·3의 역사적 이름은 자리매김될 수 있다.

4·3의 의미는 여기에서 그치지 않는다. 진상 규명과 명예 회복 운동을 통해 갈등과 대립을 넘어 화해와 상생, 포용의 가치를 만들어내고 있음을 주목해야 한다. 제주의 역사가 아닌 우리

모두의 역사로 바라보고 이를 조명해야 하는 이유가 여기에 있다.

　제2차 세계대전 당시 나치의 유대인 대학살을 목격한 유엔이 프랑스 파리에서 총회를 열고 '집단 살해죄의 방지와 처벌에 관한 협약', 이른바 '제노사이드 협약'을 채택한 것은 1948년 12월 9일이었다. 그 다음 날인 12월 10일에는 인류의 보편적 인권을 보호하는 취지의 '세계인권선언'이 채택됐다. 그러나 그 시기, 프랑스 파리에서 9,300여 킬로미터 떨어진 제주도에서는 군·경 토벌대에 의한 초토화가 한창이었다. 섬 사람들은 외부 세계와 차단된 채, '붉은색'을 덧칠당한 채 한라산과 중산간, 해안에서 죽어갔다. 그때 제주 섬 사람들에게 제노사이드 협약이며, 인권이며, 평화는 어디까지나 남의 나라 일이었다.

　　*

　제주시 봉개동에는 4·3의 아픈 역사를 기억하고, 화해와 상생을 염원하기 위해 2008년 문을 연 제주4·3평화공원이 있다. 그곳에 자리를 잡은 행방불명인 표석에는 그해 겨울, 한라산과 중산간에서 스러져간 이들의 이름이 적혀 있다. 태어난 지 얼마 되지 않아 아직 이름조차 갖지 못한 '김ㅇㅇ의 자' 또는 '박명미상' 등 갓난아이 희생자들의 이름 없는 이름이 서글프다. 육지 형무소로 끌려간 뒤 돌아오지 못한 이들도 허다하다. 표석의 숫자만 4천 기에 가깝다. 국무총리실 산하 4·3위원회가 결정한 희생자 1만 5천여 명 가운데 27퍼센트다. 그렇게 많은 섬 사람들이 행방불명됐다. 표석에서 나와 위령제단을 거쳐 내려오면 섬 모양의 타원형으로 서 있는 각명비가 있다. 1만 5천여 명에 이르는 희생자들의 이름이 마을별로 새겨졌다. 그 자체로 4·3의 비극과 엄중함을 말없이 말해준다.

4·3은 군사 독재 정권 시절 탄압과 금기의 대상이었다. 다행히 지난 30여 년 동안 진상 규명과 명예 회복 운동이 상당한 성과를 거뒀다. 특히 70주년이던 2018년 이후 최근 5년 동안 명예 회복이 상당 부분 진척됐다. 이를 추동한 것은 연대의 힘이었다.

　외부 세력의 횡포와 침탈에 맞서 일어났던 제주 민란의 바탕에는 언제나 섬 사람들의 연대가 있었다. 당시 4·3을 취재했던 『독립신보』, 『호남신문』, 『경향신문』, 『대한일보』 등의 언론은 20세기 벽두에 일어난 이재수의 난과 일제 강점기 해녀 투쟁 등 민족해방 운동을 돌아보며 외부 침탈에 맞선 제주도의 힘을 단결력과 투쟁력에서 찾았다.

　4·3 역시 마찬가지였다. 외부 세력의 침탈에 맞선 단결력은 '제주4·3사건 진상 규명 및 희생자 명예 회복에 관한 특별법'(이하 '4·3특별법') 제정 과정과 보수 세력의 '4·3 흔들기'에 대한 대응에서도 여실히 드러났다. 시민 사회가 가진 응집력과 투쟁력은 그렇게 오래전부터 이어져온 것이었다. 1987년 6월 항쟁 이후 4·3 진상 규명과 명예 회복을 위한 단결력의 다른 이름이 바로 연대다. 1980년대 후반~1990년대 초, 불가능해 보이던 4·3특별법의 제정 요구 현실화, 국회 여야 합의 통과는 제주 사회의 강고한 연대에 힘입었다. 또한 2021년 4·3 특별법 전면 개정안의 국회 통과 역시 그 연장선 위에 있다. 이런 전통은 면면히 제주 섬의 역사를 관통해 흐르고 있다.

　　*

　1980년대 이후 정치권에서 처음으로 4·3 문제를 정면으로 내건 정치인은 훗날 대통령이 된 김대중이었다. 그는 1987년 말 실시된 대통령 선거 때 평민당 후보로 나서 4·3 진상 규명을 공약으로 제시했다. 노무현 전 대통령은 2003년 국가 권력의 잘못을 공식적으로 사과했고, 2006년 58주년 위령제에 참석했다. 또한 문재인 전 대통령은 2018년 70주년에 이어 2020년 72주년과 2021년 73주년까지 연이어 추념식장을 찾았다. 현직 대통령이 세 차례나 추념식에 참석해 희생자들을 애도하고, 유족과 도민을 위무했다. 그리고 2022년 시작한 국가 보상까지 이어졌다. 이렇게 4·3의 역사는 조금씩 진전해 왔다. 폭력과 광기의 시대를 지나 탄압과 금기의 시대를 거쳐 진상 규명과 명예 회복의 시대가 펼쳐졌다. 국가 보상금 지급까지 75년의 세월이 흘렀다.

*

이렇게 책 한 권에 생존 희생자, 유족 들과의 인터뷰를 바탕으로 4·3의 배경부터 오늘날까지의 역사, 그 시간을 겪은 사람들의 이야기, 제주 곳곳에 남은 흔적을 담았다. 이 책을 통해 제주섬 사람들만이 아니라 육지의 독자들이 4·3의 역사와 의미를 한 번쯤 생각하기를 바란다. 나아가 제주를 오갈 때 여전히 남아 있는 그 흔적을 잠시라도 떠올려 주기를 바라는 마음도 함께 전한다. 책 제목을 4·3의 첫날과 마지막 날의 날짜에서 가져온 것도 이유가 있다. 낯선 숫자를 보며 4·3이 하루이틀에 일어난 일이 아니라 이렇게 오랜 시간 이어져온 일이라는 사실을 많은 이들이 곱씹어보고, 나아가 기억해주기 바라는 마음에서다.

*

감사의 말을 해야겠다.

가장 먼저 당신들이 겪어야 했던 4·3 이야기를 어렵게 꺼내주신 여러 할아버지, 할머니, 삼촌께 감사의 말씀을 전한다. 이 분들의 증언이 없었다면 이 책은 존재할 수 없었다.

이 책이 나오게 된 것은 내가 몸담고 있는 『한겨레』의 이주현 부문장과 이세영 부장 덕택이다. 2018년 4·3 70주년을 맞아 '동백에 묻다'라는 제목으로 지면과 온라인 등에 모두 20회에 걸쳐 기사를 쓴 바 있다. 기사로만 두기에 아깝다는 이야기가 줄곧 있었지만 책으로 펴낼 엄두를 내지 못하고 있었다. 그러다 2022년 우연한 기회에 만난 두 사람이 적극적으로 권유했다. 그렇지만 결심이 서지 않았다. 얼마나 많은 시간과 노력을 들여야 할까 생각만 해도 힘이 들었다. 일상 생활을 포기하고 온전히 몰입해야 하는데 형편상 그럴 수 있을지 자신할 수 없었다. 머뭇거리고 고민하던 때 이번에는 출판사에서 연락이 오기 시작했다. 더는 퇴로가 없었다.

일은 그렇게 시작되었다. 5년 전의 기사를 바탕으로 조금만 손을 보면 되지 않을까 생각했으나 완전한 오산이었다는 걸 깨닫는 데는 시간이 오래 걸리지 않았다. 70주년만이 아니라 그 전과 이후에 만난 4·3 경험자들의 녹취록을 다시 들여다 보고, 사료를 찾아 처음부터 다시 써야 했다. 쓰면 쓸수록 어려웠다. 그때마다 '혜화1117' 이현화 대표의 뛰어난 추진력과 기획력, 구성력은 큰 힘이 됐다. 오히려 제주 사람인 나보다 더 제주에 대한 애정을 보여줬다.

책은 이렇게 나오게 됐다. 세 분께 감사의 말씀을 전한다.

*

2022년 겨울 초입부터 2023년 봄 초입까지 나의 사랑하는 은이와 함께 한 카페에서 시간을 보냈다. 은이와 이 책을 함께 쓰고 싶었다. 책을 쓰기로 마음먹을 때부터 그러기로 했다. 70주년 기획 기사를 취재하기 위해 찾았던 학교에서 생글생글 웃으며 달려왔던 은이의 모습을 잊을 수 없다. 나의 은이가 앉았던 의자와 테이블에서, 글쓰기를 좋아하던 은이의 모습을 떠올리며 이 글을 썼다. 이제 겨울이 지나 봄에 이르렀다. 이 책을 나의 딸, 나의 천사 은에게 바친다.

2023년 봄의 문턱에서
허호준

Preface

Now, it's finally done. Shame and regret come first. It has been seven years since I began planning and conducting research on the 4·3 Incident in preparation for writing about it in earnest in 2017. To do this, I met with grandparents, uncles(Samchon), and related individuals who carry the burden of 4·3 not only throughout Jeju Island, but also on the mainland(Yuk-Ji) in places such as Goyang and Busan, as well as in Tokyo and Osaka, Japan. I have met with well over 100 individuals who have shared deep stories with me during this time. Jeju locals refer to any area outside of Jeju as the "mainland, and they affectionately refer to those older than themselves as "uncles."

From the time they were just learning to walk as young children to this day when their hair has turned completely white, those who carry the burden of 4·3 have expressed their innermost thoughts, sometimes choking up or expressing anger. They have also shared their physical and mental pain caused by the events of that time. Without exception, they have said, "If I were to write about it, it would end up being a novel." There was no story that was not poignant. To them, 4·3 is not a thing of the past, but an ongoing reality.

This book is primarily based on conversations with 4·3 survivors and their families. Using these stories as a framework, I condensed the entire process of 4·3 from my perspective. It begins with the time before liberation and the Pacific War, when Jeju was like a candlelight in the wind, and continues from the first day of 4·3, when shots rang out on March 1, 1947, to the last day of the event, September 21, 1954, when the climbing of Mount Halla was permitted. It also covers the period from 4·3 until today. In addition, I made an effort to include my interest in the relationship between 4·3 and the United States and to explain the causes and background of 4·3 in an easy-to-understand way in the context of the global situation at the time. As I aimed to write a book that would be accessible to not only adult readers but also to high school students, I focused on delivering the information in an easy-to-understand manner.

*

The structure of the book begins with account of the history of 4·3 itself and the history from 4·3 to the present day. Afterwards, the book follows the traces left throughout Jeju Island. If you follow the Olle Trail, which is loved by many, you can encounter the history of the Jeju people who lived in the past. The tragically beautiful places such as Seongsanpo's Tteujinmok, and the misty water sprays of Seogwipo's Jeongbang Falls are sites of the tragic truth. The area around the former Japanese military facility, Moseulpo Airfield bears the scars not only of 4·3, but also of the Japanese invasion and the Korean War. Meanwhile, Wollyeong-ri, Hallym was the site where an elderly woman named Mumyeongcheon Halmeony, Jin A-yeong suffered in pain for her entire life after being shot in the chin by the government forces during the suppression of 4·3.

The emerald green water that meets the Olle trail in the small coastal village of Goneuldong beneath Byeoldobong peak that turned into a blood red sea is beautiful yet sorrowful.

Moving beyond the beauty of the sea, the route takes you past Hamdeok Beach, up and over Seowubong Peak, and into Bukchon-ri. This scenic route was once a road of death.

The sites of numerous historical events in Jeju City, including Gwandeokjeong, still stand today. And places like Yeondu-mang Dongsan, where haenyeo (female divers) stood on top of Japanese governor's car and shouted 'Manse'(Hurrah) in resistance to Japanese oppression during the colonial era, remain in the same spot, with the memories of massacres. However, today, we may not know or have forgotten the cries of agony that stand in these places.

One cannot speak of 4·3 without mentioning the United States. This is why the book dedicates a whole chapter to the background leading to the formation of the Cold War system and the specific details of the U.S. involvement and intervention in Jeju Island. From the reasons why the U.S. took a special interest in the island to the exact circumstances of its involvement, this chapter delves into the topic in great depth.

Within the scars left by the 4·3, one cannot ignore the impact of the Jeju diaspora. There were those who, after the village was burned down and its inhabitants massacred by the government troops, had no choice but to leave and never return to their homeland. Some left for the mainland or Japan to survive, while others were taken to the mainland's concentration camps and later dragged back to the north during the Korean War. There were even those who left for Japan only to cross over to North Korea later. Listening to the stories of the survivors, their families, and those who had to leave their homes, tea houses, and sacrifice sites, or other foreign lands, made me feel the urgency to study and learn more about 4·3. Those who have become living testaments of the diaspora and division, have shared stories that were too fearful and difficult to be told from elsewhere. Share their stories with the world is a truly rewarding accomplishment.

I made every effort to describe the eyewitness accounts of those present at the pivotal moment of the March 1st Movement in 1947, which could be considered the precursor to the armed uprising of 4·3. I also met with family members and acquaintances of those who were killed on that day, as well as the residents of Bukchon-ri who suffered the greatest loss of life on January 17th, 1949, and strived to convey their memories with as much impartiality as possible.

In particular, I dedicated a section to the pain experienced by women and the subsequent challenges they faced. My work was based on the 2003 report by the government and the stories I heard firsthand from various individuals.

Jeju islanders start their mornings and end their evenings while looking at Mount Halla. Even after experiencing the 4·3 Incident, many parents who didn't leave the island, have lived their entire lives looking at that mountain.

In the winter of 1948, there was heavy snowfall on Mount Halla. In the valleys covered with snow, there were uncles who were taking refuge from the suppression forces in caves. They lived, holding their breath to avoid the shadows of the approaching government forces in the deep caves of the mid-mountain area.

There was also a baby who stopped breathing in the hands of a mother who blocked her mouth for fear that the crying sound might escape the cave. The mountain people survived that year on a plentiful harvest of bolle (a type of nut from a Chinese mahogany tree). An eleven-year-old boy, with tattered clothes and no shoes, roamed Mount Halla covered in snow, digging through the borae with his freezing hands and putting them in his mouth. After all of his companions had died, a twelve-year-old girl who was left alone on the slope of Mount Halla asked herself, "Where should I go?" "What should I do?" She was startled by the sound of gunfire and ran into the forest. It was a world beyond imagination.

The islanders who experienced that time remember the snow of that year. Many of those boys and girls died. Those who barely survived were too numb to even cry. They had to survive once again in a world full of fear and terror. Their struggle for survival was intensified. Teenage boys and girls chopped down trees on the mountain with their small hands, built homes, and fed their remaining families. Thus, the villages were slowly revived thanks to them. As a result, Jeju Island was gradually rebuilt.

Tragedies like this can be found throughout world history. If we turn our gaze to Greece, the birthplace of world mythology and democracy in southeastern Europe, we can find an event similar to 4·3. After Nazi Germany occupied Greece during World War II, they attempted to crush the resistance movement by laying waste to mountainous villages that served as bases for the resistance forces. Following Germany's retreat, Greece was plunged into a civil war. The United States was involved in this conflict as well, and the Greek people became scapegoats of both left-wing and right-wing ideologies.

Just as the people of Jeju Island were dragged to the mainland prisons, the Greeks were taken to the island's internment camps. On February 28, the day before the March 1st Incident in 1947 in Jeju, there was the so-called "2·28 Incident" in Taiwan, where outsiders from the Chinese mainland indiscriminately massacred locals from the island's main provinces. This event led to martial law and the White Terror in the 1950s. Following this, numerous Taiwanese people had to suffer under the oppressive politics of the anti-communist movement for over 40 years.

4·3 should be remembered not only as a tragedy that occurred in a particular time and place, but also as a tradition of resistance against unjust external forces. Furthermore, 4·3 is not just a tragedy that happened to the people of Jeju Island alone; it is a product of the international Cold War system and the division of Korea into South and North. As former President Moon Jae-in stated on the 72nd anniversary of 4·3 in 2020, the dream of the Korean people was to become one in the land of liberation. The people of Jeju Island dreamed this dream earlier. Therefore, the historical name of 4·3 can only be established when peaceful reunification of South and North Korea is achieved. However, the significance of 4·3 does not end here. We should pay attention to the creation of values of reconciliation, coexistence, and inclusion beyond conflict and confrontation through the clarification of the truth and the movement for restoration of honor. This is the reason why we need to look at the history of Jeju as our own history and shed light on it.

In response to the Nazi holocaust of Jews during World War II, the United Nations adopted the "Convention on the Prevention and Punishment of the Crime of Genocide," also known as the Genocide Convention, in Paris, France on December 9, 1948. The next day, December 10, the "Universal Declaration of Human Rights" was adopted, with the aim of protecting the universal human rights of all people. However, at the same time on Jeju Island, 9,300 kilometers away from Paris, the island was being devastated by military and police forces. The people of the island were dying while their access to the outside world blocked, as they were painted red, and killed in the mountains, along the coast, and in other places. At that time, for the people of Jeju Island, the Genocide Convention, human rights, and peace were all matters that belonged to other countries.

*

In Bonggae-dong in Jeju City, there is the Jeju 4·3 Peace Park, which opened its doors in 2008 to remember the painful history of Jeju 4·3 and to express the hope for reconciliation and coexistence. The missing persons' memorial stone, located in the park, displays the names of those who perished in the winter of that year in the mountains of Mount Halla and the central region of Jeju Island. The unnamed names of newborn infants who died without even being given a name, such as "Kim Somebody's Baby" and "Unknown Park," are heart-wrenching. There are also numerous people who were taken to the mainland prison but never returned. The number of names on the memorial stone is nearly 4,000, accounting for 27 percent of the more than 15,000 victims decided by the Jeju 4·3 Committee under the Prime Minister's Office. So many islanders have gone missing. If you leave the memorial stone and pass through the altar for ancestral spirits, you will see a series of tombstones arranged in the shape of an oval resembling the island. The names of the victims, numbering over 15,000, are engraved by village, silently conveying the tragedy and severity of 4·3.

4·3 was the target of suppression and censorship in the history of Jeju Island under the military dictatorship. Fortunately, over the past 30 years, efforts to uncover the truth and restore the honor of the victims have achieved significant progress. Especially in the past five years since the 70th anniversary in 2018, there has been a significant advancement in the process of restoring honor. The driving force behind this has been the power of "solidarity." The foundation of the Jeju Uprising, which stood up against external aggression and looting, was always the solidarity of the people of the island. The press, such as the Independence News, Honam Newspaper, KyungHyang Newspaper, and Daehan Ilbo, which covered 4·3 at that time, found the strength and fighting spirit of Jeju Island in the retrospective view of the national liberation movement, such as Lee Jae-su's rebellion in the early 20th century and the struggle of the haenyeo (female divers) during the Japanese colonial period. The same was true for 4·3. The solidarity in the face of external aggression was clearly evident in the process of enacting the 4·3 Special Law and responding to the conservative attempts to undermine it. The cohesive power and fighting spirit of civil society have been ongoing for a long time. After the June Democracy Uprising in 1987, "solidarity" became another name for the unity needed for the investigation and restoration of the honor of the victims of 4·3. In the late 1980s to early 1990s, the realization of the demand for the enactment of the 4·3 Special Law, which seemed impossible at the time, and its passage through agreement between the ruling and opposition parties in the National Assembly was due to the strong solidarity of Jeju society. In addition, the passage of the full amendment to the 4·3 Special Law in the National Assembly in 2021 was also a continuation of that tradition that permeates the history of Jeju Island in various ways.

*

In the 1980s, the first politician to directly address the issue of 4·3 was Kim Dae-jung, who later became the president. He ran as a candidate for the Democratic Party in the 1987 presidential election and pledged to clarify the truth behind the incident. Former President Roh Moo-hyun officially apologized for the government's wrongful actions in 2003 and attended the 58th anniversary memorial service in 2006. Former President Moon Jae-in visited the memorial sites in 2018 for the 70th anniversary and continued to do so for the 72nd and 73rd anniversaries in 2020 and 2021, respectively. He attended the events to mourn the victims, console the families, and honor the citizens. In 2022, the national compensation program was initiated. Thus, the history of 4·3 has progressed gradually, moving from a time of violence and insanity to an era of oppression and prohibition, then to a time of revealing the truth and restoring the victims' honor. It has taken 75 years for the government to provide compensation.

*

This book contains interviews with survivors and families of victims, providing a comprehensive history of Jeju Island from the background of 4·3 to the present day. It includes the stories of the people who lived through that time and the traces that remain throughout Jeju Island. Through this book, not only Jeju Islanders but also many readers on the mainland are encouraged to reflect on the history and significance of 4·3. The author also hope that readers will take a moment to remember the traces that remain in Jeju when they visit the island. The title of the book, taken from the dates of the first and last day of the 4·3 tragedy, also has a purpose. By presenting these unfamiliar numbers, I hope that many people will take the time to reflect on the fact that 4·3 was not a one-time event, but rather a tragedy that has continued for a long time. It is my wish that people will remember this event and keep its memory alive in their hearts.

*

I would like to express my gratitude to many people. First and foremost, I would like to thank the grandfathers, grandmothers, and uncles who offered to share their stories, however difficult, about 4·3. Without their testimonies, this book could not have existed.

The publication of this book is thanks to Lee Ju-hyun, the department head, and Lee Se-young, the national director, both of whom are at the Hankyoreh newspaper where I work. In 2018, on the occasion of the 70th anniversary of 4·3, I wrote a series of 20 articles entitled "Asked to Dongbaek(Camellia)." I had always thought it would be a waste to leave it as just articles and had considered publishing it as a book, but I never got up the courage to do so. Then, in 2022, I met two people by chance and they actively encouraged me to publish it as a book. However, I was still indecisive. The thought of how much time and effort would be required was overwhelming, and I wasn't sure if I could give up my daily life to fully immerse myself in the project. Just when I was wavering and pondering, the publishing company contacted me. I had no more excuses and began to write.

I thought that with just a little editing, the series of articles from five years ago would suffice, but that was a complete miscalculation. I had to start from scratch, going back to the transcripts of interviews with the 4·3 Incident survivors from before and after the 70th anniversary, and finding new sources to use. Writing the book became more difficult with each attempt. At those times, the outstanding drive, planning, and organization skills of Hyehwa 1117's CEO, Lee Hyun-hwa, were a great source of strength. Ironically, she showed more affection for Jeju than I did, even though I am from Jeju myself. This is how the book came to be. I express my gratitude to these three individuals.

*

From the beginning of the winter in 2022 to the beginning of the spring in 2023, I wanted to write this book with my beloved daughter Eun at the cafe where we had spent time together, and I made up my mind to do so when I first thought of writing it. I can't forget the sight of Eun running to me with a bright smile when I visited the school for the 70th anniversary special report. As I write this, I recall Eun's favorite chair and table where she used to write. Now, winter has passed and spring has arrived.

I dedicate this book to my daughter, my angel Eun,
on the threshold of spring in 2023.
Heo Hojoon

* 일러두기

1. 이 책은 저자가 30여 년 동안 취재한 기록이자 연구의 집성이다. 일부 내용은 지난 2018년 『한겨레』의 '제주4·3 70돌 기획–동백에 묻다' 연재 기사에 담기도 하였다.

2. 책에 등장하는 생존 희생자 및 유족, 목격자, 관계자들의 증언은 모두 저자가 직접 인터뷰하거나 공식 문서 등을 통해 취득한 것이며, 이 가운데 일부는 당사자들의 요청에 따라 실명이 아닌 가명을 쓰기도 했다.

3. 행정 구역의 명칭과 기관명, 용어 등은 인용한 증언과 서술의 차이를 두지 않기 위해 필요한 경우 그 당시 쓰던 대로 표기했다.
   예) 제주시→제주읍, 조천읍→조천면, 초등학교→국민학교

4. 처음 나오는 용어, 강조하고 싶은 내용은 최초 노출시 작은 따옴표로 표시하고 이후로는 가급적 작은 따옴표를 생략하였다. 다만, 필요하다고 여길 때는 반복하여 표시하기도 하였다.

5. 고유명사, 인명, 지명 등의 외래어 표기는 국립국어연구원의 외래어표기법을 따랐으나, 당시 기록에 자주 등장하는 것으로 쓰기도 하였다.

1

역사

그날로부터 2,762일

제주 섬을 감싼 태평양전쟁의 소용돌이

세상은 때때로 의지와 관계없이 흘러간다. 일제 말 징병과 징용, 공출에 시달리던 제주 섬 사람들에게도 그러했다. 1944년 하반기에 접어들면서 제주도는 급속도로 태평양전쟁의 소용돌이에 빠져들고 있었다. 일본군은 전황이 날로 악화하자 1945년 3월 20일 조선 주둔 제17방면군에 제주도 방비를 강화하기 위해 '결7호작전' 준비를 지시했다. '결7호작전'은 1945년 8월 이후 미군이 제주도나 군산 방면을 거쳐 일본 규슈로 진격할 가능성을 예상해 제주도를 사수하는 계획이었다. 이 작전에 따라 만주 주둔 관동군과 일본 본토 병력, 그리고 조선인 징병자들이 제주도로 대규모 이동했다. 해방 무렵 제주도 주둔 일본군 병력은 조선인 징병자 1만 5천여 명을 포함해 6만 5천여 명에 이르렀다. 제주 섬 사람들은 일본군 군사 시설 구축에 전면적이고 상시적으로 동원됐다.

공출은 가슴 아픈 기억이었다. 땅에서 나는 건 모두 바쳐야 했다. 농작물은 물론 소나무에서 나는 송진, 집에서 기르던 돼지, 제사용 놋그릇도 빼앗겼다. 어디 명령인데 내놓지 않을 수 있겠는가. 1년 내내 땀 흘려 거둬들인 곡식을 숨기거나 할당량을 채우지 못했다가는 일제 경찰과 면서기에게 갖은 모욕과 고문을 받았다. 어린 자식들은 구쟁기 작살(잘게 부순 소라껍질) 위에서 무릎이 꿇리고, 매를 맞는 부모들의 모습을 지켜봐야 했다.

1945년 미군은 4월 1일 오키나와에 상륙하고, 같은 달 14일에는 미해군 잠수함 티란테(Tirante)가 제주 한림항 인근까지 들어와 일본군 탄약 지원함 4천톤급 주잔마루(壽山丸)와 호위함 노미(能美), 제31가이보칸(海防艦)을 격침시켰다. 오키나와에서 발진한

미군의 함재기(제주 섬 사람들은 일본어로 '간사이기'(かんさいき)라고 불렀다)들은 제주도와 남해안, 일본 해역을 오가는 선박들을 대상으로 폭격에 나섰다.

5월 7일에는 제주도에서 육지로 가던 고와마루(晃和丸)가 추자도 해상에서 미군기의 공습으로 침몰해 257명이 희생되는 참사가 발생했다. 미군기들은 비행장과 항만, 공장 등에 소이탄을 떨어뜨렸다. 해방이 가까워질 무렵, 제주도 상공에서는 미군 비행기 3대와 일본군 비행기 4대가 숨막히는 공중전을 벌이다 일본군 비행기들이 격추됐다. 밭일을 하거나 어로 작업을 하던 주민들이 미군 비행기의 기총 소사로 희생되고, 절간 고구마(얇게 썰어서 말린 고구마. 일명 빼때기) 창고가 파괴되거나 미군 비행기가 공습하면 피신을 가는 일도 종종 벌어졌다. 제주도는 태평양전쟁의 끄트머리에서 절체절명의 시간을 보내고 있었다.

제주 역사에 흐르는 단결과 투쟁의 정신

제주도와 오사카를 잇는 정기 항로가 1923년 3월 개설됐다. 이 항로는 아마사키기선이 먼저 개설했고, 이듬해 조선우선이 뛰어들었다. 모두 일본 자본이 주도했다. 이에 맞서 제주 섬 사람들은 하나가 됐다. 제주와 오사카를 오가는 정기 항로에 제주 섬 사람들의 힘으로 배를 띄우기로 했다.

'우리들은 우리 배로!'

1930년 4월 오사카 거주 조선인과 제주 섬 사람 조합원

4,500여 명의 출자금을 모으고, 제주도 162개 마을 중 119개 마을의 가입을 받아 협동조합을 설립했다. 동아통항조합은 이렇게 만들어졌다. 그해 11월 1일 동아통항조합이 임대한 고류마루(蛟龍丸)가 일본 오사카에서 첫 출항했다. 이는 조선은 물론 일본 사회를 뒤흔든 일대 사건이었다. 여기에 참여한 문창래가 1931년 1월 잡지 『별건곤』에 기고한 글에서는 결기마저 느껴진다.

> "우리 조선 사람은 아직 우리가 가진 국제적 통항선이 없고 남의 배를 타고 다니기 때문에 돈은 돈대로 내면서 갖은 천시, 갖은 착취를 다 당하여 왔다. 그리하여 우리는 작년부터 동아통항조합이란 것을 조직하여 우리의 힘으로 우리의 통항하는 길을 개척하려고 싸워왔다. 이것은 몇 개인이 자본을 모아 자기 이익만을 위하자는 것이 아니요, 제주인 전체의 일이요 나아가서는 조선인 전체의 할 일로 생각한다. 금년에도 우리는 이 항로 개척에 더욱 더 분투하려 한다. 말하자면 해전(海戰)이다."

'우리의 힘으로 우리의 통항하는 길을 개척하려고' 싸우는 일은 제주인 더 나아가 조선인 전체의 일이자 일본 제국주의와의 '해전'이었다.

1931년 3월에는 제주공립농업학교(이하 농업학교) 학생들이 학교 쪽의 졸업 사정 차별을 계기로 식민지 교육 철폐를 요구하며 일본인 교장 관사를 습격하는 일이 벌어졌다. 이 사건 뒤 제주 읍내 일부 마을에 이른바 '불온' 격문이 나붙었다. 농업학교 학생 20명이 검거됐다. 앞서 2월에는 조천보통학교에서 교장 습격 사건이 있었다.

제주 동부 지역 해녀들이 1931~1932년 일제의 수탈에 맞서 일어난 '해녀 투쟁'은 일제 강점기 한반도 최대 규모의 여성 운동이자 어민 운동이다. 1931년 12월부터 시작된 조직적인 시위는 1932년 1월 하순까지 4차례에 걸쳐 전개됐다. 1932년 1월 12일, 수백여 명의 해녀들이 세화리를 지나는 도사의 차 위에 올라서거나 주재소(지서) 담 위에 올라서서 지정판매제 반대 등 12개의 요구 조건을 내걸고 시위를 벌였다. 이들의 시위는 당시 청년 지식인들과의 강고한 연대 속에 이루어졌다. 해녀 투쟁의 배후에 있던 이들은 훗날 일제 경찰에 검거돼 수형 생활을 했으며, 해방 이후에는 '인민위원회'에서 활동하기도 했다. 일제 강점기 소설가 이무영은 1935년 8월 6일 『동아일보』에 쓴 글을 통해 해녀 투쟁에 나선 이들을 이렇게 평가하기도 했다.

"일을 당할 때는 일치단결하는 단결성이 있다. 정의를 위해서는 목숨도 사리지 않고 시비(是非)에 대한 관념이 군세고 한번 시(是)라고 인정되면 대거 매진하는 의협심이 있다."

이밖에도 크고 작은 항일 운동이 제주도 전역에서 벌어졌다. 일제에 맞서던 민족해방 운동은 외부 세력에 침탈당할 때마다 제주 도민들의 단결과 투쟁 의지를 다지게 했다. 해녀 투쟁의 관련자이자 1950년 일본에서 「제주도 해녀 투쟁의 사실」을 쓴 현상호는 4·3의 근원을 이렇게 설명하기도 했다.

"일제가 지배하던 최근 반세기 간의 제주도 인민들의 생활

저변과 그들의 일제 지배와의 투쟁 역사는 제주 도민들의 혁명 정신과 투쟁 역량들을 이해하는 데 결정적 요소가 될 것이다. 그 중 제주도 해녀 투쟁은 제주도에서는 40년 간 일제 통치 하에서의 최대의 투쟁이었다."

이러한 역사의 유산은 해방 이후 자치기구 건설 운동과 4·3에도 이어졌다.

해방, 자치의 섬을 꿈꾸다

1945년 8월 15일, 해방이 찾아왔다. 일제 말기 수면 아래 있던 청년들은 역사의 전면에 나섰다. 일제 강점기부터 투쟁해온 민족해방 운동 세력이 제주 사회의 주도권을 장악해 나갔다.

서울에서는 8월 15일 해방과 함께 여운형과 안재홍을 중심으로 '자주적 민족국가 건설'을 목표로 '조선건국준비위원회'(이하 '건준')를 수립, 전국 조직을 건설해 나갔다. 이후 건준이 '조선인민공화국' 결성을 계기로 '인민위원회' 체제로 전환되면서 지역의 건준 지부들도 인민위원회로 개편됐다.

제주에서도 9월 들어 마을 단위 건준이 먼저 결성되고, 이어 '도 건준'이 결성됐다가 다시 인민위원회로 재편됐다. 도 건준 구성원들은 대다수가 일제 강점기 투옥 생활을 하거나 일본에서 노동조합 운동을 경험했으며, 일부는 1919년 조천만세운동에 참가했던 이들이었다.

제주도 인민위원회는 공적 활동과 조직 확산을 통해 빠른 속도로 민중들의 광범한 지지를 받으며 제주 사회의 자치권을 확보했다.

인민위원회가 결성된 마을에서는 청장년들로 조직된 치안대나 보안대가 질서 유지와 일본 패잔병의 횡포 근절, 도로 정비, 청소, 치안 활동 등을 이어나갔다. 언론은 제주도 인민위원회 주도 세력에 대해 이렇게 평가했다.

"세간에서 제주는 좌익 일색이며 '인위'(인민위원회)의 천하라는 말이 있으나 제주의 인위는 '건준' 이래 양심적인 반일제 투쟁의 선봉이었던 지도층으로써 구성되어 있다." _『동아일보』, 1946. 12. 21.

해방 직후 교육 활동도 활발하게 일어났다. 제주도 내 곳곳에서 마을 주민들이 땅과 노동력을 내놓고 학교 건설에 나섰다. 일본에서 고향으로 돌아온 청년들은 배움에 굶주린 아이들을 가르쳤다.

해방 이후 1947년까지 신설된 학교는 국민학교(초등학교) 44곳, 중등학교 10곳에 이르렀다. 학생 수도 국민학교는 2만여 명에서 3만 8천여 명으로, 중등 학교는 300여 명에서 3,600여 명으로 크게 늘어났다. 언론에서는 당시 현황을 아래와 같이 전한다.

"빈부의 차를 모르고 특수 계급을 볼 수 없는 균등한 제주도의 자제들은 누구나 배움을 즐길 수 있는 환경에 있다. 더욱이 부모들의 교육에 대한 열성은 육지에서 볼 수 없는 공동부조로 1부락 1국민학교, 1면 1중학을 건설하고 있다" _『대한일보』, 1948. 7. 20.

1947년 미군정이 남한 내 국민학교 이상 졸업생 비율을 조사한 자료를 보면 북제주군, 즉 오늘날의 제주시가 35.7퍼센트로 전국에서 가장 높았다. 2위는 창원으로 26.7퍼센트였다.

미군정 실시, 혼란이 시작되다

갑자스런 해방은 혼란의 시작이기도 했다. 미국과 소련은 일본군 무장 해제를 명분으로 한반도의 남과 북에 각각 점령군으로 주둔했다.

1945년 9월, 한반도의 시계는 숨가쁘게 돌아갔다. 일본군의 항복에 이어 미군의 군정이 실시됐다.

'재조선미국육군사령부군정청'(이하 '미군정')은 미 24군단이 한반도 남부 지역을 점령한 1945년 9월 8일부터 대한민국 정부가 수립된 1948년 8월 15일까지 한반도를 통치했다. 이 시기를 미군정기라고 부른다. 미군정은 남한의 정부 수립에 큰 영향을 끼쳤다.

9월 7일, 태평양 미국 육군 최고 사령관 맥아더는 포고 제1호를 통해 북위 38도 이남의 조선 지역을 점령하는 한편 조선과 조선 인민에 대해 군정을 실시할 것이라고 공포했다. 일본 오키나와에서 출항한 하지(John R. Hodge) 사령관이 지휘하는 미 24군단이 9월 8일 인천항으로 들어왔다. 9월 9일에는 서울 조선총독부 건물에서 항복 조인식이 열렸다. 일장기가 내걸렸던 자리에는 태극기 대신 미국 성조기가 올라갔다. 하지는 9월 12일 7사단장 아놀드(Archibald V. Arnold, 재임 1945. 9. 12.~1946. 1. 4.) 소장을 군정장관에 임명, 군정을 선포했다.

제주도에서의 일본군 항복 조인식은 9월 28일 따로 진행됐다. 제주도 군정 업무를 담당할 미 59군정중대(사령관 스타우트 Thurman A. Stout 소령)가 제주도에 들어온 것은 11월 9일이었다. 이 시기 제주도에서는 자치기구 건설 운동이 활발하게 벌어지고 있었으며, 제주도 인민위원회가 '섬 내의 유일한 당이자 목적과 내용을 지닌 유일한 정부(자치기구)'로 활동하고 있었다. 반면 미국에서 파견된 군정중대는 제주도에 입도할 때까지 이곳의 상황을 전혀 몰랐다. 군정중대는 진주 초기에는 인민위원회의 협조 없이는 군정 임무를 제대로 수행할 수 없었다. 그러나 미군정은 점차 일제 강점기 관리와 경찰이었던 이들을 중용하고, 모리배들과 결탁하는 동시에 우익 세력을 활용하기까지 했다. 미군정과 인민위원회와의 협조적 관계는 균열이 가기 시작했다.

경제난·식량난·전염병, 삼각편대의 검은 먹구름

모든 것이 부족했다. 징병·징용자가 돌아오고, 일본으로 돈 벌러 갔던 이들이 돌아왔다. 해방 이전인 1944년 21만 9,500여 명이던 제주도 인구는 해방 이듬해인 1946년 27만 6,100여 명이 됐다. 5만 6천여 명 이상이 급증했다.

인구 팽창은 정치·사회·경제적 압박 요인이 됐다. 해방 전 일본으로 건너갔던 이들이 고향 제주의 가족과 친지에게 보내던 돈이 끊기고, 제주와 일본을 오가던 여객선 운항도, 일본과의 교역도 중단됐다.

태평양전쟁 말기 미군 비행기 공습은 제주도 경제를 더욱 피폐화시켰다. 남한 최대 무수주정공장이던 제주 주정공장을 비롯한 산업 시설이 파괴되어 제주 지역 제조 업체 가동률은 크게 떨어졌다. 1944년 6월 72곳이던 제주도 내 제조 업체 가운데 1946년 11월 가동 중인 제조 업체는 절반 이하인 32곳에 불과했다.

무수주정은 고구마를 주원료로 만든, 물을 함유하지 않은 98퍼센트 이상 순도의 알코올로, 일제는 전시 식용·군사용·의료용으로 활용하기 위해 국책 사업으로 제주도에 무수주정공장을 건설했다. 이런 공장이 제대로 가동되지 않으니 이로 인한 폐해는 이루 말할 수 없었다.

무수주정공장은 물론 다른 산업 시설도 파괴돼 제조 업체 가동률이 해방 전의 절반 이하로 떨어졌다. 일을 하고 싶어도 일자리가 없었다. 일자리를 찾지 못한 사람들은 생계 문제에 직면했다. 엎친 데 덮친 격으로 1946년 보리 작황은 1944년의 31퍼센트에 지나지 않아, 최악의 흉작을 기록했다. 빈사 상태의 경제 상황은 지역 사회를 혼란에 빠뜨렸다. 이처럼 경제 상황이 악화하는 가운데 1946년 6월부터 8월까지 제주도 전역을 휩쓴 콜레라는 2개월여 동안 최소 369명의 목숨을 앗아갔다.

해방의 기쁨은 좌절과 불안, 불만으로 바뀌고 있었다. 제주에는 경제난·식량난·전염병이라는, 삼각편대의 검은 먹구름이 몰려 오고 있었다. 섬 사람들은 절박했다. 천대와 멸시를 받았던 땅, 일본을 향해 다시 대한해협을 건너는 이들도 있었다. 이런 와중에 육지에서 온 친일 경찰과 지역의 모리배, 그리고 미군정 장교의 부패의 고리가 세상에 드러나면서 민심은 미군정에서 멀어져 갔다.

3월 1일, 제주를 뒤흔든 총성, 분노한 민중의 총파업

1947년 3월 1일 오후, 제주읍 관덕정 광장에서 총성이 울렸다. 이날 오전 인근 제주북국민학교에서는 '제28주년 3·1절 제주도 기념대회'가 열렸다. 참가자는 2만 5천~3만여 명으로, 제주 섬사람 10명 중 1명이 참가한, 유례가 없는 대집회였다. 대회가 끝난 뒤 관덕정 앞 광장에서는 참가자들의 거리 행진이 이어졌다.

이를 구경하던 어린아이가 경찰이 탄 말에 채여 넘어졌다. 경찰은 그냥 지나쳤다. 이를 본 군중들이 돌멩이를 던지며 항의하는 순간, 육지에서 파견된 경찰이 발포했다. 6명이 숨지고 다수의 부상자가 발생했다. 이른바 '3·1사건'이다.

광장은 순식간에 혼란에 빠졌다. 경찰의 발포로 국민학생과 젖먹이를 안은 20대 젊은 부인, 전날 일본에서 가족을 데리러 온 40대 가장도 희생됐다. 희생자들은 시위 행렬이 아니라 경찰서와 떨어진 곳에서 구경하던 이들이었다.

이날의 총성이 제주 역사를 뒤흔들 줄은 누구도 몰랐다. 곧바로 미군정이 진상을 조사하고, 신속하게 도민들에게 사과하고, 관련자들을 처벌했다면 어떻게 되었을까. 4·3특별법은 4·3을 이렇게 정의한다.

"1947년 3월 1일을 기점으로 1948년 4월 3일 발생한 소요 사태 및 1954년 9월 21일까지 제주도에서 발생한 무력 충돌과 그 진압 과정에서 주민들이 희생당한 사건."

그 정의처럼, 4·3은 1947년 3월 1일, 이렇게 시작됐다. 미군정 경찰은 발포자와 발포 책임자 처벌은커녕 사과조차 하지 않았다. 오히려 사건 발생 당일 저녁부터 통행금지령을 내리고 육지에서 경찰을 추가 파견해 대회를 주최한 관련자들과 학생들을 검거하기 시작했다.

사건의 진상 규명과 책임자 처벌을 요구하는 분노의 목소리가 점차 커지기 시작했다. 이에 미군정은 특별감찰실장 카스틸(James A. Casteel) 대령을 단장으로 한 조사단을 3월 8일 제주도에 파견해 현지 조사에 나섰다. 그러나 조사 결과는 공개하지 않았다. 제주 사회는 동요하고 분노했다. 이윽고 3월 10일 해방 이후 남한 사회에서 볼 수 없던 민·관 총파업이 단행됐다. 제주도 미군정청 관리, 통신·금융·교통 기관, 학교, 심지어 현직 경찰관들까지 파업에 참여했다. 제주도청 공무원들은 이날 '3·1대책위원회'를 구성하고 총파업에 들어갔다. 이들은 아래와 같은 6개 요구 조건을 제주도 민정장관 스타우트 소령과 하지 중장에게 보내기로 결의했다. 그만큼 3·1사건에 대한 분노는 컸다.

1. 민주경찰 완전 확립을 위하여 무장과 고문을 즉시 폐지할 것.
2. 발포 책임자 및 발포 경관은 즉시 처벌할 것.
3. 경찰 수뇌부는 인책 사임할 것.
4. 희생자 유가족 및 부상자에 대한 생활을 보장할 것.
5. 3·1사건에 관련한 애국적 인사를 검속치 말 것.
6. 일본 경찰의 유업적 계승 활동을 소탕할 것.

3·1사건과 '3·10민·관 총파업'의 영향은 컸다. 사태를 심각하게 받아들인 경무부는 3월 12일 경찰 300명을 제주도에 추가

파견해 대대적인 검거에 들어갔다. 경무부장 조병옥이 3월 14일 제주에 입도해 사태 진압에 나섰다. 파업에 참여한 기관들은 속속 사업장으로 복귀했으나, 학교는 108곳 가운데 3월 18일 오후 6시까지 10곳만 복귀했다. 교사와 학생 들의 파업 투쟁이 얼마나 치열했는지 알 수 있다.

하지만 이런 제주도를 바라보는 서울의 인식은 달랐다. 총파업 직후 경무부 2인자인 경무부 차장 최경진은 "제주도 주민의 90퍼센트가 좌익"이라고 발언했다. 주한미군사령부 정보 보고서(이하 미군 정보 보고서)는 '제주도 인구의 60~80퍼센트가 좌익', '제주도 인구의 70퍼센트가 좌익 단체 동조자 또는 관련 있는 좌익 분자들의 거점'이라고 기록했다. 제주도를 '좌익 근거지'로 간주한 것이다. 서울로 돌아간 조병옥은 3월 20일 기자회견에서 이렇게 규정했다.

"제주도 사건은 북조선 세력과 통모하고 미군정을 전복해 사회적 혼란을 유치하려는 책동으로 말미암아 발생된 것이다."

이에 대한 증거는 없었다. 6명의 희생자를 향한 사과, 관련자에 대한 처벌 대신 제주에는 '붉은색'이 덧입혀지기 시작했다.

미군정의 무능, 경찰·우익의 전횡, 고문과 테러

1947년 3·1사건 이후 제주 사회는 공포와 테러가 넘쳐났다. 미군정은 4월 10일 제주도 출신 도지사 박경훈의 후임으로 한독당 농림부장 출신 유해진을 임명했다. 해방 이후 남한에서 활동한 미 24군단 소속 첩보부대, 즉 미군 방첩대(Counter Intelligence Corps)가 '극우주의자'라고 평가한 그의 부임은 파국을 예고했다. 유해진의 극우 강화 정책으로 우익 단체들이 우후죽순처럼 나타났고, 그의 독단적인 행위는 사회적 긴장감을 높였다.

5월 6일까지 3·1사건 관련자 552명이 경찰에 검거됐다. 경찰은 길거리, 학교 기숙사 등에서 청년과 학생 들을 검거하고, 이들에게 고문을 가했다. 이들에 대한 고문은 심각한 사회 문제로 떠올랐다. 경찰은 다반사로 주민들을 구타하여, 이에 대한 반감 역시 증폭되었다.

3·1사건과 3·10민·관 총파업 이후 타지에서 제주도로 파견된 응원 경찰과 서북청년회(이하 서청)는 제주 섬 사람들에게 '외구'(畏懼, 사람을 무서워하고 두려워함)의 대상이었다. 서청은 이북에서 활동하던 평안도, 함경북도, 함경남도, 황해도 청년회 등이 통합된 극우 반공 단체였다.

1947년 3월 24일 이른 아침 제주에 온 『경향신문』 기자 이선구는 육지에서 파견된 응원 경찰들로부터 '여수'(旅愁, 객지에서 느끼는 시름이나 걱정)를, 제주 섬 사람들로부터는 '외구'의 이미지를 떠올렸다.

"제주도에는 3·1사건을 전후하여 경상도와 전라도 등지로부터 응원 경찰대 300여 명이 상륙하여 포구마다 여관은 초만원을 이루고 있는 것이다. 그러나 기자의 눈에 예민하게 인상을 주는 것은 아직 30미만의 청년들인 과도조선의 신흥 경찰관, 그들의 홍안에 숨길 수 없이 깃들인 짙은 여수의 빛이었다. 도대체 육지로부터 제주가 얼마나 먼 거리기에 이토록 병적인

'여수'가 그들 혈기왕성한 신진 청년의 표정을 뒤덮고 있는 것일까. 처음에는 의아하여 명료하게 이해할 수가 없었지만 얼마 지나지 아니하여 기자는 모든 사정을 손쉽게 깨달은 듯하였다. 그것은 순경들의 병적인 여수와는 반대로 도내 주민들의 무장 경관에 대한 미묘한 외구의 모습을 발견하였기 때문이다. (중략) 이 두 가지 미묘한 대조 가운데서 평화의 섬 제주의 비극과 나아가서는 조선의 비장한 운명을 단편적으로 엿본 듯하여 이 또한 극히 모호한 가운데 마음이 음울하여짐을 금하기 어려웠다." _『경향신문』, 1947. 4. 2.

그는 1947년 3월 제주도 상황을 취재하면서 '평화의 섬 제주'의 '비극'을 예견하고, 그 속에서 조선의 운명을 예감했다. 그는 경찰과 민중의 미묘한 대치 상태가 계속된다면 불상사는 앞으로도 근절할 수 없을 것이라고 예견했다.

1947년 7월 4일, 도내의 집회 허가권이 경찰에서 도지사에게 이관됐다. 도지사 유해진은 자신과 정치 이념과 맞지 않는 모든 단체의 집회를 허가하지 않았다. 또한 그는 관공서에서 좌파로 보이는 직원들을 축출했다. 당시 제주도청에 근무했던 직원들은 그가 자신들을 "사람 취급도 하지 않았다"고 기억한다.

서청이 제주도에 들어와 만행을 저지르기 시작한 것도 그의 부임 이후였다. 그들은 공산주의와 조금이라도 비슷한 단체라고 판단하면 적개심을 갖고 달려들었고, 자신들이 보기에 '반민주적'이라고 의심되는 인사들에 대해서는 맹렬한 공격을 퍼부으며 '빨갱이 사냥'(red hunt)에 매달렸다. 그런 한편으로는 자금을 모으기 위해 태극기와 이승만 사진을 강매하고, 테러를 일삼았다.

1947년 9월에는 제주도 민주주의민족전선(이하 민전)의 간부이자 제주중학교 교장 현경호의 자택에서 백색 테러가 일어났다. 백색 테러는 정치적 목적을 달성하기 위한 우익 세력의 테러를 뜻한다. 그 배후에 유해진이 있었다. 이 사건을 두고 『제주신보』는 "테러는 드디어 평화스러운 본도에까지 파급하여 민심은 극도로 전율과 공포에 둘러싸이고 있다"고 했다.

같은 해 11월 서청 제주도 본부는 미군 방첩대에 제주 섬사람들에게 가한 일련의 테러를 사과하면서도, "제주도는 조선의 작은 모스크바"라며 이를 입증해 보이겠다고 했다. 그만큼 서청은 제주도를 '붉은 섬'으로 간주했다.

이처럼 도지사 유해진의 극우 강화 정책과 함께 경찰과 서청의 고문과 테러가 제주도를 뒤덮었다. 상황이 갈수록 악화하자 미군정 특별감찰실은 1947년 11월 12일부터 1948년 2월 28일까지 제주도의 정치 상황에 대한 특별감찰을 실시했다. 책임자는 넬슨(Lawrence A. Nelson) 중령이었다.

1948년 1월 남로당 제주도위원회 조직부 연락책이 경찰에 검거됐다. 살아 있는 것이 기적일 정도로 고문을 받은 그는 결국 전향했다. 경찰은 1월 22일 도당 조직의 핵심인 조직부 아지트 급습을 시작으로 전도적으로 검거 작업을 진행했고 이로 인해 조직은 와해 위기에 몰렸다.

경찰서 유치장은 좌익이라며 체포해 구금한 이들로 넘쳐났다. 넬슨 중령이 유해진과 함께 둘러본 2월 19일 제주경찰서 유치장에만 365명이 수감되어 있었다. 11제곱미터(약 3.4평) 정도 규모의 방에 35명이 갇혀 있는 상황이었다. 3·1사건 이후 1년 남짓 2,500여 명이 경찰에 검거됐다. 검거를 피해, 굶주림에서 벗어나기 위해 육지나 일본으로 도피하는 사람들도 부쩍 늘어났다.

1947년 12월 13일 미군 방첩대의 보고를 인용한 미군 정보 보고서는 '경찰이 빠른 시일 내에 '정의'를 회복하지 못하면 모든 단체가 경찰을 공격할 것'이라고 기록했다. 하지만 정의는 회복되지 못한 채 '부정의'가 제주 사회를 짓누르고 있었다.

1948년 3월 11일 미군정 특별감찰실은 군정장관 딘(William F. Dean, 재임 1947. 11. 3~1948. 8. 15) 소장에게 특별감찰보고서를 제출한다. 여기에는 "유 지사가 무모하고 독재적인 방법으로 정치 이념을 통제하려는 헛된 시도를 해왔다"며 그의 경질을 건의하고 있지만, 딘 소장은 "도지사의 경질은 간단하지 않다"며 수용하지 않았다.

제주 사회는 극심한 혼돈을 향해 치달고 있었다. 도지사의 극우 강화 정책과 서청과 응원 경찰 등 외부 세력의 침탈에 섬 사람들의 인내는 임계점에 다다르고 있었다.

미국의 봉쇄 정책, 남한을 반공의 전초 기지로!

제2차 세계대전이 끝난 뒤 미-소 냉전의 시대가 움트기 시작했다. 한반도의 분단 역시 냉전에 기인한다. 이 시기 미국 대외 정책의 핵심은 대소봉쇄 정책이었다. 1949년 6월 7일 미국 대통령 트루먼(Harry S. Truman)이 대한경제원조 제공 계획에 따라 의회에 보낸 교서는 남한에 대한 미국의 정책 방향을 잘 보여준다.

"한국은 공화국이 실행하는 민주주의 정당성과 실제적 가치가 북한의 국민들에게 강요된 공산주의의 이행에 맞서는 시험 무대가 되고 있습니다. (중략) 공산주의에 대한 저항을 통해 민주주의 원칙과 완고함을 보여줌으로써 한국은 공산 진영의 확산과 장악을 저지하는 북아시아의 국민들에게 횃불로 설 것입니다."

한국이 공산주의에 맞서는 시험 무대이고, 공산 진영의 확산을 저지하는 횃불이 될 것이라는 트루먼의 발언처럼, 미국은 아시아 정책의 일환으로 남한에 친미 반공 정권을 수립해 소련을 봉쇄하려 했다.

공산주의 세력의 확대를 저지하기 위해 공산주의 위협을 받고 있는 국가들에 대한 경제 원조를 약속한다는 트루먼 독트린은 외부 압력이나 무장 세력의 봉기가 있으면 어느 곳이든 개입할 논리적 근거가 되었다. 그런 측면에서 남한에서 미군정이 추진하는 반공 노선은 정당성과 명분을 가졌다. 맥아더의 한 참모가 "미군정의 주요 임무 가운데 하나는 공산주의에 대한 방벽을 구축하는 것"이라고 언급했듯이, 미국은 한국을 반공의 보루로 만들고자 했으며, 이를 위해 봉쇄 정책을 추진했다.

1947년 9월 9일 미국 국무부 동유럽국 부국장 스티븐스 (Francis B. Stevens)는 정책기획국장 케넌(George F. Kennan)과 동북아국 부국장 앨리슨(John M. Allison)에게 보낸 '미국의 대한국(한반도) 정책'이라는 보고서에서 이렇게 밝혔다.

"한국은 소련군과 미군이 직접 맞닥뜨리고, 관리를 양분하는 세계 유일의 나라이다. 미국은 한국을 독립국가로 건설할 것을 약속했다. 결과적으로 한국은 영향력과 힘을 위한 동·서

간의 투쟁과 아시아인들의 민족주의적 목표를 후원하는 미국의 진정성을 보여주는 상징이다."

미국의 관리들은 이처럼 한반도를 미·소 점령군이 직접 대면하는 세계 유일의 지역이자 동·서 투쟁의 장으로 인식했다. 이로써 남한은 제2차 세계대전이 끝난 뒤 반공의 전초 기지가 되어 갔다. 미국은 소련의 팽창을 저지하는 동시에 남한의 공산화를 초래할 진영 확산의 봉쇄에 정책의 초점을 맞췄다.

1947년 11월 14일 미국과 소련의 논쟁 끝에 유엔은 한반도의 선거를 감시하기 위해 '유엔조선임시위원단'(이하 '유엔조위')을 구성해 인구 비례에 따라 남북한 총선거를 실시한다는 결의안을 통과시켰다. 유엔조위는 1948년 1월부터 서울에서 활동했지만, 소련은 38선 이북으로의 진입을 거부했다. 북한 지역의 방문이 불가능해지자 2월 6일 '가능한 지역에서의 총선거 안'을 유엔 소총회에 상정하기로 결정하고, 같은 달 26일 열린 유엔 소총회에서는 남한만의 단독 선거 결의안이 통과됐다. 이로써 남한 단독 선거는 유엔조위의 독자적 결정이 아닌 총회급 회의를 통한 결정이라는 명분을 획득했고, 유엔을 통한 한반도 문제 해결이라는 방식으로 원하는 결과를 손에 쥔 미국은 남한 단독 정부 수립에 박차를 가할 수 있게 됐다.

탄압과 잇단 고문 치사 사건, 무장봉기에 불을 끼었다

해방 뒤 제주 사회는 경제난에 따른 실업률의 급증, 기아 선상에 시달릴 정도의 식량 사정의 악화, 콜레라로 인한 수백 명의 희생 등 절망의 나날이 이어지고 있었다. 여기에 더해 미군정에 의해 다시 등용된 과거 친일 경찰들과 모리배, 부패한 미군정 장교들의 삼자연합으로 민심은 악화될 대로 악화돼 가고 있었다.

그러던 차에 일어난 1947년 3·1사건과 3·10민·관 총파업은 제주 사회를 급격한 소용돌이에 휘말려 들어가게 했다. 경찰의 대대적인 검거와 고문은 1년 내내 계속됐다. 극우파 도지사의 부임과 함께 제주도에 들어온 서청의 만행과 백색 테러는 제주 사람들을 공포에 몰아넣었다.

제주 섬 사람들은 일상적으로 보고 겪는 경찰과 서청의 악행에 분노했다. 정의를 회복하지 못하면 조만간 경찰에 대한 공격이 이루어질 것이라는 미군 방첩대의 보고에도 미군정은 이를 개선하지 못했고, 도지사 유해진을 경질하라는 미군정 특별감찰실의 건의에도 미군정 최고 수뇌부는 이를 거부했다.

미군정 특별감찰실의 감찰이 한창 진행 중이던 1947년 11월 26일 군정장관 딘 소장은 제주도를 방문, 도지사 유해진을 만난 자리에서 조선의 독립국가 건설을 향한 어려움을 극복하기 위해 팀워크의 필요성을 언급했고, 이에 유해진은 전면 협력을 약속했다. 미군정은 3·1사건에 대한 진상 조사 대신 제주도를 붉은 섬으로 바라보는 정책적 오류를 범했다.

한편 유엔에서 남한만의 단독 선거 결의안이 통과되고, 선거일이 5월 10일로 정해지는 등 단독 선거 실시 계획이 확실해지자 남한의 여러 정당과 사회 단체들은 5·10선거가 한반도의 영구 분단을 가져온다며 강력하게 반대했다. 좌익 진영은 물론 일부 우익과 중도파들도 가세했다. 일반인들 사이에서도 일제의 압제

속에 신음하다 가까스로 해방된 마당에 민족의 분열은 있을 수 없다는 여론이 많았다.

제주도도 마찬가지였다. 제주 사람들도 "해방이 되었는데 당연히 통일정부를 수립해야 하는 게 아니냐"는 분위기가 팽배했다. 이런 와중에 1948년 1월 남로당 제주도당은 조직이 노출돼 경찰에 대량 검거되면서 와해의 위기에 놓였다. 경찰과 서청의 탄압, 유해진의 극단적 우익 강화 정책이 계속되는 가운데 1948년 3월, 경찰에 의한 2건의 고문 치사 사건이 터졌다.

3월 6일 조천면 조천지서에서 조사를 받던 조천중학원생 21살 김용철이, 3월 14일에는 모슬포지서에서 영락리 청년 27살 양은하가 고문 끝에 숨졌다. 경찰은 이 두 사건을 은폐하려 했고, 이로 인해 민심은 격앙됐다. 사태는 돌이킬 수 없게 되었다.

제3세계 해방 운동에 영향을 끼친 알제리 민족해방 운동의 선구자 프란츠 파농(Franz Fanon, 1925~1961)은 민중의 무장 투쟁에는 돌이킬 수 없는 시점이 있다고 했다. 그는 이 시점을 대체적으로 식민지 민중 전체에 대한 전면적인 억압이 자행되는 시기로 인식했다. 식민지 세력 또는 지배 권력이 힘없고 무고한 민중에게 폭행을 자행하고 있을 때, 가만히 앉아서 당하고만 있는 것은 인간의 가치를 포기하는 것과 같으며, 남이 부당하게 해치고 억압하면 폭력을 써서라도 이에 항거하는 것이 인간으로서의 자존을 찾기 위한 몸부림이라고 그는 말했다.

경찰의 대대적 검거와 고문, 우익 단체의 일상적인 테러, 남로당의 와해 위기, 잇따른 고문 치사 사건, 남북의 분단 가능성까지 제주도를 둘러싸고 있던 당시 정세의 절박성은 파농의 인식처럼 무장봉기의 당위성으로 이어졌다. 위기의 국면에서 남로당 제주도위원회는 '앉아서 죽느냐, 일어나서 싸우느냐'의 양자택일의 기로에 섰다. 선택은 하나였다.

1948년 4월 3일, 임계점의 폭발,
오름마다 타오른 봉홧불

1948년 4월 3일 새벽 2시. 제주도의 오름마다 봉화가 타올랐다. 남로당 제주도위원회가 주도한 무장봉기의 신호탄이었다. 350여 명으로 추정되는 무장대는 '탄압이면 항쟁이다'라는 구호를 내걸고, 24개 경찰지서 가운데 12개 지서와 우익 단체를 일제히 공격했다. 이들은 경찰과 서청의 탄압 중지, 단선·단정 반대, 통일정부 수립 촉구 등을 슬로건으로 내걸었다.

미군정은 무장봉기 초기에는 이를 치안 상황으로 간주하고, 경비대 대신 경찰을 파견해 사태를 진정시키려고 했다. 그러나 사태가 진정되지 않자 곧 진압 작전이 전개됐다. 진압 임무는 경찰에서 경비대로 넘어갔다. 군정장관 딘 소장은 제주도 민정장관(미 59군정중대장) 맨스필드(John S. Mansfield) 중령에게 경비대 9연대 병력을 작전에 투입하도록 하고, 부산 주둔 경비대 5연대 1개 대대 병력도 추가 증파하고, 연락기 2대도 지원했다.

평화적인 해결을 위한 노력도 있었다. 9연대장 김익렬은 4월 22일부터 무장대를 향해 평화 협상을 위한 전단을 뿌리기 시작했다. 이윽고 4월 30일 김익렬과 제주도 인민유격대 사령관 김달삼이 제주도 남서부 지역 중산간에서 만나 평화 협상을 벌였다.(정부 보고서에는 이 협상이 4월 28일에 열린 것으로 나와 있으나 필자는 4월 30일로 보고 있다. 김익렬이 같은 해 8월 6일 쓴 『국제신문』 기고문에도 "(무장대

쪽이) 30일 상오 12시에 안덕면 산간 부락에서 회견할 것을 제기하고 (중략) 무조건 하고 수락하였다"고 나와 있다.) 김익렬의 기고문에 따르면 이 협상의 요구 사항은 다음과 같았다.

경비대 요구

- 완전한 무장을 해제할 것.
- 살인 방화 강간 범인과 그 지도자의 전면적 자수.
- 소위 인민군의 간부 일체를 인질로써 구금한다.
- 단, 이상 3조건은 조약일로부터 7일 간으로 한다.

무장대 요구

- 단정(단독 정부) 반대.
- 제주 도민의 절대 자유 보장.
- 경찰의 무장 해제.
- 제주도 내 관청 고급 관리 전면적 경질.
- 관청 고급 관리의 수회자(뇌물을 받은 자) 엄중 처단.
- 도외 청년 단체원의 산간 부락 출입금지.

김익렬은 이런 요구 사항에 대해 김달삼의 요구를 전면 거부하고 자신의 요구를 관철시켰다고 했다. 기고문처럼 그의 요구대로만 관철됐는지는 의문이지만, 이 합의는 미군정의 무력 진압 방침으로 지켜지지 못했다. 그뿐만 아니라 협상 자체도 미군정의 치밀한 계획으로 이루어졌음이 드러났다. 이런 사실을 몰랐던 김익렬은 훗날 평화 협상에 임할 때의 마음을 아래와 같이 유고에 밝히기도 했다.

"유혈을 최소화하고 이 폭동을 평화적으로 해결하기 위한 방법이라면 물불을 가릴 필요가 없었다."

이런 그의 의도대로 평화 협상이 지켜졌더라면 이후의 참혹한 유혈 사태를 최소화할 수 있었을지 모를 일이다. 그러나 그러기에는 5·10선거의 성공을 위한 '공산 세력의 척결'이라는 미군정의 의지가 강력했다.

실패로 끝난 제주도 5·10선거, 강력한 토벌 작전의 예고

미군정은 제주도 소요 사태를 어떻게든 잠재우고 선거를 성공시키기 위해 전력을 다했다. 주한미군사령부의 작전 참모가 제주도에서 작전을 지도하고, 딘 소장은 선거 직전 2차례에 걸쳐 제주도를 방문, 작전을 점검했다. 제주도 선거 감시 요원으로 서울의 미군 장교들이 파견됐다. 이들은 제주도 내 투표소에 직접 투표함을 운반하기도 했으며, 투표함을 운반하지 못하는 지역의 면장을 위협하기도 했다.

무장대 역시 선거를 무효화시키기 위해 전력을 다했다. 선거일이 다가오자 투쟁의 강도를 높였다. 선거사무소를 습격하거나 심지어 선거관리위원들을 납치 또는 살해했다. 선거를 거부하는 많은 주민들이 선거일 전이나 당일에 자발적으로, 비자발적으로 중산간 지역으로 피신했다.

드디어 5월 10일, 남한의 200개 선거구에서 선거가 치러졌다. 육지에서는 유혈 사태가 빚어진 곳도 있긴 했으나 모든 곳에서 선거가 치러졌다. 그러나 제주도는 달랐다. 모두 3개 선거구

가운데 2개 선거구의 선거가 투표율 과반수 미달로 무효 처리됐다. 북제주군 갑 선거구는 투표율 43.08퍼센트, 북제주군 을 선거구는 46.48퍼센트에 그쳤다. 이로써 제주도는 남한에서 5·10선거를 거부한 유일한 지역이 됐고, 이는 곧 강력한 토벌 작전의 전개를 예고하는 것이었다.

미군정의 충격은 컸다. 선거 실패 이후 미군정의 전면 대응이 시작됐다. 선거 이틀 뒤인 5월 12일, 주한미군사령관 하지 중장은 5·10선거를 '미증유의 민주주의의 성공'이라고 평가했다. 같은 날, 그는 구축함 크레이그 호를 제주도 연안에 급파했다.

미 6사단 20연대장 브라운(Rothwell H. Brown) 대령이 제주도 최고 지휘관으로 파견됐다. 소요 사태 현장에 미군 대령을 진압 책임자로 파견한 것은 지극히 이례적이었다. 미군정은 5월 26일 포고문을 통해 5·10선거 무효와 6월 23일 재선거 실시를 알렸다. 재선거 성공이라는 임무를 맡은 브라운 대령은 경비대를 동원해 강력한 진압 작전을 전개했다. 경비대는 5월 14일부터 21일까지 송당리와 교래리에서 동굴 수색과 토벌 작전을 벌여 200여명을 체포하고 7명을 사살했다. 중산간 지역으로 피신했던 주민들은 공산주의자나 폭도로 오인돼 붙잡혔다. 대대적인 토벌 작전이 전개되면서 현지에서 체포한 혐의자를 즉결 처분하는 일도 일어났다.

"연일 증가되는 경비대와 경찰 무장부대는 각기 소탕에 전력을 다하고 있으나 진압의 시기는 속단을 불허하는 상태이다. 한편 경찰과 경비대의 주력이 주둔하고 있는 제주읍은 밤이 되면 죽음의 거리로 화한다. 이 모퉁이 저 구석에서 남북의

야기(夜氣)를 진동시키고 터지는 총성은 살기찬 이 섬의 공기를 더 한층 공포 속에 몰아넣고 있다."_『서울신문』, 1948. 6. 4.

군·경 토벌대가 진압에 나섰지만, 사태는 오히려 걷잡을 수 없어지고, 민심은 더 악화됐다. 제주의 중심지 제주읍은 밤이 되면 정적만 흘렀다. 브라운 대령은 "원인에는 관심 없다. 나의 사명은 진압뿐이다"라며 강력한 진압 작전을 전개했지만 사태를 진정시키지 못했다. 미군정은 결국 6월 10일, 6월 23일로 예정한 재선거를 무기한 연기했다.

원인을 해결하지 못한 채 이루어지는 무력 진압은 사태의 해결을 어렵게 할 뿐이었다. 5월 22일부터 6월 30일까지 검거된 주민만 5천여 명에 이르렀다. 9연대장 김익렬과 교체되어 강경 진압을 벌인 11연대장 박진경이 6월 18일 부하들에게 암살됐다.

"서귀포의 밤거리-고요히 잠을 자는 밤 정숙을 깨뜨리고 소란한 사이렌 소리가 높이 울리자 통행인의 자취도 없어지고 물 지난 뒤처럼 거리를 씻어버린다. 인적기 없는 마을에 때때로 자동차 소리만 크게 들리며 군대 경찰관의 군화 가죽 소리만이 요란한 가운데 호령 소리가 교차한다. 바로 여기는 군대 경찰의 거리다."_『부산신문』, 1948. 7. 23.

제주도 곳곳에서 대대적인 체포와 고문이 이어지면서 사람들의 공포는 극에 달했다. 제주의 거리는 밤이 되면 '죽음의 거리'로 변하고, '군과 경찰의 거리'가 됐다. 두려움과 공포가 섬의 공기를 짓누르고 있었다. 그러나 아직 본격적인 초토화는 오지 않았다. 검디검은 먹구름이 제주 섬에 몰려오고 있었다.

잿더미로 변한 제주도, 빨갱이로 불린 제주 섬 사람들

1948년 8월 15일 대한민국 정부가 출범했다. 9월 9일에는 한반도 이북에 조선민주주의인민공화국이 수립됐다. 분단 상황이 고착화되면서 양쪽의 대립은 더욱 첨예화됐다.

- 4월 3일. 무장봉기
- 4월 30일. 평화 협상
- 5월 10일. 선거의 실패
- 6월 10일. 재선거의 무기 연기
- 6월 18일. 박진경 연대장 암살
- 8월 15일. 대한민국 정부 수립

중요한 고비마다 군·경의 진압 강도는 높아졌다. 군과 경찰, 서청이 증원돼 속속 제주도에 입도했다. 이승만 정부는 10월 11일 제주도비상경비사령부를 설치했다. 9연대장 송요찬은 '정부의 최고 지령'을 받들어 10월 17일 포고문을 발표하고, 10월 20일부터 해안선으로부터 5킬로미터 이외 내륙 지역을 통행하는 자는 폭도로 간주해 총살하겠다고 선언했다. 제주도의 지형상 해안선에서 5킬로미터 이상 거리의 중산간 지역은 제주도 전체 면적의 80퍼센트에 이른다. 이곳에 자리잡은 100여 개 마을에는 수만여 명의 주민이 살고 있었다.

송요찬의 포고문 발표 직후인 10월 19일 제주도 토벌 강화의 일환으로 파견 예정이던 전남 여수 주둔 14연대 일부 병력이 봉기를 일으켰다. "동포에게 총부리를 겨눌 수 없다"며 제주도 사태 진압을 거부한 것이다. '여순사건'이다. 그런데 송요찬의 포고문이 언론에 보도가 된 것은 공교롭게도 여순사건 다음 날이었다. 이로써 여순사건은 제주도 토벌을 부추기는 촉매제가 됐다.

대통령 이승만은 11월 17일 제주도에 계엄령을 선포했다. 계엄령은 모든 것을 앗아갔다. 군·경 토벌대의 대대적인 강경 진압이 전개됐고, 중산간 마을들은 하나둘 사라지기 시작했다. 주민들은 대대로 살던 집과 농지를 버리고 해안 마을로 소개됐다. 소개는 사전적 의미로 '공습이나 화재 따위에 대비해 한곳에 집중되어 있는 주민이나 시설물을 분산'하는 것이지만 4·3 시기 제주도에서의 소개는 중산간 마을 주민들을 해안 마을로 강제 이주시키는 것이었다. 토벌대는 주민들을 강제 소개한 뒤 마을의 집들을 불태우고, 남아 있는 이들을 학살했다. 그 가운데는 소개령을 미처 전달받지 못해 피신하지 못한 사람들도 있었다. 이들은 폭도나 빨갱이로 간주되어 죽어갔다. 정부는 사태가 어느 정도 진정된 것으로 여겨, 같은 해 12월 31일 계엄령을 해제했다.

불에 타서 검게 그을린 땅. 초토화는 말 그대로 섬을 잿더미로 만들었다. 육지와 제주를 잇는 교통편이 차단되고, 정부와 군은 언론 보도를 통제함으로써 제주도에서 일어나는 참극은 바다 밖으로 알려지지 않았다.

제주도는 사실상 고립무원의 섬이 됐다. 1948년 11월부터 1949년 3월까지 5개월여 동안 참혹한 학살이 제주도 곳곳에서 일어났다. 해안 마을로 소개된 주민들은 무장대에 협조했다는 이유로 죽임을 당했다. 살기 위해 산속으로 들어가는 피난민들이 늘었다. 이들은 추운 겨울 한라산에서 피신 생활을 하다 굶거나 얼어 죽었고, 토벌대 눈에 띄어 죽어야 했다. 또 가족 가운데 한 명이라도 없으면 '도피자 가족'으로 지목해 부모와 아내, 형제자매를 대신 죽였다. 이른바 '대살'(代殺)은 그렇게 수없이 자행됐다. 붙잡힌 사람들은 군사재판을 받고 형무소(교도소)로 보내졌다. 그 가운데 많은 이들이 돌아오지 못했다.

무장대의 주민 학살도 있었다. 초토화 시기 무장대는 토벌대 진영이라고 판단한 마을을 습격해 불을 지르고 주민들을 학살했다. 무장대가 습격한 다음에는 토벌대가 들이닥치는 보복의 악순환이 이어졌다. 구좌면 세화리, 표선면 성읍리, 남원면 남원리·위미리 등은 무장대로부터 큰 피해를 입었다. 무장대 세력이 사실상 무너진 상태에 놓인 이후 굶주림에 처한 잔여 무장대가 식량이나 옷 등을 약탈하러 마을에 들어갔다가 주민들을 살해하는 일도 있었다.

그러나 9연대의 초토화는 대량 학살이라는 결과를 가져왔다. 1949년 4월 1일자 미군 정보 보고서는 이렇게 기록했다.

"9연대가 모든 저항을 발본색원하기 위해, 중산간 지대에 있는 마을의 모든 주민이 확실히 게릴라 부대에 도움과 편의를 주고 있다는 가정 아래 민간인 대량 학살 계획을 채택했다."

4·3 무장봉기 이후 많은 수의 서청 단원들이 제주도로 들어왔다. 이들은 군인이나 경찰로 변신해 무소불위의 권력을 휘둘렀고, 잔학 행위를 일삼았다. 1948년 11월 9일 제주도청의 2인자라 할 수 있는 총무국장 김두현을 고문 치사했으나, 누구도 처벌

받지 않았다. 그러니 일반 주민들에 대한 이들의 만행은 더 가혹했다. 증언은 끔찍하다. 1949년 2연대 1대대장 출신인 목격자는 "서청이 산 쪽에 협력했다고 해서 남편이 보는 앞에서 부인을 쏴죽이고 (중략) 한번은 연대 정보인가 하는 사람이 나보고 와보라고 해서 가서 보니 여자를 발가벗겨 놓고 빙빙 돌리고 있어서 이를 중지시킨 일도 있다"고 했다. 4·3을 겪은 사람들은 한결같이 서청을 가리켜 '인가이 아니었다'고 말한다.

육지에서 파견된 군·경 또는 서청 등 우익 단체원들은 제주 섬 사람을 같은 민족으로 간주하지 않았다. 이들에게 제주어는 통역을 통해 의사소통을 해야 할 만큼 낯설었다. 지금처럼 미디어가 발달하지 않았던 당시 토벌대는 제주어를 접할 기회가 많지 않았으며, 섬 사람들 또한 육지 언어에 익숙하지 않았다. 토벌 작전에 참가했던 군인들은 훗날 "언어가 통하지 않았기 때문에 곤란했다. 일본말로 하니까 다 통했다"라고 하거나, "주민과 언어 소통이 불가능했다. 일본어로 통하는 편이 의사소통이 잘 되는 형편이었다", "제주도 말을 알아듣지 못해 주민들과 말이 통하지 않아 애를 먹었다"고 했다. 제주어는 이해할 수 없고, 한국어보다 일본어가 더 잘 통했던 제주도는 토벌대의 눈에 적지였으며, 그 안에 사는 섬 사람들은 같은 민족이 아니었다. 이러한 그들의 인식은 제주 섬 사람들에 대한 학살을 부채질했다.

1948년 12월 말 제주도 토벌 작전의 주체가 9연대에서 2연대로 교체됐다. 연대장 함병선이 이끄는 2연대도 강경 진압으로 일관했다. 1949년 1월 17일, 주민 300여 명을 집단 학살한 4·3시기 대표적 학살 사건인 조천면 북촌리 학살 사건도 2연대에 의해 자행됐다. 소설가 현기영의 「순이삼촌」은 이날의 학살 사건을 바탕으로 삼은 것이다.

그러나 대통령 이승만은 북촌리 학살 나흘 뒤인 1월 21일 국무회의에서 다음과 같은 지시를 내렸다.

"미국 측에서 한국의 중요성을 인식하고 많은 동정을 표하나 제주도, 전남 사건의 여파를 완전히 발근색원하여야 그들의 원조는 적극화할 것이며, 지방 토색(討索) 반도 및 절도 등 악당을 가혹한 방법으로 탄압하여 법의 존엄을 표시할 것이 요청된다."

그렇지 않아도 초토화로 제주도가 온통 죽음의 섬으로 변해가는 시기에 이승만은 '가혹한 방법'으로 '탄압'하라고 지시했다. 이는 미국과의 교감 속에서 토벌전이 진행되고 있음을 보여준다. 이런 지시는 제주 섬 사람들을 죽음의 길목으로 더욱 내몰았다.

1947년 3월 1일부터 1954년 9월 21일까지 2,762일

1949년 3월 제주도지구 전투사령부는 "내려오면 살려준다"는 선무공작(宣撫工作)을 펼쳤다. 중산간 지역의 곶자왈이나 궤(작은 동굴) 등에 피신해 있던 많은 주민들이 백기를 들고 하산했다. 이들은 수용소에 수용돼 심사를 받았다. 제주읍 주정공장 수용소에 갇혀 있던 귀순자들 가운데 상당수는 정당한 사법적 절차 없이 육지의 형무소로 보내졌다.

1949년 6월 7일 제주도 인민유격대 사령관 이덕구가 사살됐다. 모든 것이 끝났다. 그의 시신은 민란의 장두가 효수돼 내걸리던 관덕정 광장에 전시됐다. 경찰은 그의 시신을 나무 형틀에 묶어 내걸었다. '폭도의 말로를 보라'는 뜻이었다. 조천중학원 교사였던 그는 1948년 8월 김달삼이 황해도 해주에서 열린 남조선 인민 대표자 회의에 참가하기 위해 제주도를 떠난 뒤 제주도 인민유격대 사령관이 됐다. 이덕구의 죽음은 크게 영향을 미쳤다. 사실상 4·3의 종식을 뜻하는 것이기도 했다.

그러나 이미 붉은 섬으로 규정한 제주도에 대한 이승만 정부의 탄압은 계속됐다. 1949년 10월 2일에는 이승만의 승인에 따라 249명이 정뜨르비행장에서 집단 처형됐다.

군·경 또는 우익 단체원들에게 붙잡히거나 피신 생활을 하다 산에서 내려온 이들은 수용소에 수용된 뒤 고문을 당했다. 이들을 향해 '없는 죄'도 만들었고, '죄도 아닌 죄'를 들이댔다. 이른바 '군법회의'다. 수십 명씩 여기에 불려가 '아무개 몇 년' 식의 호명이 이어졌지만, 모두 형량을 몰랐다. 법이 정한 최소한의 절차도 밟지 않았고, 판결문도 없었다. 군법회의 자체가 불법이었다. 재판을 받은 제주 사람들은 육지 형무소로 이송됐다. 제주도에 형무소가 없었기 때문이다. 판결에 따라 부자가 함께 끌려가기도 했고, 갓난아이를 안고 간 부녀자들도 있었다. 이들은 형무소에 수감된 뒤에야 자신들의 죄목이 내란죄나 국방경비법 위반죄라는 것을 알았다. 고향의 집으로 전해진 것이라고는 형무소에서 남편이, 아들이, 형제가 보내온 한두 통의 엽서가 전부였다.

이들을 '4·3 수형인'이라고 부른다. 4·3 시기 군법회의는 2차례 진행됐다. 1차는 1948년 12월 3~27일 12차례에 걸쳐 진행됐고, 2차는 1949년 6월 23일~7월 7일 10차례 열렸다. 1, 2차를 합쳐 사형 384명, 무기 305명, 나머지는 금고형을 포함해 징역 1~20년을 선고받았다. 그러나 군사재판을 받은 이들 가운데 대부분이 자신의 죄명이나 형량을 몰랐다. 1948년에는 구 형법 제77조(내란죄) 위반, 1949년에는 국방경비대법 제32·33조(적에 대한 구원통신 연락 및 간첩죄) 위반죄를 적용했다. 1, 2차에 걸친 군법회의로 다른 지역 형무소에서 수감 생활을 한 제주 도민은 최소한 2,530명이다. 일반 재판을 받은 이는 최소한 1,320명이다. 그러나 이들의 군법회의 재판 기록은 존재하지 않는다. 군법회의의 유일한 자료는 추미애(새정치국민회의) 의원이 1999년 당시 정부기록보존소에서 발굴해 공개한 '군법회의 수형인명부'(군법회의 명령)가 전부다.

이들 대부분은 고향으로 돌아오지 못했다. 한국전쟁 이전에 형기를 마치고 살아 돌아온 사람들도 있지만, 한국전쟁 발발 뒤 형무소에 수감됐던 제주 사람들 가운데 상당수 수형자들은 정치범이라는 딱지가 붙은 채 집단 학살되거나 행방불명됐다. 수형 생활이 끝난 이들 가운데는 고향으로 못 오고 수십 년 동안 육지를 떠돈 이들도 있다.

한국전쟁 발발 직후 정부는 치안 질서 유지의 명목으로 과거 좌익 또는 반정부 활동에 참여했거나 그와 관련된 사람들을 전국적으로 예비검속했다. 예비검속은 범죄를 방지할 목적으로 죄를 저지를 개연성이 있는 사람을 사전에 구금하는 것을 말한다. 일제 강점기 일제가 만든 예비검속법은 해방 직후 폐지됐으나 한국전쟁 발발 이후 이승만 정부가 불법적으로 사용했다.

보도연맹원들은 예비검속 대상이 됐다. 보도연맹은 1949년 6월 좌익 세력을 통제하는 의도로 만들어졌는데 남로당 탈당 전향자들만이 아니라 일반 주민들까지 무차별적으로 검거하는 단초가 됐다. 제주도에서는 4·3 당시 경찰에 체포된 경험이 있는 사람들이 대거 포함됐다. 6월 하순부터 8월 초 사이 예비검속돼 구금된 이들 가운데는 무고나 모략 등 개인적 원한으로 붙잡힌 이들도 있었다.

'진실·화해를 위한 과거사정리위원회'는 2010년 6월 '제주 예비검속사건(제주시·서귀포시) 진실규명결정서'를 통해 한국전쟁 발발 직후 예비검속으로 제주 지역에서 1,150~3,000여 명이 희생된 것으로 추정하고, 이들을 총살 또는 수장한 세력은 당시 제주지구 계엄사령부라고 밝혔다.

예비검속 사건 가운데 대정면 섯알오름 옛 일본군 탄약고 터에서 있었던 집단 학살 사건은 대표적이다. 모슬포경찰서에 예비검속된 357명 가운데 252명이 1950년 8월 20일(음력 7월 7일) 새벽, 2차례에 걸쳐 총살됐다. 견우와 직녀가 오작교에서 만난다는 이날, 제주에서는 비극적이고 영원한 이별이 일어났다. 계엄군과 경찰의 저지로 시신조차 곧바로 수습할 수 없었다. 이들의 시신을 거둔 것은 이로부터 6년여의 시간이 흐른 뒤인 1956년 3월과 5월 무렵이었다.

그런가 하면 성산포경찰서장 문형순은 계엄사령부의 총살 명령을 거부해 주민들을 살리기도 했다. 읍·면마다 수많은 사람이 죽어나가던 때 한 사람의 용기로 인해 성산면 지역 주민들 가운데 상당수가 목숨을 지킬 수 있었다.

그뒤로도 한참 동안 한라산의 입산은 금지되었다. 제주도 경찰국이 금족령을 해제한 것은 1954년 9월 21일이었다. 1947년 3월 1일 일어난 3·1사건 이후 7년 6개월, 날짜로 치면 2,762일 만이었다.

2

끝나지 않은 역사

그날 이후 오늘까지

반세기에 걸친 탄압과 금기의 시대

1957년 7월 제주도를 시찰한 유엔한국통일부흥위원단 (UNCURK) 소속 오스트레일리아 대표는 다음과 같은 보고서를 본국에 보냈다.

"1948년 5·10 선거 기간과 선거 이후, 그리고 간헐적으로 1951년부터 1955년까지 일반적 정치 소요와 반란을 진압하고 한라산을 중심으로 한 게릴라(무장대) 활동을 뿌리 뽑기 위해 (한국) 정부가 채택한 조치는 극단적으로 가혹했다. 수많은 주민이 무장대를 숨겨주거나 도와준 혐의로 총살됐다. 섬 사람들은 이를 잊지 않고 있으며, 결코 잊지 않을 것이다."

냉전적 세계 질서 속에서 그리고 남북이 대치하는 민족적 상황에서, 4·3에 대한 역사적 기억은 이데올로기에 따라 다른 색깔로 채색됐다. 반공 이데올로기 아래에서 4·3은 역사적 실체를 드러내지 못한 채 오랜 시간 국가 권력에 의해 왜곡, 망각됐다. 그러나 1950년대 후반 오스트레일리아 대표의 보고처럼 제주 섬 사람들은 잊지 않았다. 이들은 나름의 방식으로 대항 기억을 통해 역사적 진실을 재생산하고, 기억 투쟁을 전개함으로써 국가 권력이 강요하는 역사의 지배 담론에 맞섰다.

반세기 남짓 4·3은 금기의 역사였다. 희생자들은 폭도나 빨갱이로, 유족들은 폭도 가족, 빨갱이 가족이라는 낙인이 찍힌 채 레드 콤플렉스에 시달리며 숨죽여 살아야 했다. 유족들은 연좌제로 인해 공무원 임용과 공공기관 입사 등 각종 시험, 해외여행에서 많은 제약을 받았다. 4·3의 비극성은 그게 다가 아니다.

가까스로 살아남은 자들은 지속된 트라우마를 안고 살아야 했다. 그러나 국가 권력의 억압으로 인해 망각을 강요당해왔다.

오랜 시간 국가 권력은 4·3 담론을 독점했다. 1960년 4·19 혁명으로 이승만 독재 체제가 무너지면서 짧은 기간 진상 규명 움직임도 있었으나 다음해 일어난 5·16, 즉 5·16군사정변으로 또다시 긴 침묵을 강요당했다. 쿠데타 발생 다음 날 4·3 진상 규명 운동을 벌인 『제주신보』 전무 신두방과 제주대학교 '4·3사건 진상 규명 동지회' 학생들이 구속됐다. 경찰은 예비검속 희생자 유족들이 유해를 수습해 남제주군 안덕면 사계리 공동묘지에 묘역을 조성하고 세운 '백조일손지지'(百祖一孫之地) 비석을 부수어 땅속에 묻어버렸다. 그뒤 4·3은 철저하게 봉인됐다. 반공 이데올로기를 앞세운 이승만 정권에서부터 전두환 정권에 이르기까지 4·3 논의는 금기를 넘어 탄압의 대상이었다. 국가 권력이 4·3 논의를 독점한 시기 국내에서 4·3을 입 밖으로 꺼내기만 해도 '좌경', '용공'으로 몰렸고, 연좌제의 실체적 존재로 4·3의 기억을 드러낸다는 것은 사실상 불가능했다.

민간 영역의 4·3 논의는 한국이 아니라 일본에서 먼저 이루어졌다. 일제 강점기 이래로 일본은 제주 섬 사람들의 또 다른 삶의 공간이었으며, 4·3 당시에는 도피처가 됐다. 4·3과 직간접적으로 관련 있는 제주 섬 사람들 가운데 상당수가 밀항선을 탔고, 그곳에서 그들 나름의 방식으로 4·3을 정리했다. 그들 가운데 김봉현과 김민주가 있다. 두 사람은 4·3을 겪은 뒤 일본으로 건너간 이들을 만나 들은 이야기를 토대로 1963년 『제주도 인민들의 4·3 무장투쟁사-자료집』을 발간했다. 이어 15년 뒤인 1978년에는 김봉현이 『제주도 피의 역사-〈4·3〉 무장투쟁의 기록』(濟州島

血の歷史-〈4·3〉武裝鬪爭の記錄〉을 펴냈다.

국내에서는 탄압과 억압 속에 진실 찾기에 나섰다가 고초를 겪은 이들이 있었다. 소설가 현기영은 1978년 『창작과 비평』 가을호에 북촌리 학살 사건을 그린 「순이삼촌」을 발표했다. 이 소설은 사건 발생 30여 년 만에 4·3의 비극적 진실을 드러내는 데 기여했지만 그 대가는 컸다. 그는 『순이삼촌』이 소설집으로 발간된 직후인 1979년 보안사에 끌려가 고문을 받았고, 소설집은 판매 금지되었다. "혓바닥을 깨물 통곡 없이는 갈 수 없는 땅"으로 시작하는 4·3 장편 서사시 「한라산」을 1987년 3월 사회과학 전문 무크지 『녹두서평』 창간호에 발표한 이산하와 4·3자료집 『제주민중항쟁』(전 3권)을 출간한 김명식도 국가보안법 위반 혐의로 옥살이를 했다.

1987년 6월 항쟁, 진상 규명을 향한 여정의 시작

길고 긴 여정의 시작이었다. 1987년 6월 항쟁은 한국 사회 전반에 영향을 끼쳤다. 6월 항쟁의 민주화 열기는 40여 년 간 탄압과 금기의 대상이었던 4·3 진상 규명과 명예 회복운동의 기폭제가 됐다.

4·3 40주년을 맞은 1988년 국내외 여러 곳에서 4·3 관련 세미나와 추념식 등을 열며 진상 규명을 요구하는 목소리를 높이기 시작했다. 기나긴 진상 규명과 명예 회복 운동의 시발점이었다. 4월 3일에는 서울과 일본 도쿄에서 동시에 4·3 학술행사가 열렸고, 제주도 내 마을에서 자체적으로 마을의 삶과 역사를 담아 펴내는 마을지 곳곳에는 4·3의 피해 실태가 실렸다. 제주의 문

화예술인·학생·활동가 들은 4·3을 소재로 다양한 활동을 전개했다. 이 해 열린 '5공 청문회'는 4·3을 언급하기 꺼려하던 제주 섬 사람들의 말문을 트이게 하는 계기가 됐다. 그동안 망각과 침묵을 강요당했던 4·3 경험자와 유족 들은 조심스럽게 진실을 세상 밖으로 드러내는 기억 투쟁에 나서기 시작했다.

1989년에는 민간 연구 단체인 제주4·3연구소가 문을 열고, 증언 채록에 나섰다. 또한 『제민일보』의 '4·3은 말한다' 장기 기획 연재, 공중파 방송의 4·3 다큐멘터리가 잇따라 방영되면서 4·3 진상 규명 운동에 대한 관심을 불러일으켰다.

정치권 또한 1988년 이후 본격적으로 진상 규명 문제를 언급하기 시작했다. 1980년대 이후 정치권에서 처음으로 4·3 문제를 정면으로 내건 정치인은 훗날 대통령이 된 김대중이었다. 그는 1987년 말 실시된 대통령 선거 때 평민당 후보로 나서 4·3 진상 규명을 공약으로 제시했다. 이후 1988년 4월 총선에서 제주시 선거구에 출마한 후보들은 진상 규명, 국회 논의, 위령탑 건립 등을 공약하고 나섰다. 그뒤 4·3 문제 해결은 후보들의 단골 공약이 됐다.

그러나 문민정부 출범 이후에도 군·경의 4·3 인식은 크게 달라지지 않았다. 이들은 여전히 4·3을 '좌익분자들의 만행'이자 '폭동'이라는 시각을 견지했다.

1992년 제주시 구좌읍 다랑쉬오름 인근 다랑쉬굴에서 11구의 유해가 발견됐다. 1948년 12월 18일 군·경·민 합동 토벌대에 의해 희생된 이들 가운데는 9살 어린아이와 10대와 20대, 50대의 여자도 있었다. 발견된 유해는 곧 4·3 진상 규명 운동의 당위성을 전국적으로 알리는 계기가 됐다. 유해가 발견된 뒤 행정·공안 기관은 이 사건의 여론화 저지를 시도했다. 그러나 은폐할수록 다 랑쉬굴의 비극은 더 주목을 받았다.

공안 기관의 압박 속에서도 제주도의회 4·3특별위원회가 1993년 발족해 진상 규명과 명예 회복 운동의 활성화에 기여했다. 1994년에는 도의회의 중재로 '사월제공동준비위위원회'의 추모 제와 유족회가 봉행해온 위령제를 합동으로 치를 수 있게 됐다.

4·3 진상 규명과 명예 회복 운동은 10년 주기로 도약의 전 환점을 맞았다. 40주년인 1988년에는 처음으로 4·3 논의를 공론 의 장으로 끌어들였다면, 50주년인 1998년에는 그동안의 운동 역 량 축적을 통해 진상 규명과 명예 회복 운동을 제도화하는 데 힘 을 모았다. 앞서 서울에서는 1997년 전국의 시민 사회 단체와 원 로들이 참여한 '제주4·3 제50주년 기념사업 추진 범국민위원회' 가 조직됐다. 1998년은 4·3특별법 쟁취를 위한 범도민·범국민적 투쟁의 기틀을 다져 나간 해이기도 했다. 유족회와 시민 사회 단 체는 물론 제주도의회 의원들도 적극 나섰다. 이들은 전국의 시 민 사회 단체들과 연대해 4·3특별법 제정의 당위성을 알리고, 정 치권에 법 제정을 촉구했다. 1999년에는 제주 지역 24개 시민 사 회 단체가 참여한 4·3특별법 쟁취 연대회의'가 발족했다. 이들은 "20세기의 사건을 21세기로 넘길 수 없다"며 그해 말 제15대 국회 폐회 전에 4·3특별법 제정을 이루기 위한 노력을 기울였다.

이러한 연대와 단결은 정치권을 움직였다. 국회는 1999년 12월 16일 여야 합의로 제주4·3사건 진상 규명 및 희생자 명예 회 복에 관한 특별법을 통과시켰다. 사건 발생 50여 년 만에 4·3이 역사의 전면에 나타났다.

4·3특별법은 김대중 정부 시절인 2000년 1월 12일 제정 공포됐다. 왜곡되고 뒤틀렸던 사건의 진상을 밝히고, 희생자와 살아남은 자들의 명예를 회복시키기 위한 작업이 시작됐다. 정부가 법률에 근거해 과거사 진상을 조사한 것은 4·3이 처음이었다.

　　정부는 국무총리를 위원장으로 한 '제주4·3사건 진상 규명 및 희생자 명예회복 위원회'(이하 '4·3위원회')를 구성했다. 4·3위원회 산하에는 '진상 조사 보고서 작성기획단'을 두어 국내외 자료 수집과 분석 등 진상 조사 활동을 벌였다. 반세기 동안 망각과 침묵을 강요당해온 4·3은 공적 기록의 부재로 진상을 밝히는 작업에 난항을 겪어야 했다. 그런 가운데도 제도권 안팎의 관심 속에 진상 조사 작업은 계획대로 진행됐다.

　　진상 조사는 2년 동안 4·3 관련 자료를 수집, 분석하고 6개월 이내에 진상 조사 보고서를 작성한다는 규정에 따라 2000년 9월 조사에 들어가 2003년 2월까지 2년 6개월 동안 이루어졌다. 4·3위원회는 2003년 10월 15일 『제주4·3사건 진상 조사 보고서』(이하 정부 보고서)를 확정했다. 이는 정부 수립 이후 최초의 과거사 진상 조사 보고서로서 4·3 시기 인적 피해 규모를 밝히고 민간인 학살의 책임을 규명하고, 당시의 학살을 '인권 유린이며 과오'로 규정했다. 그 결론은 다음과 같다.

　　"법을 지켜야 할 국가 공권력이 법을 어기면서 민간인들을 살상하기도 했다. 토벌대가 재판 절차 없이 비무장 민간인들을 살상한 점, 특히 어린이와 노인까지도 살해한 점은 중대한 인권 유린이며 과오이다. (중략) 정부는 이 불행한 사건을 기억하고 교훈으로 삼아 다시는 이러한 비극이 일어나지 않도록 노력을 해야 할 것이다."

2007년 제주국제공항 유해 발굴,
세상 밖으로 나온 희생자들

참혹했다. 검붉은 흙을 파고 들어갈수록 무수한 뼛조각과
유품이 쏟아져 나왔다. 인간의 존엄성을 말하는 것은 사치였다.
그들은 유해로 남아 '폭력'과 '광기'의 시대를 고발했나.

2007년 9월, 제주국제공항에서는 학살 암매장된 지 60년
만에 억울한 원혼들이 세상 밖으로 나왔다. 산 자와 죽은 자는 그
렇게 만났다. 제주국제공항 유해 발굴은 2007년 8~12월과 2008년
9월~2009년 6월까지 2차례에 걸쳐 진행됐다. 발굴된 유해는 모두
387구로, 2022년까지 136구의 신원이 확인됐다. 유류품은 2천여
점 가까이 발굴됐다. 카빈 소총 및 M1 소총 탄피와 탄두, 깨진 안
경, 단추, 머리빗, 허리띠, 일본 동전, 고무신과 고무줄 등의 유류
품도 발견됐다. 실명이 새겨진 도장 2점도 발견됐다.

유해 발굴 현장은 당시의 처참했던 상황을 고스란히 보여
줬다. 유해들은 서로 뒤엉켜 있었는가 하면 겹겹이 쌓여 있었다.
두개골이 깨지거나 손이 뒤로 묶여 있는 유해도 보였다.

제주국제공항은 4·3의 실체적 규명을 위해 반드시 유해
발굴이 이루어져야 한다는 지적이 꾸준히 제기되어온 상징적인
곳이다. 각종 자료 및 증언, 일부 유족들이 사건 뒤 주검을 수습했
던 사례를 고려했을 때 이 지역에서 500~800여 명이 학살된 것으
로 추정했다.

진상 규명 운동은 고비마다 어려움을 겪었지만, 제주국제

공항 유해 발굴은 불가능하게 여겨졌다. 국가 보안 시설로 일반인들의 접근이 금지된 데다 공항 내에서 장소를 특정하는 일은 매우 어려웠다. 때마침 공항에서 그동안 쓰지 않던 남북 활주로를 활용하게 되었고 이를 위한 주변 부지 정비가 필요했다. 여기에 2006년 4·3 위령제에 참석한 노무현 대통령이 유해 발굴을 지속해서 지원하겠다는 뜻을 밝혔다. 대통령의 그 발언이 유해 발굴을 가능하게 했다. 발굴된 유해들은 유전자 감식을 통해 신원을 확인하는 절차를 밟아 가까스로 가족을 만났다. 1949년 9월, 갓난 딸을 업고 5살난 아들의 손을 잡고 있던 26살의 박두선은 제주경찰서 마당에서 수감자들 속에 섞여 있는 시동생을 발견했다. 시동생은 형수를 보자 엉거주춤 일어나 손을 들어 눈길을 마주치고는 곧바로 앉았다. 10월 2일, 그녀는 수감자들을 태운 트럭들이 비행장으로 향하는 모습을 울면서 지켜봤다. 2011년 그녀는 그 시동생을 유해로 만났다. 트럭을 타고 떠난 지 62년 만이었다.

"언젠가 어머니 꿈속에 아버지가 나타났는데, 그립던 아버지를 만난 뒤 어머니가 많이 아프셨어요. 할머니가 '이제 됐다'고 빌고 빌어 아버지가 떠나자 어머니 병이 나았습니다. 귀신이 없는 게 아니었어요."

2022년 2월 10일 서귀포시 대정읍 고산옥은 1살 때 헤어져 행방불명됐던 아버지의 유해를 제주4·3평화공원 안 유해 봉안관에 안치했다. 그녀는 유전자 감식을 통해 행방불명됐던 아버지를 74년 만에 만났다.

제주국제공항에서 발굴된 유해의 신원을 찾기 위한 작업

은 계속되고 있다.

노무현 대통령, 국가 권력의 잘못을 공식 사과하다

대통령의 사과는 명예 회복 운동의 전환점이 됐다. 1948년 4월 3일 이후 55년 만이었다. 노무현 대통령은 정부 보고서가 확정된 지 15일 만인 2003년 10월 31일 제주도를 방문해 과거 국가 권력의 잘못을 공식 사과했다.

> "국정을 책임지고 있는 대통령으로서 과거 국가 권력의 잘못에 대해 유족과 제주 도민 여러분에게 진심으로 사과와 위로의 말씀을 드립니다. 무고하게 희생된 영령들을 추모하며 삼가 명복을 빕니다."*

대통령의 사과는 4·3위원회가 채택한 '7대 대정부 건의안'에 따른 것이다. 4·3위원회는 정부 보고서 확정 뒤 다음과 같은 건의안을 채택했다.

　　1. 희생자와 유족에 대한 정부의 사과.
　　2. 추모기념일 지정.
　　3. 평화·인권 교육자료로의 활용.
　　4. 평화공원 조성.

---

* 노무현 전 대통령의 2003년 10월 31일 발표문 전문은 부록으로 게재하였다.

5. 생계비 지원.

6. 유해 발굴.

7. 추가 진상 조사와 기념사업 지원.

노무현 정부는 2005년 1월 17일 제주도를 '세계 평화의 섬'으로 지정했다. 평화의 섬 지정의 이론적 근거는 4·3 진상 규명과 명예 회복 운동이었다. 이어 노 대통령은 2006년 대통령으로서는 처음으로 4·3 위령제에 참석해 다시 한 번 사과했다.

"오랜 세월 말로 다할 수 없는 억울함을 가슴에 감추고 고통을 견디어 오신 유가족 여러분께 진심으로 위로의 말씀을 드립니다. 아울러 무력 충돌과 진압의 과정에서 국가 권력이 불법하게 행사되었던 잘못에 대해 제주 도민 여러분께 다시 한번 사과 드립니다. (중략) 자랑스런 역사든 부끄러운 역사든, 역사는 있는 그대로 밝히고 정리해야 합니다. 특히 국가 권력에 의해 저질러진 잘못은 반드시 정리하고 넘어가야 합니다. 국가 권력은 어떠한 경우에도 합법적으로 행사되어야 하고, 일탈에 대한 책임은 특별히 무겁게 다루어져야 합니다. 또한 용서와 화해를 말하기 전에 억울하게 고통받은 분들의 상처를 치유하고 명예를 회복해 주어야 합니다. 이것은 국가가 해야 할 최소한의 도리입니다. 그랬을 때 국가 권력에 대한 국민의 신뢰도 확보되고 상생과 통합을 말할 수 있을 것입니다."*

* 노무현 전 대통령의 2006년 4·3 제58주년 위령제 추도사 전문은 부록으로 게재하였다.

그는 추념사를 통해 국가 권력의 불법 행사에 대해 다시 한번 사과했다. 국가 권력은 합법적으로 행사돼야 하며, 불법 행위에 대한 책임은 특별히 무겁게 다루어져야 한다며, 국가 권력의 책임을 강조했다. 또한 용서와 화해에 앞서 희생자와 유족들의 상처를 치유하고, 명예 회복을 해야 한다며 '선 명예 회복, 후 용서·화해'를 주장했다.

이후 박근혜 정부 때인 2014년 '4·3 희생자 추념일'이 국가 기념일로 공식 지정됐다. 그러나 이명박·박근혜 정부가 집권한 9년 3개월은 4·3에 대한 억압과 저항이 다시 나타난 시기였다. 이 무렵 보수적인 정치권과 정부뿐만 아니라 사회 내의 여러 보수 세력에 의한 4·3 흔들기가 시도됐고, 이에 대한 시민 사회의 저항이 나타났다.

문재인 대통령,
"4·3은 부정할 수 없는 역사적 사실입니다"

2017년 5월 취임한 문재인 대통령은 노무현 대통령이 국가의 책임을 언급한 바탕 위에서 4·3의 진실에 대한 역사적 인식과 국가의 책임을 더욱 공고화했다. 문 대통령은 2018년과 2020년, 2021년 3차례나 4·3 추념식에 참석할 정도로 4·3 문제 해결에 각별한 관심을 보였다. 문 대통령은 4·3을 노무현 대통령이 언급한 '국가 권력의 불법성'에서 한걸음 더 나아가 '국가 폭력'으로 규정했다.

2018년 4·3 70주년 추념사를 통해 김대중 대통령과 노무현 대통령의 4·3 문제 해결에 대한 업적을 언급하면서, 그 연장선에서 4·3의 '완전 해결'을 약속했다. 특히 그는 4·3은 '어떠한 세력'도 부정할 수 없는 역사적 사실이라고 선언했다. 그의 발언은 어떤 정권이 들어서더라도, 보수 세력이 역사의 물줄기를 되돌리려고 시도하더라도 역사적 퇴행이 있어서는 안 된다는 의지로 읽힌다.

"2000년, 김대중 정부는 4·3진상 규명 특별법을 제정하고, 4·3위원회를 만들었습니다. 노무현 대통령은 대통령으로서 처음으로 4·3에 대한 국가의 책임을 인정하고, 위령제에 참석해 희생자와 유족, 제주 도민께 사과했습니다.

저는 오늘 그 토대 위에서 4·3의 완전한 해결을 향해 흔들림 없이 나아갈 것을 약속합니다. 더 이상 4·3의 진상 규명과 명예 회복이 중단되거나 후퇴하는 일은 없을 것입니다. 그와 함께, 4·3의 진실은 어떤 세력도 부정할 수 없는 분명한 역사의 사실로 자리를 잡았다는 것을 선언합니다. 국가 권력이 가한 폭력의 진상을 제대로 밝혀 희생된 분들의 억울함을 풀고, 명예를 회복하도록 하겠습니다."*

문 대통령의 2020년 4·3 72주년 추념사는 70주년의 추념사에서 진일보했다. 그는 추념사를 통해 1987년 민주화운동 이전 폭동의 지배 담론에서 평화와 통일 운동의 담론으로 발전시켰다. 그는 '국가 폭력'이라는 인식 위에 '분단을 넘어 평화와 통일운동'으로 4·3의 지평을 넓혔다. 그러면서 문 대통령은 민족의 화해와

---

* 문재인 전 대통령의 2018년 4·3 제70주년 추념식 추념사 전문은 부록으로 게재하였다.

평화를 위한 노력은 4·3 그날부터 시작됐으며, 4·3의 진상을 철저하게 밝혀야 한다고 역설했다.

"제주는 해방을 넘어 진정한 독립을 꿈꿨고, 분단을 넘어 평화와 통일을 열망했습니다. 제주 도민들은 오직 민족의 자존심을 지키고자 했으며 되찾은 나라를 온전히 일으키고자 했습니다. 그러나 누구보다 먼저 꿈을 꾸었다는 이유로 제주는 처참한 죽음과 마주했고, 통일 정부 수립이라는 간절한 요구는 이념의 덫으로 돌아와 우리를 분열시켰습니다.

우리가 지금도 평화와 통일을 꿈꾸고, 화해하고 통합하고자 한다면, 우리는 제주의 슬픔에 동참해야 합니다. 제주 4·3이라는 원점으로 돌아가 그날, 그 학살의 현장에서 무엇이 날조되고, 무엇이 우리에게 굴레를 씌우고, 또 무엇이 제주를 죽음에 이르게 했는지 낱낱이 밝혀내야 합니다. 그렇게 우리의 현대사를 다시 시작할 때 제주의 아픔은 진정으로 치유되고, 지난 72년, 우리를 괴롭혀왔던 반목과 갈등에서 자유로울 수 있습니다. (중략) 4·3은 과거이면서 우리의 미래입니다. 민족의 화해와 평화를 위한 노력은 4·3 그날부터 시작되었습니다. 지난날 제주가 꾸었던 꿈이 지금 우리의 꿈입니다."*

문 대통령의 4·3 72주년 추념사는 4·3 인식의 대전환이었다. 4·3이 꾸었던 꿈은 민족 자존의 꿈이었고, 일제 강점으로부터

* 문재인 전 대통령의 2020년 4·3 제72주년 추념식 추념사 전문은 부록으로 게재하였다.

되찾은 나라를 온전히 일으켜 세우려 했던 꿈은 지금 이 땅에 살아가는 우리의 꿈이라고 했다. 그는 4·3을 평화와 통일, 화해와 통합이라는 현재의 시대적 과제에 연결 짓고, 교훈을 찾으려고 시도했다. 4·3은 과거이자 우리의 미래라고 역설했다.

또한 이듬해인 4·3 73주년 추념사는 기존의 추념사에서 보여준 4·3에 대한 인식 위에서 4·3이 비극의 역사이자, 평화·인권을 위한 화해와 상생의 역사 2가지 측면이 있다는 의미를 부여했다.

"4·3에는 두 개의 역사가 흐르고 있습니다. 국가 폭력으로 국민의 생명과 인권을 유린한 우리 현대사 최대의 비극이 담긴 역사이며, 평화와 인권을 향한 회복과 상생의 역사입니다.

완전한 독립을 꿈꾸며 분단을 반대했다는 이유로, 당시 국가 권력은 제주 도민에게 '빨갱이', '폭동', '반란'의 이름을 뒤집어씌워 무자비하게 탄압하고 죽음으로 몰고 갔습니다. '피해자'를 '가해자'로 둔갑시켰고, 군부 독재 정권은 탄압과 연좌제를 동원해 피해자들이 목소리조차 낼 수 없게 했습니다.

그러나 4·3은 대립과 아픔에 갇히지 않았습니다. 살아남은 제주 도민들은 서로를 보듬고 돌보며 스스로의 힘으로 봄을 되찾기 위해 노력했습니다. 화해의 정신으로 갈등을 해결하며 평화와 인권을 향해 쉼 없이 전진했습니다."*

---

* 문재인 전 대통령의 2021년 4·3 제73주년 추념식 추념사 전문은 부록으로 게재하였다.

2021년, 4·3특별법 전면 개정

제주 사회의 4·3 진상 규명과 명예 회복 운동은 점진적 단계를 밟아왔다. 4·3특별법 제정 무렵에는 희생자 배·보상 문제가 거론되지 않았다. 당시는 진상 규명이 급선무였고, 이를 토대로 공동체적 보상을 요구했다. 진상 규명과 명예 회복 운동이 궤도에 오르면서 개별 배·보상 문제가 현안이 됐다. 배·보상이 희생자를 살리거나 유족들의 잃어버린 삶을 되돌릴 수는 없지만 국가의 배·보상은 국가가 저지른 불법 행위를 반성하고, 정의를 회복하기 위한 조치다. 그러나 4·3 희생자에 대한 배·보상 문제는 4·3 문제 해결의 가장 어려운 과제이기도 했다.

오랜 논의 끝에 2021년 2월 26일 4·3특별법 전부 개정안이 여야 합의로 국회 본회의를 통과했다. 4·3특별법이 제정된 지 21년 만이다. 쉽게 이루어진 일은 결코 아니었다. 4·3단체들과 유족들은 여야를 넘나들며 4·3특별법 전부 개정안의 국회 통과를 호소해왔다. 1999년 12월 4·3특별법이 국회를 통과할 때도 여야 합의로 이루어졌듯이, 이번에도 여야 합의로 전부 개정안이 통과됐다. 대통령 후보 시절 "4·3 희생자에 대한 배·보상은 완전한 명예 회복을 위한 조치이다. 적극적으로 검토하겠다"고 밝혔던 문 대통령이 여야 정치권에 4·3특별법 개정을 적극적으로 촉구한 것이 원동력이 됐다. 2021년 전부 개정안을 대표 발의한 오영훈(더불어민주당) 의원은 "배·보상에 대한 법적 근거를 마련함으로써 대한민국 과거사 문제 해결에 새로운 전기를 마련했고, 행방불명 수형인들이 법적으로 명예를 회복할 수 있는 길이 열렸다. 추가 진상 조사의 길이 열렸다는 점에서 큰 의미가 있다"고 말했다.

개정된 4·3특별법에는 희생자에 대한 국가의 배·보상과 불법 군사재판 수형자들의 명예 회복을 위한 직권 재심 규정이 포함됐다. 또한 4·3위원회의 추가 진상 조사 재개, 행방불명 희생자의 실종 선고 특례, 가족관계등록부 정리, 4·3트라우마 치유 지원 등이 포함됐다. 그리고 2022년 6월부터 4·3 희생자 보상금 지급을 위한 신청 접수에 들어가 비로소 지급되기 시작했다. 이렇게, 빗물이 모여 강물이 되고 바다로 흘러가는 것처럼, 4·3은 진상 규명부터 희생자 배·보상에 이르기까지 더디지만 조금씩 진전해 왔다.

그렇다고 해서 모든 문제가 다 마무리된 것은 아니다. 4·3 문제의 완전한 해결로 가는 길은 여전히 순탄치 않다. 4·3특별법은 '희생자'를 다음과 같이 정의한다.

"제주4·3사건으로 인하여 사망하거나 행방불명된 사람, 후유 장애가 남은 사람 또는 수형인으로서 제주4·3사건 희생자로 결정된 사람을 말한다."

그러나 당시 사망 또는 행방불명됐더라도 희생자로 인정받지 못하는 이들이 있다. 무장봉기 주도 세력이다. 이들은 4·3위원회의 희생자 심사·결정 과정에서 제외된 이른바 '배제자'들이다.

4·3특별법은 화해와 상생을 위한 법이자 포용의 법이다. 4·3특별법 어디에도 '배제'라는 단어는 없다. 배제자 문제는 몇몇 보수 우익 단체들의 4·3특별법 위헌 소송에서 비롯했다. 헌법재판소는 2001년 일부 보수 우익 인사들이 제기한 4·3특별법 위헌 청구 소송에서 4·3 관련 사망자 가운데 무장봉기 주도 세력을 희

생자 범주에서 배제해야 한다고 결정했다. 헌법재판소의 판결에 따라 4·3위원회가 정한 '제주4·3사건 희생자 심의·결정 기준'은 '희생자 범위에서 제외 대상'을 다음과 같이 정하고 있다.

"(1) 제주4·3사건 발발에 직접적인 책임이 있는 남로당 제주도당의 핵심 간부 (2) 군·경의 진압에 주도적·적극적으로 대항한 무장대 수괴급 등은 자유 민주적 기본 질서에 반한 자로서, 현재 우리의 헌법 체제 하에서 보호될 수 없다 할 것이므로 희생자의 대상에서 제외토록 하되, 이 경우 그러한 행위를 객관적으로 입증할 수 있는 구체적이고 명백한 증거 자료가 있어야 한다."

이 결정으로 인해 일부 희생자들이 명예 회복 대상에서 배제됐다. 배제는 이들의 유족에게 연좌제의 연장이다. 때문에 이들에게 4·3은 여전히 현재진행형이다.

4·3 수형인 명예 회복, 재심의 이름으로

꿈같은 날들은 순간이었다. 열아홉, 스물에 결혼한 새색시 새신랑은 넉넉하지는 않았지만 조·보리·메밀을 갈고, 고깃배 타며 웃음꽃 피웠다. 어느 날 낯선 군인과 경찰, 서청이 들어오며 초가삼간이 불타고, 마을이 불탔다. 죽음에서 살아남은 이들은 산으로 도피했다. "자수하면 살려 준다"는 전단지를 보고 나뭇가지에 하얀 헝겊을 걸치고 내려왔다. 고문 취조가 잇따랐다. 줄줄이 묶인 채, 한 번도 가보지 않았던 육지로 끌려갔다. 제주 섬을 떠난 그들은 돌아오지 않았다. 불볕 더위에 검질(김)을 메다가도, 한겨울 정지(부엌)에서 불을 솖(삶)다가도 생각하면 마음이 벌러질(깨질) 것 같아 애써 외면했다. 그렇게 잡혀 간 뒤 아들의, 남편의, 아버지의 생사조차 모르는 슬픔은 밖으로 드러내 놓을 수조차 없었다. 제주에 남아 있는 가족들에게는 가슴속 슬픔만 남은 게 아니었다. 유대인들의 가슴에 붙었던 '다윗의 별'처럼 '빨간 딱지'가 붙었다. 그렇게 70여 년을 살았다.

열리지 않을 것 같던 진실의 문이 열리기 시작했다. 짧은 만남 뒤 영원한 이별을 한 아내, 아버지의 얼굴을 모르는 아들딸, 형과 오빠에 대한 아련한 추억을 마음에 담은 동생들이 그 문을 열어젖혔다. 어머니는 아들을, 아내는 남편을 만났고, 아들딸들은 평생 꿈에 그리던 아버지를 만난다.

제주지방법원 201호 법정. 재판이 있는 날이면 법정은 기억 투쟁의 장이 된다. 우리나라 사법사상 유례가 없는 재심 재판이 펼쳐진다. 행방불명된 희생자들은 배우자와 아들 딸, 형제자매들의 입을 통해 70여 년 전의 불법적인 재판과 그 속에 감춰진 4·3의 진실을 법정으로 불러냈다. 죽은 자들은 산 자들의 입을 빌려 법정에서 진실을 증언했다. 아버지의 얼굴도 모르는 아들딸들이, 형제자매가 희생자의 대리인으로 야만의 시대를 증언했다. 유족들에게 법정은 '해원'의 무대이자, 가슴 켜켜이 쌓여 피멍울이 된 트라우마를 치유하는 무대였다. 그들의 법정 증언은 대서사이자 장편 다큐멘터리가 됐다.

그 문을 두드리기 시작한 때는 2017년 4월 17일이다. 4·3 당시 군법회의를 거쳐 수형 생활을 했던 '4·3 수형 생존자' 18명이 제주4·3도민연대의 도움으로 재심을 청구했다. 법정에서 가

습속 깊은 곳곳에 꾹꾹 숨겨온 4·3의 진실을 이야기한 이들은 2019년 1월 17일 무죄 취지의 공소 기각 판결을 받았다. 범죄 사실을 구체적으로 밝히지 않은 채 재판에 회부한 만큼 공소 제기 자체가 무효라는 취지였다.

이때부터 4·3 수형 희생자와 그 유족들의 재심 청구가 잇따랐다. 4·3특별법 전면 개정 이후 4·3 수형인들의 직권 재심이 가능하게 됐다. 2021년 11월 24일에는 4·3 수형인들의 직권 재심 청구를 권하기 위해 광주고등검찰청 산하 '제주4·3사건 직권 재심 권고 합동수행단'이 출범했다. 합동수행단의 변진환 검사는 희생자와 유족들에 대한 깊은 이해를 보여줬다. 그는 재심 재판에서 이렇게 말한다.

"이념과 공권력의 이름으로 불법 행위가 자행됐고, 유족들은 수십 년 동안 통한의 세월을 보냈습니다. 이번 판결 결과로 유족들의 아픔이 조금이라도 위로가 되기를 진심으로 기원합니다. 이 사건 공소 사실은 피고인들이 내란죄, 국방경비법 위반죄를 저질렀다는 것이지만 이를 입증할 아무런 자료가 없습니다. 피고인들은 증거가 전혀 없어 모두에게 무죄를 요청합니다."

2023년 1월 31일까지 무죄를 받은 4·3 수형 희생자는 1,200여 명에 이른다. 재판장 장찬수 부장판사는 2020년 12월 첫 무죄 선고를 시작으로 2023년 2월 20일 이임할 때까지 1,191명에게 무죄를 선고해 유족들의 트라우마를 치유하고 명예 회복을 하는 데 기여했다. 재판장은 유족들이 무죄 선고 뒤 "고맙다"고 하면 이렇게 말했다.

"우리는 고맙다는 말을 들을 이유가 없습니다. 여러분의 피해에 대한 명예 회복을 너무 늦게 회복시켜줬는데, 국가가 미안하다고 해야 합니다."

유족들의 증언은 기억의 고문에서 달아나려는 몸부림이다. 법정은 유족들의 한숨과 눈물로 가득찬다. 2020년 12월 22일 재심 재판에서 아버지가 행방불명되고 백부모가 경찰에 희생된 유족 강방자는 "하고 싶은 말이 있으면 아무 얘기나 하라"는 장재판장의 말에 이렇게 답변했다.

"하고 싶은 이야기야 많지만 가방끈이 짧은 할망이 무슨 말을 하겠습니까. 생후 8개월짜리 남동생을 업고 달아나던 어머니가 토벌대의 총에 맞아 죽고 동생은 엄마의 젖을 빨았습니다. 4·3이 끝나고 나니 사는 게 사는 것이 아니었습니다. 아버지의 유일한 딸로 나중에 저승 가면 아버지한테 '불명예를 씻고 왔습니다'라고 말하고 싶습니다."

2021년 3월 16일에는 재심 사건 피고인 335명 전원에게 무죄가 선고됐다. 제주도의회 의장과 국회의원을 지낸 장정언은 이날 수형 생활을 하다 행방불명된 형님의 무죄 판결을 받았다.

"91살에 돌아가신 제 어머니는 상군 해녀였습니다. 매일 바다로 나갔습니다. 동네 삼촌들이 '맨날 바당에 가는 게 지치지도 안 허우꽈'(매일 바다에 물질하러 가는 일이 지치지도 않나요?) 하면 '아니여. 나 아들 만나래 감쪄'(아니야. 아들 만나러 간다) 했습니다. 그 어머니가 아들을 만나지 못하다 오늘 하늘나라에서 만나고 있습니다. 형님뿐 아니라 어머니도, 나도 70여 년 동안 서로 다른 감옥에 있다가 비로소 나왔습니다. 형님은 20년이 아니라 70여 년을 감옥에 계셨습니다. 이제야 우리 가족이 상봉했습니다."

이날, 재판장 장찬수는 무죄를 선고하면서 이렇게 소회를 밝혔다.

"국가가 완전한 정체성을 갖지 못했을 때 피고인들은 목숨마저 빼앗겼고 자녀들은 연좌제에 갇혔습니다. 지금까지 그들이 무슨 생각을 하면서 삶을 살아냈는지 과연 국가는 무엇을 위해, 그리고 누구를 위해 존재하는지, 몇 번을 곱씹었을지 우리는 알지 못합니다. 오늘의 이 선고로 피고인들과 그 유족들에게 덧씌워진 굴레가 벗겨지고, 고인이 된 피고인들이 저승에서라도 오른쪽 왼쪽을 따지지 않고 낭푼(양푼)에 담은 지실밥(감자밥)에 마농지(마늘장아찌)뿐인 밥상이라도 그리운 사람과 마음 편하게 둘러앉아 정을 나누는 날이 되기를, 살아남은 우리는 이러한 일이 두 번 다시 일어나지 않기를 바랍니다."

4·3 수형인들에 대한 재심 재판은 희생자와 유족에 대한 명예 회복의 상징적이고 실질적인 조치이다. 재판은 계속된다.

더디지만 전진해온 역사,
멈춰서는 안 되는 진실 규명의 길

　정부 보고서는 4·3 희생자 수를 2만 5천~3만여 명으로 추정한다. 이는 당시 제주도 인구의 10퍼센트에 이르는 수치다. 2022년 7월 현재 4·3 희생자로 결정된 인원은 1만 4,660명(사망자 1만 494명, 행방불명자 3,654명, 후유 장애자 213명, 수형자 299명)이다.

　물적·정신적 피해는 추정할 수 없다. 4·3 당시 12개 읍·면 165개 마을 가운데 소개된 마을은 전체의 53퍼센트에 이르는 87개 마을이다. 1950~1960년대 '난민 정착 복구 사업'을 벌였지만 원주민들이 복귀하지 않아 사실상 사라진 '잃어버린 마을'은 134개 마을에 이른다. 이 가운데 131개 마을이 토벌대에 초토화됐고 3개 마을은 무장대에 초토화됐다. 4·3은 지울 수 없는 상처를 냈다.

　정부 보고서가 비록 상당한 부분에서 4·3의 비극과 실체를 드러냈다고 해도, 진실이 규명되어야 할 부분들은 여전히 남아 있다. 특히 새로운 사료의 발굴과 4·3 희생자 추가 신고 결정 이후 나타난 사실, 제주국제공항 등 4·3 희생자 유해의 집단 발굴로 인한 행방불명인 희생자 실태, 재일동포의 피해, 마을별 피해, 미군의 역할 등에 대한 추가 조사도 필요하다. 4·3특별법 개정에 따른 추가 진상 조사는 2008년 출범한 제주4·3평화재단(이하 재단)이 담당하고 있다.

　재단의 추가 진상 조사는 정부 보고서의 미진한 분야에 대한 추가 조사를 통해 구체적인 피해 실태를 규명함으로써 희생자 유가족들의 명예 회복의 근거를 확대하려는 목적으로 이루어졌다. 재단은 마을별 4·3 피해 실태 조사를 우선 규명 과제로 설정하고, 4·3 행방불명인, 일본 거주 제주인, 교육계, 군인·경찰·우익 단체, 종교계 등 5대 주제의 피해 실태 조사를 분야별 규명 과제로 선정해 진상 조사를 벌였다. 이를 토대로 2019년 『제주4·3사건 추가 진상 조사 보고서 I』을 펴냈다. 이 보고서는 발간 당시 희생자로 확정된 1만 4,442명에 대한 전수 조사를 통해 50명 이상 희생된 집단 학살 사건 26건과 1,200여 명의 미신고 희생자, 행방불명자 645명을 추가로 찾아내는 성과를 냈다. 그러나 재단의 고유 업무로 추진한 추가 진상 조사는 정부 차원의 진상 조사가 아니었다. 이에 따라 여전히 마을별 피해나 미군정의 역할, 군·경 및 무장대의 역할은 더 규명해야 할 과제로 남았다. 그 이후 전면 개정된 4·3특별법에 따른 정부 차원의 추가 진상 조사가 2022년 시작되었다. 다음과 같은 6대 주제를 조사하는 데 중점을 두고 있는데, 조사의 결과는 2024년 작성할 보고서에 반영될 것이다.

- 지역별 피해 실태
- 행방불명 피해 실태
- 미국과 미군정의 역할
- 군·경 토벌대 및 무장대 활동
- 재일제주인 피해 실태
- 연좌제 피해 실태

　　과거의 상처를 치유하고 해결하는 길은 진실을 올바로 밝히는 데 있다. 이를 위해 4·3의 비극적 상황에 대한 책임은 어디에 있는가를 규명하는 작업은 반드시 필요하다.

　　4·3은 탄압과 억압의 긴 시기를 거친 뒤 과거사 청산 운동의 진전과 더불어 이행기의 정의가 본 궤도에 오르는 시점에 이

르렀다. 4·3 진상 규명 운동은 다음과 같은 성과와 의의를 내포하고 있다.

첫째, 대한민국 과거사 해결의 모델을 만들어냈다. 탄압과 억압의 시기를 거쳐 4·3특별법 제정과 진상 조사를 이루어낸 뒤 명예 회복의 순서를 밟고 있다. 말하자면 문제의 해결을 향해 단계적으로 접근해 나가는 과정을 밟아온 셈이다. 이런 점에서 여순사건을 비롯한 여러 과거사를 정리할 수 있는 단초를 제공했다고 할 수 있다.

둘째, 연대의 중요성을 일깨웠다. 4·3유족회·4·3단체·언론·문화예술계·정치권의 연대가 4·3특별법 제·개정의 동력이 됐고, 진상 조사와 명예 회복의 길로 가는 토대가 됐다.

셋째, 4·3 진상 규명 운동이 피해의식에 사로잡혔던 유족과 희생자들의 명예 회복을 위한 인권 운동인 동시에 화해와 상생을 위한 평화 운동으로 이어졌다는 의미가 있다. 이제는 평화의 섬 제주의 초석을 다지기 위한, 보편적 화해 상생 모델을 정립하는 과제가 우리 앞에 남아 있다. 그런 의미에서 4·3 문제 해결은 여전히 해야 할 일이 많다.

3

흔적1

올레길 위의 그날들

올레1코스, 성산일출봉 터진목 학살터에
묻혀 있던 어머니의 은반지

길을 걷는다. 길 위에서 그동안 눈길을 주지 못했던 4·3의 흔적들을 찾는다. 중산간 고요한 들녘에서 세찬 바람에 흔들려도 흙을 움켜쥐고 목을 세우는 억새같이, 사람들의 발길에 밟고 밟혀도 다시 자라는 해안가의 순비기꽃같이 제주 섬 사람들은 견뎌내고, 땅을 딛고 그 길을 걸었다. 이 길은 그들에게 가시밭길, 삶과 죽음의 길이었다. 어떤 성담(돌담 울타리)은 무너져 누군가의 밭담이 되었다. 그날 이후 마을 사람들이 외면해온 곳에는 관광객의 발길이 부산하다. 길을 걷는 이들의 눈에 4·3은 보이지 않으나 그날은 그 길 위에 있다. 땅, 나무, 바다, 하늘은 그날을 기억한다. 길 위에는 바람이, 해녀들의 휘파람이, 팽나무 아래서 노는 아이들의 웃음이 소리로 존재한다. 길에는 제주 섬 사람들의 얼굴이 있다. 길 위에서 걸음을 떼어놓는다. 사람들의 발걸음에 익숙한 올레길이다.

"어머니가 너무나 보고 싶어 꿈속에서라도 한번 볼 수 있기를 간절하게 기도했어요. 30여 년 전 어느 날 꿈속에 한복을 곱게 차려 입은 분이 버스를 탔는데 내 앞에 있다가 나를 바라보는 거예요. 직감적으로 어머니라고 생각했어요. 신양리 쪽으로 가는데 나는 버스에서 내리고 그분은 그 버스를 타고 그대로 갔어요."

2살 때 어머니를 잃은 서귀포시 성산읍 신양리에 사는 상군해녀 강숙자가 그리운 어머니를 만난 건 2017년 7월이었다. 69

년 만에 이장하기 위해 어머니 묘를 열어보니 꿈속에 봤던 모습 그대로다. 돌아가신 지 70년이 다 되어가는데도 돌아가신 어머니의 유해는 하얗게 곱고, 치아도 가지런했다.

강숙자는 왼손 약지에 유난히 빛나는 은반지를 끼고 있다. 36살의 어머니가 손가락에 끼고 있던 반지다. 이장하다 발견했다.

"이장 작업을 하던 장의사가 반지가 나왔다는 거예요. '어디 있느냐'며 보자고 했지요. 어머니가 무엇인가 제게 주고 싶으셨나보다 했어요. 색깔이 변해서 찾지 못할 수도 있잖아요. 그런데 어머니의 반지는 땅 속에서 70년이 다 됐는데도 색깔이 변하지 않고 그대로였어요."

반지를 발견한 강숙자는 깜짝 놀랐다. 반지를 받으면서 이렇게 말했다고 한다.

"어머니, 이 반지 내가 끼쿠다, 고맙수다."
(어머니 이 반지 내가 끼겠어요. 고마워요.)

69년 만에 강숙자에게 기적처럼 다가온 은반지는 어머니의 유일한 유품이 됐다.

"어머니 눈에 2살밖에 안 된 아기가 얼마나 아깝고 사랑스러웠겠어요. 돌아가실 때 '이 아기를 놔두고 죽어야 하나'라는 절박한 심정이셨겠지요. 그 마음으로 내게 주려고 한 게 아닌가, 아니면 나를 키워주지 못한 미안함에 유품이나마 전해주고 싶으셨던 건 아닌가, 그런 생각이 들었어요."

1948년 11월 27일이었다. 성산일출봉이 한눈에 펼쳐진 터진목 인근에 있던 집으로 누군가 찾아오더니 무작정 나오라고 했다. 잘못한 일이 없으니 곧 돌아오겠거니 생각하고 나선 길이었다. 35살 나이에 어렵게 얻은 2살배기 딸 숙자를 업고 나선 길이었다. '세루(서지) 치마 저고리'에 목수건을 한 채 터진목에 다다랐다. 이미 여러 명이 끌려와 있었다. 그 순간 죽음을 예감했다. 어머니는 옷과 목수건으로 숙자를 감아 동네 삼촌에게 안기며 언니에게 맡겨 달라고 부탁했다. 그러고는 이별이었다. 아버지는 터진목에서 어머니를 잃기 전 이미 몇 달 전부터 행방불명이었다. 부모를 모두 잃은 강숙자는 이모 손에 컸다. 자라면서 이모라는 사실을 알았지만, 돌아가실 때까지 어머니로 모셨다.

강숙자에게 바다는 삶의 터전이었다. 남편과 자녀들의 만류로 66살 되던 해 물질을 그만뒀지만 하루에 100킬로그램 가까이 소라를 채취할 정도로 물질 잘하는, 실력 있는 상군 해녀였다. 15살 때부터 본격적으로 물질을 한 강숙자는 젊어서는 밭일을 하다가도, 보험 외판을 하다가도 시간만 되면 바다로 달려갔다. 밤에는 자녀들을 돌보고 집안일을 해야 했다. 하루 24시간이 모자라게 살았다. 경북 포항 구룡포와 경남 거제도는 물론 일본 미에현 섬에서 출가 물질을 하며 돈을 모았다.

해녀들은 제주도에 일이 없을 때 무리를 지어 섬 바깥에서 몇 개월씩 생활하며 물질을 한다. 육지나 일본까지 나가기도 한다. 이를 두고 출가 물질 또는 바깥 물질이라고 한다. 일제 강점기 때는 육지와 일본을 넘어 중국 칭다오, 러시아의 블라디보스토크까지 동북아의 바다가 모두 제주 해녀들의 것이었다. 두고 나온 부모와 자식 등을 생각하면 눈물이 났지만 힘든 만큼 돈이 되는 일이었다. 심지어는 갓난아이를 안고 출가 물질을 간 해녀들도 있다.

> "물질을 해서 번 돈으로 집도 사고, 밭도 샀어요. 바다가 없었으면 굶었을 텐데 바다가 있어서 밥도 먹고, 자식들을 키울 수 있었어요."

성산일출봉으로 가는 길목의 터진목은 올레1코스가 끝나는 지점이다. 올레길 가운데 가장 먼저 열린 올레1코스는 풍광이 뛰어나다. 종달리와 성산으로 향하는 해안도로를 거쳐 길은 성산일출봉을 끼고 광치기해변으로 이어진다. 푸른 초원과 넓고 길게 펼쳐진 조간대를 낀 터진목은 성산일출봉을 배경으로 한폭의 그림을 연출한다. 국내외 관광객들에게 제주 최고의 절경으로 손꼽히는 곳이다. 바로 이 터진목 한켠에 '제주4·3성산읍 지역 양민 집단 학살터 표지석'이 있다. 터진목은 4·3 당시 일상적인 학살터였다.

강숙자의 어머니처럼 성산 지역 많은 주민이 이곳에서 희생됐다. 주민들에게 이곳은 '한과 눈물의 땅'이다. 1948년 가을, 서청 회원으로 구성된 특별 중대가 성산국민학교에 주둔하면서 성산면과 구좌면, 표선면을 관할했다. 그때부터 이 기가 막힌 절경지는 '죽음과 통곡의 소리'가 끊이지 않는 곳이 되었다. 성산국민학교 바로 앞 감자 창고에 주민들을 수감하고 갖은 고문과 취조를 하거나 처형했다. 1948년 10월부터 1949년 2월까지 4개월여

동안 30여 차례 이상 학살을 자행했다. 터진목에서 희생된 이들은 성산면 주민 196명, 구좌면 주민 17명으로 최소 213명이다.

올레8코스, 중문성당에서 만나는 '4·3을 기억하는 기도'

평범하다. 튀지 않는 길이어서 좋다. 감귤밭 사이로 동중국해로 뻗어나가는 은빛 바다가 눈에 들어온다. 4·3의 잿더미 위에 만들어진 제주 관광의 상징, 중문관광단지는 제주도의 오늘을 보여준다. 유명 호텔과 관광지가 몰려 있고, 자연이 빚어낸 대포동 주상절리도 있다. 관광객들이 탄 버스와 렌터카가 하루종일 오간다. 올레길이 아니어도 중문 일대는 천제연폭포와 관광단지, 골프장으로 이미 오래전부터 제주도에서 가장 유명한 관광지였다.

길은 그 사이 바다와 오름, 관광지를 넘나든다. 올레8코스는 중문관광단지 들머리를 빠져나오면 서쪽으로 천제연로(일주도로)를 따라 예래동으로 이어진다. 반대편 동쪽으로 천제연로를 따라 800여 미터를 가면 길가에 크지 않은 중문성당이 있다.

'한국천주교 제주교구 중문성당, 제주4·3기념 성당'

성당의 표시가 남다르다. 4·3 희생자들을 추모하고, 정의와 평화의 교훈을 알리기 위해 성당 마당에 표식을 세웠다. 2018년 10월 11일 밤. 제주북교에서는 천주교 제주교구 주최로 기념비적인 4·3 행사가 열렸다. 제주교구 내 모든 성당의 신자 3천여 명이 참가한 가운데 열린 '묵주기도의 밤' 행사는 종교의 존재 이유를 보여줬다. 제주북교는 1947년 3·1절 기념대회가 열린 바로 그곳이다. 평소 4·3 문제 해결에 관심을 쏟아온 제주교구장 강우일 주교가 집전한 이날의 행사는 4·3 때 희생된 넋들을 위로하는 자리였고, 무장대와 토벌대에 의한 희생자들이 용서하고 화해하는 상징적인 자리였다. 행사가 끝난 뒤 제주북교에서 관덕정 앞 마당까지 이어진 촛불 행렬은 장엄했다. 이날 강 주교는 중문성당을 '4·3 기념성당'으로 선포하고, 4·3 기념 십자가를 축복하고 주임신부에게 전달했다. 왜 중문성당인가.

1945년, 이곳에는 일본인들의 신사가 있었다. 해방이 되자 중문마을 청년들이 신사를 파괴했다. 그뒤 이곳은 '신사터'로 불렸다. 지금은 관광객들이 드나드는 거리가 됐지만, 4·3 때만 해도 신사터는 마을 밖 외진 곳이었다.

1948년, 신사터에서는 비명과 통곡의 소리가 끊이지 않았다. 일상적인 학살터, 죽음의 장소가 되었다. 중문리 주민 34명을 포함해 인근 마을 주민 등 최소한 71명이 토벌대에 희생됐다. 특히 12월 5일부터 24일까지 20일 동안 61명이 학살당했다. 12월 17일 하루에만 80살 넘은 할머니부터 2살배기 아기까지 중문리 주민 28명이 집단 학살됐다. '도피자 가족'이라는 이유였다.

1957년, 이 지역 주민들을 치유하고 위로하기 위해 중문성당이 세워졌다. 그뒤로 오늘날까지 성당은 이 자리에서 죽음의 땅을 생명의 땅으로 만들고 있다. 2018년, 묵주기도의 밤 행사 때 문창우 주교는 4·3기념성당 지정의 의의를 이렇게 밝혔다.

"이 상처 입은 땅에 세워진 성당을 4·3을 기념하는 성당으로 지정함으로써 동서 냉전의 틈바구니에서 일어난 참혹하고 한 맺힌 죽음들을 시간의 무덤 속에 가둬두지 않고 지금 여기를 살고 있는 우리의 삶 속에서 아프게 마주하고자 한다."

4·3 문제 해결에 대한 한국 천주교의 관심은 컸다. 70주년 이던 2018년 4월 7일 서울 명동성당에서는 주교회의 의장 김희중 주교의 집전으로 4·3 희생자들을 위한 추모 미사가 거행됐고, 이 미사 강론에서 제주교구장 강우일 주교는 '정명'을 갖지 못한 4·3 을 '항쟁'이라고 정의했다.

성당 마당에는 4·3 기념 십자가가 있다. 십자가 가운데는 중문에서 바라본 한라산이, 한라산 중턱에는 수많은 희생자를 상 징하듯 동백꽃과 제주의 상징꽃 참꽃의 무리가, 그 옆에는 희생 자들의 무덤이 형상화되어 있다. 십자가 아래에는 처형터에서 타 오르는 분노와 폭력의 화마 속에 희생된 주민의 모습이, 맨 밑에 는 방치된 채 묻혀 있는 희생자들의 유해와 그 가족들이 죽음 앞 에 엎드려 통곡하고 하늘을 우러러 탄원하며 기도하는 모습이 담 겼다. 십자가 왼편에는 몸을 웅크린 채 손에 가시관과 못을 들고 있는 어머니가 있다. 4·3으로 상처받은 모든 이의 아픔을 하느님 에게 봉헌하는 모습이다. 2018년 5월 17일 강우일 주교가 인준한 '제주4·3을 기억하는 기도'는 이렇다.

"자비의 하느님,
저희가 제주4·3을 기억하며 하느님과 형제들에게 지은 죄 를 깊이 성찰하고, 진심으로 통회하며 고백하게 하소서.

정의의 하느님,
저희가 제주4·3의 진실을 올바로 규명하며, 불의를 거부하면서도 분노하지 않고, 아버지의 이름으로 모든 이를 받아들이며, 세상에 주님의 정의를 바로 세우게 하소서.

사랑의 하느님,

제주4·3으로 희생된 무고한 주민들과 더불어 군·경 토벌대와 무장대의 희생자들도 주님의 자비에 맡겨드리며, 그 후손들도 용서와 화해 안에 서로를 포용하며 살아가게 하소서. 주님 사랑의 불길을 타오르게 하시어 저희가 지난 세월의 상처와 아픔을 벗고, 모두 하나 되어 화해와 상생의 길을 걸어가게 하소서.

평화의 하느님,

부활하신 주님 성령의 입김을 불어넣어 주시어 저희가 쌓아온 증오와 화와, 분단과 대결을 끝내게 하소서. 이제는 이 민족이 칼을 쳐서 보습을 만들고 창을 쳐서 낫을 만들며, 한반도와 제주도가 더 이상 전쟁을 배워 익히지 않는, 평화의 땅이 되게 하소서.

온 산하를 피로 물들인 수많은 생명들의 희생이, 이 땅에 진정한 평화의 싹을 틔우게 하시며 주님의 축복과 사랑이 넘치는 새 하늘 새 땅이 되게 하소서.

우리 주 그리스도를 통하여 비나이다.

아멘."

올레10코스, 일제 강점기의 슬픈 역사,
길목마다 드리워진 4·3의 이면

개들이 미쳐 날뛰며 거리를 돌아다녔다. 주민들이 공포에 떨었다. 어린아이들은 물론 어른들도 개에 물려 다쳤다. 사람 시체를 먹어서 그렇게 됐다는 그럴싸한 소문이 온 마을을 휩쓸었다. 주민들이 대책 회의를 하고 시신을 수습하겠다며 경찰에 읍소했다. 1년 뒤 수습해도 좋다는 허가가 나왔다.

화순금모래해수욕장에서 시작해 사계포구를 지나 송악산을 거쳐 대정읍 하모까지로 이어지는 올레10코스에서는 일제 강점기 강제 동원의 발자취와 4·3의 이면을 마주할 수 있다.

1950년 8월 20일, 그날은 음력으로 견우와 직녀가 오작교에서 1년에 한 번 만난다는 칠월 칠석날이었다. 짙은 어둠 속 모슬포 절간고구마 창고에서 구금된 이들을 태운 트럭이 일본군 옛 탄약고터로 이어진 흙길을 달렸다. 트럭에 탄 이들은 모두 예비 검속된 사람들이었다. 죽음을 예감한 이들은 신고 있던 검정 고무신을 트럭 밖으로 떨어뜨렸다. 그렇게라도 자신이 어디로 가는지 가족들에게 알려야 했다. 섯알오름 탄약고터에서 트럭은 멈췄다. 잠시 뒤 군인들의 날카로운 총소리가 울려 퍼졌다. 이날 2차례에 걸쳐 학살이 이루어졌다.

동이 트자 가족들은 길가에 떨어져 있는 고무신들을 따라 걸었다. 마침내 찾은 가족들은 이미 시신이 되어 있었다. 웅덩이가 너무 깊어 그대로 수습하기 힘들었다. 마을로 돌아가 마차라도 끌고 와야 했다. 다시 정신없이 걸음을 옮겨 마을을 다녀오니 경찰이 나타나 출입을 차단해버렸다. 세월이 흐른 뒤 미처 수습하지 못한 시신들의 썩는 냄새가 사방에 진동했고, 주민들은 그저 그곳을 피해 다닐 뿐이었다. 한국전쟁이 끝난 뒤 유족들은 이제라도 유해를 수습해 가려고 했다. 하지만 역시 당국의 제지로 빈손으로 돌아가야 했다.

"집마다 시신을 수습한 뒤 제사를 지내려고 제물을 준비하고 갔어요. 그런데 누군가가 막아서서 제물들을 쓰지 못하게 됐단 말입니다. 그때 한 할머니가 '아이고 설운 아기야, 잘 먹고 잘 가라'며 떡과 술을 시신 있는 곳으로 던지니까 다른 사람들도 따라 하면서 땅을 치고 울고불고 했어요. 남편 이름 부르는 사람, 형 이름 부르는 사람, 삽시간에 눈물바다가 됐어요. 그날은 그렇게 하다가 돌아왔어요."

그날 섯알오름 탄약고터는 눈물바다가 됐다. 눈앞에 있는 가족의 시신을 보면서도 수습하지 못한 유족들의 마음을 이해할 수 있을까. 훗날 허가를 받고 시신을 수습했던 주민은 이렇게 말했다.

"당시 6~7명이 시신을 수습했어요. 우리가 학살터에서 밖에 꺼내놓으면 두개골 개수를 세었어요. 일단 두개골만 꺼냈습니다. 모두 썩어서 팔이나 다리뼈는 알 수 없었고, 두개골 개수만 정확하게 셀 수 있었습니다."

1956년 5월 18일, 이들의 유해가 인근 안덕면 사계리 공동묘지에 겨우 안장됐다. 학살된 지 5년 9개월 만이었다.

알뜨르 일제 군사 시설 유적 중심지에서 격납고(정확한 표현으로는 유개엄체다.) 옆으로 난 길을 따라 350여 미터 가면 '섯알오름 예비검속 희생자 추모비'를 만날 수 있다. 2015년 8월 25일 유족들이 세웠다. 병풍처럼 서 있는 대리석에는 132명의 희생자 이름이 나이와 함께 새겨졌다.

이곳은 일본군들이 탄약고로 사용했던 곳이기도 하다. 1945년 9월 미군이 제주도 주둔 일본군을 무장해제할 때 폭파해 원래 있던 오름의 흔적이 사라졌다. 학살터에는 만벵듸 묘역으로 모신 유해 발굴 지점과 백조일손지지로 모신 유해 발굴 지점이 표시돼 있다.

추모비 오른쪽에는 '불법주륙기'라는 제목으로 학살 경위와 유해 수습 경위 등을 자세히 기록했다. 제단에는 희생자들을 상징하듯 고무신 몇 켤레가 놓여 있다. 추모비 왼쪽에는 명예 회복 경과를 기록한 '명예 회복 진혼비'가 있다.

이 일대는 제주 근현대사의 축소판이다. 일제는 송악산 일대를 거대한 군사 기지화했다. 비행장을 건설하고, 격납고와 미로처럼 얽히고 설킨 갱도 진지를 구축했다. 알뜨르비행장 일대만큼 태평양전쟁 시기 일제의 침략 전쟁 흔적을 보여주는 유적은 드물다.

제주 섬 사람들은 비행장 건설과 각종 군사 시설 건설 공사에 동원됐다. 제주도의 지정학적 위치를 눈여겨본 일제는 1931년 9월에 감행한 만주 침략 직전, 1931년 3월부터 제주 섬 사람들을 동원해 알뜨르에 일본 해군 항공 기지를 건설하기 시작했다. 60만여 제곱미터(18만여 평)의 비행장을 완성하는 데 5년이 걸렸다. 활주로는 길이 1,400미터, 너비가 70미터였다. 제주 섬 사람들은 이 지역의 지명을 따서 '모슬포비행장' 또는 '알뜨르비행장'으로 불렀다.

일제가 제주도를 본격적인 침략 전쟁의 발판으로 사용한 것은 1937년 7월 루거차오(베이징 교외) 사건 이후다. 당시 일본 나가사키 현 오무라 항공 기지에서 출격한 폭격기는 중국 상하이와 난징을 폭격하고 돌아가다 제주도를 중간 기착지로 활용했다. 그 뒤 일본 해군은 오무라 항공 기지를 제주도로 이동시켜 본격적인 중국 대륙의 폭격 거점으로 삼았다. 제주도로부터 난징 공습은 36회, 연 600기, 투하 폭탄은 33톤에 이르렀다.

올레14코스, 무명천 할머니 진아영의 사연

"한 여자가 울담 아래 쪼그려 있네

손바닥 선인장처럼 앉아 있네

희디 흰 무명천 턱을 싸맨 채

울음이 소리가 되고 소리가 울음이 되는

그녀, 끅끅 막힌 목젖의 음운 나는 알 수 없네

가슴뼈로 후둑이는 그녀의 울음 난 알 수 없네

무자년 그날, 살려고 후다닥 내달린 밭담 안에서

누가 날렸는지 모를

날카로운 한발에 송두리째 날아가버린 턱

당해보지 않은 나는 알 수가 없네

그 고통 속에 허구한 밤 뒤채이는

어둠을 본 적 없는 나는 알 수 없네

링거를 맞지 않고는 잠들 수 없는

그녀 몸의 소리를

모든 말은 부호처럼 날아가 비명횡사하고

모든 꿈은 먼 바다로 가 꽂히고

어둠이 깊을수록 통증은 깊어지네

홀로 헛것들과 싸우며 새벽을 기다리던

그래본 적 없는 나는

그 깊은 고통을 진정 알 길 없네

그녀 딛는 곳마다 헛딛는 말들을 알 수 있다고

바다 새가 꾸륵대고 있네

지금 대명천지 훌훌 자물쇠 벗기는

배롱한 세상

한 세상 왔다지만

꽁꽁 자물쇠 채운 문전에서

한 여자가 슬픈 눈 비린 저녁놀에 얼굴 묻네

오늘도 희디흰 무명천 받치고

울담 아래 앉아 있네

한 여자가"_허영선,「무명천 할머니-월령리 진아영」

1914년생 진아영 할머니. 1949년 1월 어느 날, 30대 중반의 나이에 판포리에서 누군가 쏜 총에 턱을 잃었다. 그뒤로 평생 무명천으로 턱을 싸맨 채 고통 속에 살았다. 제주시 한림읍 월령리 올레길로 접어들어 만나는 '쉴만한 물가'에서 마을 안쪽으로 120여 미터 가면 자그마한 진 할머니의 집터가 빛바랜 외벽 그대로 남아 있다. 집터 주변 담벽에는 '무명천 할머니 길'이라는 글과 함께 벽화가 그려져 있다. 방 하나와 부엌이 전부인 약 23제곱미터

(약 7평)짜리 주택과 텃밭 등 약 66제곱미터(약 20평) 남짓이 진아영 할머니 삶터의 모든 것이다.

　　턱을 잃은 뒤 사람들이 흉하게 여길까, 그녀는 2004년 9월 아흔의 나이로 세상을 떠나기 전까지 평생 뒤돌아 천을 풀고 죽을 떠넘기곤 했다. 무명천 할머니로 불리는 이유다. 월령리의 삶터는 그가 인생의 마지막 30여 년을 살아온 곳이다.

　　"어둠이 깊을수록 통증이 깊어진다"는 시인의 말에 가슴이 아려온다. 볕바른 날, 무명천을 싸맨 채 울담 아래 쪼그려 앉아 먼 곳을 응시하던 할머니. 그녀는 무엇을 봤을까. 그녀는 무엇을 생각했을까. 진 할머니의 상처와 삶이 곧 4·3이다.

　　올레14코스가 지나가는 월령리에서는 선인장이 제주도 다른 지역 감귤밭만큼이나 재배된다. 선인장 군락지는 천연기념물 제429호로 지정됐다. 선인장은 초록빛으로 7월이 되면 노란 꽃이 피고, 11월에는 보라색 열매가 맺힌다. 14코스는 중산간 마을 저지리에서 시작해 월령리와 금릉해수욕장을 거쳐 한림으로 이어진다. 일제 강점기 한림면은 한림항이 건설되고 일주도로가 확장되면서 급속히 성장해 제주도 북서부 지역의 중심면으로 성장했다.

　　이곳에 있는 한림중학교에서 공개 처형이라는 충격적인 사건이 일어났다. 1948년 11월 16일 오전 9시경, 9연대 군인들이 총을 든 채 한림중학교에 난입했다. 군인들은 학교를 포위하고 호루라기를 불면서 교무실로 들어가 이북 출신 교장에게 학생들을 운동장에 집합시키라고 했다. 폭도들에게 정보를 제공한 학생들이 있다는 이유였다. 이 학교 교사 가운데 5명이 서청 출신이었다. 그래서인지 군인들의 행동을 아무도 제지하지 않았다. 수업 중이던 한림중학교 학생들은 군인들의 행동을 목격했다.

"전교생이 운동장에 집합했어요. 군 책임자가 조회대에 올라가 '너희들 중에 폭도들에게 연락하는 사상이 불온한 학생이 4명 있다. 불러내서 총살시키겠다'며 이름을 불렀습니다. 군인들은 그 학생들을 꿇어 앉히고 수건으로 눈을 가렸어요. 사태의 심각성을 느낀 제주 출신 선생들이 군인들에게 사정했지만 아무 소용이 없었습니다. 마지막으로 할 말이 있으면 하라고 하자 학생들이 울면서 잘못했다고 사정했지만 군인들은 그냥 총살했습니다."

이날의 희생자는 수원리가 고향인 학생 3명과 귀덕리가 고향인 학생 1명 등 4명이었다. 모두 한림중학교 3학년생이었다. 이를 지켜본 학생들은 그 자리에 얼어붙었다.

올레17코스, 제주국제공항을 지나 관덕정으로

기억한다. 2007년, 제주국제공항에서 불가능하게만 보였던 4·3희생자들의 유해 발굴 작업이 이루어지고, 60여 년 만에 세상에 그 죽음들이 드러난 순간을.

제2장에서도 말했듯 제주국제공항은 1949년 제2차 군법회의 이후 사형수 249명, 1950년 한국전쟁 발발 직후 예비검속자들을 집단 학살한 뒤 암매장한 현장이다. 그러나 공항 시설이란 이유로 오랫동안 접근이 이루어지지 않았다. 발굴 작업은 공항

보수 공사를 하면서 가능해졌다. 제주4·3연구소가 2007~2009년 '4·3집단 학살지(제주공항) 유해 발굴 사업'을 진행했다.

이 사업을 통해 공항 남북활주로 동북쪽 지점에서 발굴된 유해는 모두 합쳐 387구, 함께 나온 안경·도장 등 유류품은 2천여 점이 넘었다. 손이 뒤로 묶이고, 머리가 깨지고 주검 위에 주검이 쌓였던 참혹한 현장 속 유해의 모습은 진실을 밝혀달라는 외침 그 자체였다.

해안도로를 따라 도두봉 방향에서 용두암 방향으로 가는 길. 해안도로 방사탑이 서 있는 부근에서 관광객이나 도보 여행객들은 노을 지는 바다를 바라본다. 노을은 세상을 붉은빛으로 물들인다. 몸을 돌려 뒤로 보면 공항으로 들어가는 문이 있다. 지금은 일반인 출입이 통제되었으나 유해 발굴 사업 당시 이곳으로 드나들었다.

올레17코스는 공항을 에둘러 제주시 원도심 중심지로 향한다. 삶과 죽음이 공존하는 길이다. 해안도로변 용담레포츠공원에는 위령비가 서 있다. 한국전쟁 발발 직후 예비검속되어 희생된 유족들이 모여 2002년 2월 제주 북부 예비검속 희생자 유족회를 만들었다. 유족회는 2005년 3월 30일 이곳에 '한국전쟁시 제주 북부 예비검속 희생자 원혼 위령비'를 세웠다. 이곳에선 해마다 유족들이 모여 위령제를 지낸다.

제주시 원도심의 상징 관덕정은 제주 역사의 한가운데 늘 있었다. 1901년 이재수의 난 때는 장두 이재수의 의거를, 4·3 때는 제주도 인민유격대 사령관 이덕구의 죽음을 지켜본 곳이다. 이재수와 이덕구 둘 다 20대 청년들이었다. 4·3의 도화선인 1947년 3월 1일의 역사적인 순간도 지켜봤다. 해방 이후 관덕정은 본 모습을 잃기도 했다. 기둥과 기둥 사이를 막아 각 단체의 사무실로도 쓰였고, 1945년 9월에는 건국준비위원회 청년동맹이 결성돼 관덕정 기둥에 간판이 내걸린 적도 있다.

　　1947년 3월 1일, 제주북교에서 3·1절 기념대회를 마친 참가자들이 거리 행진을 하며 빠져나온 곳도 바로 이 관덕정 앞이나. 수많은 도민이 '통일 독립'을 외치며 거리 행진을 벌였다. 뒤이어 들린 수십 발의 총성은 제주 사회를 완전히 뒤바꾸어 놓았다. 관덕정에서는 기마경찰의 말발굽 소리, 경찰의 발포를 피해 사방으로 흩어지는 도민들, 총에 맞아 쓰러진 어린 학생, 부녀자, 청년들, 이 모습을 보고 분노하는 도민들의 모습이 오버랩된다.

　　1949년 6월 8일, 관덕정 광장에는 나무 형틀에 묶인 시체가 전시됐다. 허름한 옷차림에 고무신을 신고 윗도리 주머니에는 수저가 꽂혔다. 제주도 인민유격대 사령관 이덕구는 민란의 장두가 효수돼 내걸리던 그곳에 전시돼 장두의 운명을 따라갔다. '폭도의 두목'이 어떻게 최후를 맞는지 섬 사람들에게 알리기 위해 이덕구의 주검은 여러 날 전시됐고, 다시 효수돼 전봇대에 걸렸다. 4·3의 가장 핵심적인 인물 가운데 한 명인 그는 일본 리쓰메이칸 대학 경제학과 4학년 재학 중 학병으로 징집됐다가 해방 뒤 고향으로 돌아와 조천중학원에서 역사와 지리를 가르치던 교사였다.

　　당시 학생들은 인기가 좋았던 이덕구를 두고 "박박 얽은 그 얼굴/덕구 덕구 이덕구/장래 대장 ᄀ심(감)"이라는 노래를 만들어 부르기도 했다. 그는 '몸이 날래 지붕을 획획 넘어다니고 동에 번쩍 서에 번쩍'하는 전설적인 인물로 묘사되기도 했다.

1947년 여름, 조천중학원에서 자취를 감춘 뒤 한동안 조천면 신촌리 사돈집에서 숨어 지내던 이덕구는 남로당 간부회의 도중 검거됐다 풀려난 뒤 한라산으로 입산해 인민유격대 '3·1지대장'을 맡았다.

1949년 6월 7일 오후 4시, 이덕구의 행방을 쫓던 경찰에 의해 거점이 확인돼 교전을 벌이다 최후를 맞았다. 그의 가족을 포함한 일족도 비극적인 길을 걸었다. 부인과 5살 아들, 2살 딸도 죽었다. 이덕구의 큰형 호구의 부인과 아들과 딸, 둘째형 좌구의 부인과 아들, 사촌동생 신구·성구 등도 경찰에 의해 세상을 떠났다. 그러나 4·3 무장봉기의 지도자 이덕구에 대한 역사적 평가는 여전히 미흡하기만 하다.

올레18코스, 주정공장 수용소와 핏빛바다 곤을동

마지막일까. 일어나면 한라산을, 푸른 바다를 보았던 날들. 소와 말을 몰고 다녔던 오름과 푸른 대나무로 만든 낚싯대를 들고 놀러갔던 바다를 더는 보지 못할 것 같았다. 공포에 질린 두 눈으로 보고 또 보았다. 그리고 화물선 같은 배에 태워졌다. 멀리서 아내가, 부모가 이름을 부르며 울부짖는 소리에 귀를 막았다. 그렇게 그들은 떠났고, 돌아오지 못했다.

산지천을 따라 내려오면 제주항연안여객터미널 맞은편에 주정공장 옛터가 있다. 주정공장은 제주 역사의 상징물 가운데 하나다. 근대 제주도의 개발은 주정공장으로부터 시작됐다. 한반도 이남에서 몇 손가락 안에 드는 대규모 공장이었다. 이 공장을 짓기 위해 산지항을 개발하고 도로를 건설했으며 전기가 들어왔다. 일제 강점기 제주 근대 경제의 시발점인 동시에 식민지 약탈 경제의 상징이었다. 주정공장 건설은 애초에 식민지 총독부의 국책 사업으로 추진됐다. 조선총독부 조선액체연료위원회는 1938년 1월 '연료 국책' 사업으로 '무수주정' 2만 석(약 360 만리터)의 생산 능력을 갖춘 무수주정공장을 건설하기로 결정했다. 무수주정은 앞에서 언급한 것처럼 물을 함유하지 않은 98퍼센트 이상의 에탄올(알코올)로, 식용·군사용·의료용 등으로 활용된다.

조선총독부가 제주도를 주정공장의 적임지로 주목한 것은 주정 제조의 원료인 고구마 주 생산지였기 때문이다. 1939년 건설을 시작한 주정공장은 공장의 일부를 완공한 1943년 5월부터 조업에 들어갔다.

남한 최대 규모인 만큼 일손이 많이 필요했다. 공장 완공 뒤 제주도 각 마을에서 300여 명, 제주읍에서는 400여 명을 모집했다. 육지에서 모집한 200여 명도 합류했다. 일본에서도 100여 명이 들어왔다. 이들은 주로 조선인 노동자들을 감독하는 십장이었다.

17살부터 40살에 이르는 제주 섬 사람들은 무보수로 일주일씩 공장에 노무 동원됐다. 교통과 식량·숙소는 제공받았지만, 일주일 내내 하루 8시간씩을 일해야 했다. 한 달에 이틀 쉬었다. 가게 주인이나 지식인들도 동원됐지만, 읍·면사무소 등 일제의 행정 기구 종사자들은 제외됐다.

태평양전쟁을 치르는 동안 일제는 연료 부족을 보충하기 위해 주정공장을 군수 공장으로 바꿨다. 항공기 연료인 아세톤과 부탄올 생산을 위해 공장 설비와 부품을 부분 교체, 1944년 2월 첫 제품을 생산했으나 연료 효용성은 크지 않았다. 따라서 7개월여 만인 같은 해 9월 군수 공장이 아닌 주정공장으로 다시 가동했다. 1945년 6월에는 미군의 공습으로 대부분의 설비와 장비가 파괴되고 불에 탔다. 이어 해방 20여 일도 남지 않은 7월 26일에는 또다시 미군 비행기의 공습으로 주정공장에 보관하던 대부분의 고구마가 소실됐다.

> "제주도 주정공장은 실로 조선 경제의 재건의 견지에서 상당히 중요한 지위를 차지하고 있다는 것은 누구나 추상(推想)할 수 있다."

『중외경제신보』는 1946년 12월 19일자에 제주 주정공장을 이렇게 설명하고 있다. 미군의 공습으로 파괴된 공장은 1945년 10월 중순부터 복구 공사에 들어가 1946년 8월 제1차 복구 공사를 마쳤고, 뒤이어 부분 조업에 들어갔다. 1945년 12월 당시 종업원 수는 공장 노동자 253명에 사무직 30명을 포함하여 모두 283명이었다. 오늘날 공장터 언덕 위 아파트가 들어선 곳에는 창고와 종업원들의 기숙사 역할을 했던 목조건물들이 서 있었다.

해방 이후 모리배들이 호시탐탐 노리는 표적이 되기도 했던 이곳은 그러나 4·3을 겪는 동안 끔찍한 공간이 되어버렸다. 제주 최대의 집단 수용소가 되었기 때문이다. 1948년과 1949년 이루어진 불법 군법회의 판결에 따라 이곳을 거쳐 낯선 육지의 형무소로 끌려간 많은 사람들은 다시는 제주 땅을 밟지 못했다. 마지막을 직감했는지 입고 있던 옷을 아는 사람을 통해 집으로 보낸 이도 있었다. 남은 가족들은 그 옷을 붙잡고 남편을, 아버지를 그리워하며 세월을 보냈다. 그들은 아직도 돌아오지 않았다.

1949년 3월 2일 창설된 제주도지구 전투사령부 사령관 유재흥은 "내려오면 살려준다"는 사면 계획을 발표했다. 중산간 일대에 몸을 숨겼던 이들이 이 말을 믿고 산에서 내려왔다. 수용소 환경은 열악했다. 작은 방 한 칸에 수십 명씩 몰아넣었으니 낮에는 서로 바짝 붙어 앉아 있어야 했고, 밤에 잘 때는 발조차 제대로 뻗을 수 없었다. 이런 환경 속에서 이웃의 도움으로 아이를 낳은 임산부도 있었다. 취조, 고문, 엉터리 재판이 이어졌다.

올레18코스는 제주항을 지나 사라봉과 별도봉을 거친다. 이 길 위에 4·3의 자취는 이어진다. 제주시 화북동 오현고등학교를 옆으로 끼고 화북천을 따라 들어간 바닷가 안쪽에 곤을동이 있다. 한라산에서 발원한 화북천은 바다 가까이까지 내려와 별도봉 동쪽에서 두 갈래로 갈라진다. 하천 안쪽 마을은 '안곤을', 하천 사이 마을은 '가운뎃곤을', 하천 바깥 마을은 '밧곤을'이다.

1949년 1월 4일, 세찬 바닷바람이 별도봉 아래 22가구가 모여 사는 안곤을로 파고들었다. 해질 무렵, 강한 서북풍을 따라 불길이 마을을 덮쳤다. 가난했지만 평화롭던 마을은 삽시간에 화마에 휩싸였다. 군인들이 횃불을 들고 다니며 초가집마다 불을 질렀다. 누구 집이 먼저인지 모르게 옹기종기 붙어 있던 초가집들이 순식간에 와다닥 와다닥 소리를 내며 탔다. 하늘이 온통 시뻘겋게 변했다. 화북1구 서부락에서도 안곤을이 벌겋게 타오르는 모습이 보였다. 이를 지켜본 주민들은 두려움에 떨었다. 군인들은 눈에 띄는 청년들마다 끌고 가 마을 앞바다 '드렁'에서 학살했다. 4·3 시기 해안 마을이 초토화된 경우는 드물다. 그 드문 사례가 바로 이곳이었다. 마을 주민 김용두의 2살 위 형, 김병두도 이날 희생됐다. 김병두의 나이 23살이었다. 주민 10여 명도 같은 날 희생됐다.

안곤을은 화북에서도 가난한 마을이었다. 외지에서도 못 사는 사람들이 모여들었다. 바다에서 밀려오는 해초 듬북(똠부기)과 멸치가 흔해 그나마 그거라도 주워다 먹을 수 있었기 때문이다. 16살 나이에 일본 오사카로 건너가 생선 장사를 하며 재산을 일궈 해방 직전 고향으로 돌아와 '새부자'(신흥 부자)라는 별명을 얻은 김용두의 아버지는 마을이 초토화된 날 군인들에게 연행됐다가 이튿날인 1949년 1월 5일 화북 바닷가에서 주민들과 함께 학살됐다.

"바닷물이 핏물로 벌겋해나수다. 바닷물이 들어올 때였으면 그 시체들이 바다에 끌려갈 뻔했다고 합니다."

토벌대는 집마다 불을 붙이며 젊은 사람만 있으면 아무런 말도 하지 않고 잡아다가 바닷물이 찰락찰락(철렁철렁) 치는 데 세워 놓고 쏘았다.

김용두는 마을이 불타기 직전 피신해 인근 마을에서 이 모습을 지켜보았다. 그렇다고 집으로 갈 수는 없었다. 함께 피신한 몇몇 친구들과 함께 중산간 마을인 서회천에서 2~3개월 몸을 숨겼다가 귀순, 주정공장에 수용됐다가 간신히 석방됐다. 안곤을은 토벌대의 초토화로 사라진 잃어버린 마을 중 하나로, 당시 흔적이 잘 남아 있다. 그는 당시 풍경을 이렇게 떠올린다.

"멜(멸치) 후리는(잡는) 후리터가 2곳이 있었어요. 한 곳에

40명 정도 조합원이 구성돼 '멜 들어왐쩌' 하면 나가서 멜을 잡아 나눴습니다. 멜을 말려서 보리 갈(보리농사할) 때는 하나씩 멜을 흘려두면 좋은 거름이 됩니다. 바람이 불면 갈치 등 바닷고기가 뭍으로 올라와 주워다 먹을 정도였어요."

어지러이 흩어진 돌담과 그 사이 자란 풀들은 가난하게 살나 간 마을 사람들 때문인지 애처롭게 보이기도 했다. 지금은 흙이 되어 잠든 이웃들을, 바람은 서럽고 억울한 추억으로 흔들어놓는다. 모든 것이 불에 탄 자리에는 어쩌다 바람에 날린 멀구슬나무 열매가 돌담과 돌담 사이에 떨어져 움이 트고 애처롭게 자라고 있다.

그에게 그 시절은 소 먹이러 다니고, 안곤을 태역밭(풀밭)에서 해진 양말에 헝겊을 집어넣고 친구들과 공놀이했던 날들이었다. 사라진 마을의 집터는 흔적을 남겼다. 옛 화장실인 '돗통시', 아궁이, 말방아도 그 자리에 그대로 있다. 그날, 젊은이들의 피로 벌겋게 물들었던 검푸른 바다는 여전히 철썩인다.

올레21코스, 해녀 투쟁의 진앙지가 학살터로

1932년 1월 12일, 제주 구좌면 세화리 오일장에는 평소보다 많은 주민이 모여 이른 아침부터 북적거렸다. 해녀들이 채취한 해산물을 파는 제주도해녀어업조합(조합) 지정 판매일이다. 마침 제주에 부임한 이후 처음으로 순시에 나선 조합장 겸 제주도사 다구치 데이키가 세화리를 지나갈 예정이었다. 며칠 전부터 구좌와 정의 2개 면 해녀들은 조합의 착취에 맞서 대규모 시위와 도사 면담을 계획했다. 천초(바닷말)나 전복 등은 지정 가격대로 매수하게 되어 있는데, 조합에서 지정한 일본인 상인들이 이를 무시하고 대·중·소 등급을 매겨 40~50퍼센트씩 헐값에 사들이고 있었기 때문이다.

오전 11시 30분경 세화리 주재소 부근에서 구좌면 하도·세화·종달·연평리, 정의면 오조·시흥리 해녀 수백 명은 '지정 판매제 반대' 등의 요구 조건을 외치며 세화 오일장을 향해 행진했다. 도사가 탄 자동차가 세화리에 나타나자 성난 해녀들은 주재소 앞에서 차를 포위했다. 놀란 경찰은 칼을 휘두르며 길을 내려고 했지만, 해녀들은 물러서지 않았다. 그녀들의 외침은 비장했다.

"우리들의 진정한 요구에 칼로써 대하면 우리는 죽음으로써 대한다."

해녀 김옥련이 도사 차 위에 올라섰고, 부춘화는 주재소 담 위에 올라서서 특정 상인을 지정해 해산물을 파는 지정 판매 절대 반대, 일본인 악덕 상인 파면 등 12개의 요구 조건과 자신들이 시위하는 까닭을 연설했다. 해녀들의 기세에 도사 다구치는 "닷새 안에 요구대로 해결하겠다"는 약속을 하고 돌아갔다. 그러나 약속은 지켜지지 않았다. 열흘이 넘도록 감감무소식이더니 일제 경찰들이 구좌면 일대에 경계망을 펴고 이 일에 관계된 청년들을 검거하기 시작했다.

세화리 시위 이후 12일이 지난 24일, 해녀들은 흰 저고리에 검정 치마를 입고 호미와 비창 등 물질 도구가 들어 있는 구덕(대바구니)을 지고 장에 가는 것처럼 모였다. 여기저기에서 모여드는 이들은 약 400~500명이 되었다. 이들로 인해 세화로 가는 길이 꽉 찼다. 김옥련은 행렬 속에 '조침'(엉거주춤) 앉아 12개 요구 조건을 다시 한 번 알렸다. 얼마 지나지 않아 트럭에 나눠 탄 일제 경찰들이 하늘로 공포를 쏘며 달려왔다. 그들은 해녀들이 입은 흰 저고리 등에 마구잡이로 붉은 도장을 찍었고, 도장 찍힌 해녀들을 연행하기 시작했다. 해녀 투쟁에 앞장섰던 김옥련, 부춘화, 부덕량 등이 연행되었다. 이날의 시위는 훗날 해녀 투쟁으로 불렸고, 일제 강점기 한반도 최대 규모의 여성 항일 운동으로 평가받는다.

올레21코스가 지나가는 연두망동산은 바로 이 해녀 투쟁의 진앙지다. 지금은 잡목과 수풀로 우거져 있으나 원래는 모래 동산이었다. 이곳에는 '제주해녀항일운동기념탑'과 해녀 투쟁을 주도한 해녀 부춘화, 김옥련, 부덕량 등 독립운동가 3인의 흉상이 서 있다.

연두망동산의 의미는 그게 다가 아니다. 이곳은 해녀 투쟁의 진앙지인 동시에 4·3 학살터이기도 하다. 일제의 억압에 맞서 싸우던 땅이 학살의 땅이 됐다. 역사의 고약한 아이러니다.

1948년 6월 21일, 상도리의 한 주민이 토벌대에 의해 총살당했다. 아들이 산에 들어갔다는 이유였다. 연두망에서의 학살의 시작이었다.

1948년 12월 3일, 오후 9시경 무장대가 세화리를 습격했다. 구좌면 동부 지역을 관할하는 토벌대의 근거지 세화지서가 그곳에 있었다. 무장대는 마을을 방화하고, 주민 48명을 무차별 학살했으며, 다음 날 새벽까지 인근 평대리·하도리·상도리·종달리까지 습격하고 나서야 물러났다. 날이 밝자 이번에는 토벌대의 시간이었다. 주민들을 대상으로 보복 학살을 자행했다. 주로 도피자 가족이 희생양이 됐다.

1948년 12월 4일, 성산포에 주둔하고 있던 서청 특별 중대는 세화지서 수용소에 있던 종달리 주민 16명을 끌어내 세화리 주민들이 지켜보는 가운데 총살했다. 그게 끝이 아니었다. 종달리 마을을 수색해 집에 있던 도피자 가족을 끌어내 종달리 백사장에서 총살했다. 모두 6명이 그 자리에서 목숨을 잃었다. 1948년 12월 5일부터 다른 도피자 가족들이 연두망에서 보복 학살을 당했다.

1949년 2월 10일, 구좌면 월정리 마을에 무장대에 동조하는 전단지(삐라)가 뿌려졌다. 그러자 토벌대는 수용소에 구금했던 도피자 가족들을 다 끌어내 또다시 연두망에서 집단 학살했다. 이날 하루 25명이 학살됐다. 연두망의 모래는 피로 물들었다. 1949년 3월까지 학살은 이어졌다. 연두망에서 최소 57명이 학살됐다.

연두망 학살 사건의 가해자는 세화지서에 주둔하고 있던 서청 및 응원 경찰, 월정리 구좌중앙국민학교에 주둔하고 있던 특별 중대다. 구좌중앙국민학교에는 1948년 11월 9연대 서청 특별 중대 병력이 주둔하고 있었고, 12월 말 제주도 주둔 연대가 교체되면서 2연대 3대대 11중대가 주둔했다. 11중대 역시 모두 서청 회원들로 구성됐다.

4

—

미국

·

냉전의 렌즈

미국의 얼굴, 그들에게 제주도란

"상공에는 미군 정찰기가 날고 제일선에는 전투를 지휘하는 미군의 지프가 질주하고 있으며 해양에는 근해를 경계하는 미군함의 검은 연기가 끊일 사이 없다."

1948년 6월 6일 국내 여러 신문들은 조선통신 기사를 인용해 이렇게 보도했다. 마치 미국 전쟁 영화의 한 장면 같다. 해방된 지 3년이 지난 제주도의 상황은 이러했다. 섬의 상공에는 미군 정찰기가 날아다녔고, 해안길이며 중산간이며 할 것 없이 미군 장교를 태운 지프가 시도때도 없이 내달렸다. 섬 연안에는 미 함정이 버티고 있었다.

제2차 세계대전이 끝난 뒤 '냉전의 펜데믹'이 전 세계를 덮쳤다. 제주도 역시 강대국들이 만들어놓은 냉전의 틀에서 자유로울 수 없었다. 남북 분단 상황이 고착화되고 악화되어 가는 냉전체제 속에서 우리 사회는 오랫동안 '4·3은 반국가적 폭동'이라는 의식을 강요당했다.

그 무렵 미국의 얼굴은 어떤 것이었을까. 미국에게 제주도는 어떤 의미였을까. 결론적으로 미국은 4·3의 시작부터 끝까지 모든 상황을 꿰뚫어보고 있었다. 그뿐만 아니라 때로는 대담하고도 직접적으로, 때로는 은밀하고도 간접적으로 개입했다. 그 당시 주한미군사령부의 정보 보고서, 방첩대 보고서, 군사고문단과 주한미대사관 문서들이 미국과 4·3의 관계를 분명히 보여주고 있다. 그렇다면 당시 미국의 직간접적 개입은 어느 정도였을까. 그들은 왜 그렇게 제주도에 관심을 가졌던 걸까.

제2차 세계대전이 끝난 뒤 얼마 지나지 않아 냉전 체제가 형성되기 시작했다. 미-소를 중심으로 한 새로운 양극 질서의 출현은 전 세계를 동서로 양분했다. 두 나라는 자신들의 이데올로기 확산과 저지로 서로 맞서면서 세계 도처에서 대립했다.

1947년 3월 12일, 미국 대통령 트루먼은 의회에서의 연설을 통해 "소수 무장 세력이나 외부의 압력으로 시도되는 굴종에 저항하는 자유 인민들을 지지하는 것이 미국의 정책이 되어야 한다"고 강조했다. 트루먼 독트린으로 불린 이 연설은 전후 미국 대외 정책의 전환점이 되었다. 이는 냉전 정책의 공식적 선언이었다. 정책의 핵심은 반공이었다.

미국은 트루먼 독트린의 기조 아래 동아시아에서 '반공의 보루'를 구축하려 했다. 트루먼 독트린의 선언과 함께 미국은 그리스 내전에 개입했다. 이와 비슷한 시기, 마침 미-소가 마주보고 있던 한반도는 그야말로 '이데올로기의 전쟁터'였다.

냉전 시대 유럽과 아시아에서는 반공주의의 이름으로 곳곳에서 민간인 학살이 자행되었다. 미군의 개입이 있던 그리스에서는 16만여 명의 목숨이 사라졌고, 대만에서는 1947년 중국 본토에서 쫓겨온 국민당 정부가 타이베이 시민들을 학살한 이른바 2·28사건과 1950년대 백색 테러로 2만~3만 명이 희생됐다. 대만의 2·28사건은 제주의 3·1사건이 일어나기 바로 전날 발생했다.

이런 상황에서 한반도의 변방 제주도에서 일어난 4·3을 두고 당시 주한미군과 외신은 제주도를 '동양의 그리스'로 비유하고 주목했다.

'이데올로기의 전쟁터', 남한

해방 직후 남한의 상황은 미국 관리의 눈에 '점화하기만 하면 즉각 폭발할 것 같은 화약통'이라고 불릴 정도였다. 그 정도로 남한 내의 냉전은 미·소 간 국제적 냉전의 전개보다 빠른 속도로 심해지고 있었다. 당시 상황은 트루먼 대통령의 개인 특사로 특별 임무를 띠고 극동을 순방 중이던 폴리 대사의 보고서에 나타난다. 그는 1946년 6월 일본 도쿄에서 트루먼에게 보낸 보고서를 통해 다음과 같은 상황을 전했다.

> "한국은 작은 나라이고, 미국의 군사력은 극히 부분적 책임만 지고 있지만 아시아에서 미국의 성공 여부를 좌우할 수 있는 이데올로기의 전쟁터다. 한국은 실패한 봉건 체제의 도전에 직면해 경쟁력 있는 민주 체제가 채택될지, 아니면 다른 체제, 즉 공산주의가 더욱 강력해질지 시험하는 장소다."

그는 여기에 '남한은 마땅히 받아야 할 만큼의 주목과 고려를 받지 못하고 있다'고 덧붙였다. 트루먼은 같은 해 7월 16일 폴리에게 보낸 답신을 통해 이렇게 밝혔다.

> "본인은 귀하가 (남한이) 아시아에서 우리의 전체 성공이 달려 있는 이데올로기의 전쟁터라고 한 것에 대해 의견을 같이 한다."

이처럼 미국의 지도자들은 남한을 '이데올로기의 전쟁터'로 인식하고 있었다. 트루먼 독트린은 외부 압력이나 무장 세력의 봉기가 있는 경우에는 어느 곳이든지 개입할 논리적 근거가 됐다는 점에서, 미군정에 남한에서의 반공 정책을 강력하게 추진할 수 있는 정당성과 명분을 동시에 부여했다. 이러한 미국의 남한 정책은 대소봉쇄와 남한에 반공 보루를 구축하는 데 초점이 맞춰졌다. 한반도는 미-소 점령군이 직접 맞닥뜨린 세계 유일의 지역이었다.

지정학적 요충지 제주를 둘러싼 미-소 논쟁

제주도는 이미 19세기 말부터 지정학적 위치로 인해 열강의 관심을 받아왔다. 미국 언론들은 1880년대 말부터 1900년대 초에 이르기까지 제주도의 지정학적 위치를 '요충지' 등으로 언급했으며, 해방 직후 남한에 들어온 미 24군단 군사사가는 이렇게 평가했다.

"지도를 얼핏 보더라도 섬(제주도)이 지극히 전략적인 위치(extremely strategic location)에 있음을 알게 된다."

1946년 10월, 국내 신문들은 미국 뉴욕발 AP통신 기사를 인용해 아래와 같이 보도했다.

"조선의 제주도는 장차 서부 태평양 지구에 있어서의 '지브롤터'화 할 가능성이 있다. 제주도가 금일과 같은 장거리 폭격 시기에 있어서 그 군사적 중요성을 띄고 있음은 이 기지로부터 동양 각 요지에 이르는 거리를 일별하면 능히 해독할 수 있다."

그러면서 미국의 제주도 군사 기지화 문제를 거론한 AP통신 기사는 국내 여론을 들끓게 했다. 지중해에서 대서양으로 빠져나가는 길목의 지브롤터는 유럽 열강이 쟁탈전을 벌일 만큼 지정학적으로 중요한 위치다. 제주도 역시 중국, 일본, 동남아시아까지 아우르는 군사적 요충지다. 따라서 이런 제주도를 지브롤터에 빗댄 기사는 큰 파장을 불러일으켰다.

미군정은 "미국이 제주도에 상설 군사 기지를 세우고 있다는 소문은 제주도에서 일어난 관계없는 사건들을 짜맞춰 일어난 것으로 보인다"며 군사 기지화 소문을 일축했지만 논란은 가라앉지 않았다. 그러자 기자들을 제주도로 초청, 직접 확인시켜가며 진화에 힘썼다. 그러나 이미 미국의 언론이 제주도의 지정학적 위치의 중요성을 눈여겨보고 있었음은 충분히 확인할 수 있다.

1948년 2월, 이번에는 소련이 제주도의 전략적 가치를 주목하고 있으며, 강제 점령하려는 의도 역시 가지고 있다는 발언이 나왔다. 이 해 5월 치러질 총선거 감시 및 관리를 위해 유엔은 오스트레일리아·캐나다·중국·엘살바도르·프랑스·인도·필리핀·시리아 등 8개국 대표로 유엔조위를 구성했는데, 이 발언은 이들 가운데 필리핀 대표인 필리핀 상원의원 아란즈의 입에서 나왔다. 제주도의 '전략적 가치'와 소련과의 상관성을 거론해 주목을 끈 그는 1948년 2월 14일 필리핀에서의 연설을 통해 다음과 같이 주장했다.

"러시아의 (유엔조위 구성 결의안에 대한) 반대는 (중략) 미국의 군사 전략가들이 서태평양의 지브롤터와 같은 잠재력 있는 지역으로 간주하는 제주도를 장악하려 하기 때문임이 명백하다."

그는 소련이 남진하게 되면 제주도 때문이라고 단정할 정도로 제주도의 지리적 위치에 관심을 표명했다. 2월 26일에도 그는 마닐라 라디오 방송을 통한 연설에서 비슷한 내용으로 이렇게 말했다.

"군사적인 이유는 명백하다. 남한은 군사 전문가들이 서태평양의 지브롤터와 같은 잠재력 있는 곳으로 간주해온 전략적 요충지인 제주도를 가지고 있다."

필리핀 주재 미국대사관은 제주도를 대소봉쇄 전략지로 상정한 그의 발언을 국무부에 보고했다.

미국과 소련은 유엔에서 직접적으로 제주도 문제를 놓고 논쟁을 벌이기도 했다. 남한 단독 정부 수립안이 유엔에서 논의되던 1947년 11월 유엔 주재 오스트레일리아 대표가 자국에 보고한 바에 따르면, 소련 대표 그로미코는 남한 문제와 관련해 미국을 강하게 비판하면서 제주도 문제를 다음과 같이 거론했다.

"미국의 제안은 조선의 내정에 간섭하려는 시도 가운데 하나이며, 조선을 2개 지역으로 (나눠) 지속해서 분단하겠다는 것이다. (중략) 미국은 제주도에 기지 건설을 희망하고 있다."

이에 미국 대표 덜레스는 이렇게 반박했다.

"미국은 군대를 철수할 확고하고도 절대적인 의지가 있으며, 남한에 기지나 군사를 주둔시킬 의도가 없다."

이러한 미국 대표의 부인에도 불구하고, 제2차 세계대전 이후 냉전 체제 형성기에 미-소가 국제 무대인 유엔에서 제주도의 '군사 기지화' 설을 놓고 공개적으로 논쟁을 벌였다는 점은 주목된다.

제주도의 미군 군사 기지화는 대통령 이승만의 발언에서도 나왔다. 그는 1948년 3월 28일 남한을 방문한 미 육군차관 드레이퍼와의 면담 자리에서 이렇게 말했다.

"미국이 제주도에 해군 기지를 열망할 수 있으며, 열망한다면 향후 한국 정부는 그런 기지 건설을 허용할 것이라고 생각한다."

이승만은 이 자리에서 제주도에 미군 기지 설치를 제안했다. 드레이퍼는 어떤 답변도 하지 않았으나 이승만이 제주도를 미국의 해군 기지로 양도할 수 있다는 발언은 미국 정부에 보고됐다.

19세기 말부터 전략적 요충지로서 열강들의 관심을 받아온 제주도는 냉전 체제 형성기에도 지속적인 관심의 대상이었다. 그 당시 서울에 있던 미국의 관리들과 외신들은 이미 미-소 대결의 한 축으로 제주도를 바라보고 있었다.

"미군은 개입하지 않는다"는
미군정의 작전 계획, 그러나

4·3 초기인 4월 15일 군정장관 딘 소장은 고문 치사 사건과 경찰의 구타 행위에 대한 유엔조위의 우려를 듣자, 다음 날인 4월 16일, 해안경비대와 국방경비대에 제주도 합동 작전을 명령했다. 합동 작전은 4월 19일 개시해 해안경비대의 지원을 받아 국방경비대 1개 대대를 4월 20일까지 제주도에 상륙하도록 하고, 경비대원들에게 카빈과 소총 탄약, 기관총 탄약을 휴대하도록 하는 것이었다. 부산 주둔 국방경비대 3여단 고문관 드로이스 대위도 통위부장 고문관 프라이스 대령의 지시에 따라 동행했다.

딘 소장은 4월 18일에는 제주도 민정장관 맨스필드 중령에게 '제주도 작전'이라는 제목의 전문을 보내 제주도에 배치된 연락기(L-5) 2대와 4월 20일 도착하는 경비대 1개 대대를 제주도 주둔 경비대와 함께 그의 작전 통제 아래 두도록 했다. 그는 또 파괴 분자를 제거하고 법 질서를 회복하기 위해 임의대로 병력을 사용하도록 하고, 공격에 앞서 '불법 분자'들의 지도자들과 접촉해 귀순할 기회를 주도록 했다. 이와 동시에 주한미군사령관 하지 중장은 광주 주둔 6사단장 워드 소장에게 맨스필드 중령의 작전을 전폭적으로 지원하고, 미군은 공격받지 않는 한 개입하지 않도록 지시했다. 이러한 주한미군사령관과 군정장관의 지시는 미군정과 경비대의 관계, 제주도 소요 진압에서 미군정의 역할을 보여주고 있다.

무장봉기가 일어난 뒤 사태가 진정되지 않자 제주도의 상황에 미군정의 관심이 집중됐다. 미군정은 5·10 선거를 성공시키기 위해 최소한 3차례 이상 제주도 현지를 직접 방문해 작전 상황을 점검했다.

첫번째는 주한미군사령부 작전참모부 슈 중령이 직속 상관인 작전참모 타이첸 대령의 지시에 따라 4월 27~28일 제주도를 방문해 작전을 점검하고 현지 미군 장교들과 작전 회의를 연 것이다. 이 자리에는 미 6사단 20연대장 로스웰 브라운 대령과 20연대 제주도 파견대장 가이스트 소령, 드로이스 대위 등 여러 명의 미군이 있었다. 이 자리에서 브라운 대령은 다음과 같은 하지 중장의 4가지 지침을 맨스필드 중령에게 전했다.

1. 국방경비대가 즉시 역할을 할 것.
2. 모든 시민 소요를 중지시킬 것.
3. 게릴라(무장대) 활동을 신속하게 진압하기 위해 경비대와 경찰 사이에 명확한 관계 설정을 할 것.
4. 미군은 개입하지 말 것.

미군은 직접 개입 대신 경비대를 동원해 진압하는 방식을 채택했다. 미군의 불개입 지시는 2차례나 맨스필드 중령에게 전달됐다. 그도 그럴 것이 미군이 직접 작전에 참여하면 국제 문제로 비화할 수 있었고, 여론의 비난을 살 가능성도 높았다. 이 때문에 미군은 전투 현장에 출현하지 않았다. 그리스 내전 시기에도 미국은 국제 여론을 의식, 미군 고문관들에게 전투 현장에 나서지 않도록 지시했다. 그리스 내전과 제주도 상황이 일맥상통한다.

미군은 하지 중장의 지침에 따라 현장에 나서지 않은 채 '보이지 않는 손'의 역할을 하면서 작전 계획을 세운 뒤 경비대를 통해 이를 시행했다.

두 번째는 군정장관 딘 소장과 6사단장 워드 소장이 4월 29일 제주도를 방문해 작전 지역을 시찰한 것이다. 슈 중령이 서울로 돌아간 다음 날 미군정 최고 수뇌부가 제주에 온 것이다. 이날 미군은 제주도에 있던 맨스필드 중령의 부인을 포함해 미군 가족 8명을 서울로 소개했다. 제주도 상황을 평가하기 위해 함께 방문한 딘 소장과 워드 소장은 경비대가 마을을 포위하고 18살 이상의 모든 남성을 체포하고 있는 산간 지역을 비행기로 정찰했다.

세 번째는 딘 소장이 5월 5일 미군정 한국인 최고위 관리들과 제주도를 방문해 대책 회의를 연 것이다. 그의 제주도 방문은 워드 소장과 함께 방문한 지 엿새 만이고, 선거를 닷새 앞둔 시점이었다. 이는 그만큼 제주도 상황이 미군정 최대의 현안이었음을 말해준다. 딘 소장은 이날 민정장관 안재홍, 경무부장 조병옥, 경비대 사령관 송호성 등 한국인 수뇌부와 함께 제주도를 방문해 각자 상황을 점검한 뒤 대책 회의를 가졌다.

이날의 대책 회의는 제주도 사태에 대한 강경 진압으로 가는 분수령이 됐다. 국내 언론은 이날 회의에서 "딘 장관과 조 부장은 단시일 내에 사건 수습을 하라 하며 불응자를 무차별 사살하라고 명하였다"고 보도했다.

딘 소장은 서울로 돌아가 다음 날 기자회견을 열고 제주도 사태를 '5·10선거에 반대하는 북조선 공산군 간자(간첩)에 의한 사주로 일어난 것으로 간주'하는 성명을 발표했다. 제주도 대책 회의 다음 날 경비대 9연대장은 김익렬에서 박진경으로 교체됐다. 앞서 살핀 대로 김익렬은 무장대 쪽과 평화 협상을 벌이고, 선무 공작에 힘쓰던 이였다. 이들의 제주도 방문 뒤 미군정은 제주도 사태를 '전면적인 유격전'으로 보고 진압을 강화했다.

오스트레일리아 신문 『시드니모닝헤럴드』는 1948년 5월 3일 미국 UP통신 특파원의 말을 빌려 "한반도에 주둔한 미-소 간 점령군의 긴장이 고조되고 있다. 이는 부분적으로 제주도에서의 공산 반란 때문이다"라고 보도했다. 제주도 사태로 미-소 간 긴장이 높아지고 있다는 보도였다. 미국 『워싱턴뉴스』 역시 1948년 5월 5일 "스탈린이 유엔 감독 하의 선거를 사보타주하기 위한 노력에 게릴라전을 더하고 있다"며 제주도 사태를 거론했다. 제주도 상황을 지역적 차원을 넘어 미-소 간의 대결로 보고, 소련의 제주도 개입을 기정사실화하고 있었다. 이렇게 4·3은 점차 국제적 문제로 비화하고 있었다.

5·10선거 실패, 미 구축함 제주로 급파

5·10 선거의 성공적 실시는 미군정 최대 과제였다. 선거 기간을 점령 기간의 가장 중요한 시기로 간주한 미군정은 투표율이 낮으면 남한 단독 정부의 국제적 승인을 기대할 수 없을 것으로 보고, 선거에 총력을 기울였다. 전국 200개 선거구에서 국회의원이 선출돼야 했다. 어느 한 선거구에서라도 선거가 치러지지 못하거나 실패하면 미국의 정책이 타격을 받을 수 있었다. 문제는 제주도였다. 무장봉기 초기 미군정이 적극적으로 개입했지만 사태는 진정되지 않은 채 확대되고 있었다.

이런 가운데 5월 10일 해방 이후 최초의 선거가 실시됐다. 전국 200개 선거구 가운데 2개 선거구만이 국회의원을 선출하는 데 실패했다. 바로 북제주군 갑 선거구와 을 선거구였다. 두 곳 다 투표수 과반 미달로 무효화됐다.

하지 중장은 5월 12일 성명을 내고 "선거 반대 공작의 대대적 노력에도 불구하고 만고 민주주의 미증유의 승리"라며 5·10 선거의 성공적 실시에 찬사를 보냈다. 그러나 제주도 상황을 잠재우고 선거를 성공시키기 위해 총력적인 대응에 나섰던 미군정으로서는 당혹스러운 상황이 펼쳐졌다. 4·3 무장봉기 이후 제주도에서 5·10 선거를 성공시키기 위해 경비대를 증파하고, 미군정 수뇌부의 잇따른 방문과 작전 지도 등 온갖 노력을 기울였음에도 불구하고 전국에서 유일하게 선거에서 실패한 지역이 된 것이다.

이는 곧 미군정의 전면적이고 강력한 진압의 예고편이 되었다. 미 국무부, 미군정, 유엔조위가 잇따라 남한의 선거 결과에 대해 환영 성명을 발표하는 뒤편에서는 미군정의 제주도 진압 계획이 진행되고 있었다. 하지 중장의 성명이 발표되던 날, 미극동사령부는 제주도 사태 진압을 위해 제주도에 구축함을 급파했다. 구축함은 일주일 이상 제주 연안에 머물며 정찰 활동을 벌였다. 유사시 전투기 사용도 고려하라는 지시도 있었다.

미군정이 제주도 선거의 무효를 선언한 것은 작전이 전개된 지 한참 뒤인 5월 24일이다. 딘 소장은 국회선거위원회에 보낸 문서를 통해 북제주군 갑과 을 선거구의 선거에 대해 "파괴 분자들의 활동과 폭력 행위 때문에 인민의 진정한 의사 표현으로 볼 수 없다"며 무효를 선언했다. 뒤이어 5월 26일 포고문을 통해 선거의 무효와 6월 23일 재선거 실시를 알렸다. 미군은 물론 경비대와 경찰을 모두 통솔하는 최고 지휘관으로 6사단 20연대장 브라운 대령이 파견됐다. 그는 제2차 세계대전 당시 버마(오늘날의 미얀마)에서 중국 대륙에 이르기까지 광활한 아시아 대륙을 무대로 탱크 부대를 이끌었던 야전군 지휘관 출신이었다.

브라운 대령의 파견은 4·3 당시 미국이 직접적으로 개입한 증거다. 1948년 5월 하순경 파견된 그를 두고 국내 언론은 1948년 6월 "(제주도) 현지에는 미군인이 최고 지휘관으로 해경 국경 경찰을 통솔"하고 있다고 보도했다.

　　그의 파견은 어떻게 미국의 직접 개입 증거가 되는 걸까. 무장봉기 초기 미군은 전투 현장에 나타나지 않는다는 방침을 세운 바 있다. 하지만 그의 파견은 이 방침과 완전히 배치된다. 4·3과 비슷한 시기 그리스에서는 트루먼 독트린의 계기가 된 내전이 한창이었다. 미국은 군사고문단을 두고 적극 개입했다. 그러나 미국 내 여론을 의식해 미군은 작전 현장에 나타나지 않았다. 제주도에서는 달랐다. 브라운 대령의 행보는 공개적이었다. 기자들과 함께 작전 현장을 시찰하는가 하면 작전 상황을 설명하는 기자회견도 했다. 제주도가 변방 중의 변방이어서 그랬을까? 오히려 정반대로 보는 게 정확하다. 그만큼 주한미군사령부와 미군정이 5·10 선거 실패 뒤 제주도 상황을 심각하게 보고 있었음을 방증한다.

　　하지 중장은 제주도 군정중대와 미군 방첩대에 모든 가능한 수단을 활용해 브라운 대령을 지원하도록 명령했다. 브라운 대령에게 떨어진 지상 명령은 '6·23 재선거'의 성공적인 실시였다. 재선거 성공 임무를 완수하기 위해 그는 제주도 중산간 곳곳을 누비며 경비대의 작전을 독려했으며, 6월 2일 기자회견에서는 "6월 23일 재선거 때는 자유롭게 대표를 선출할 것이다. 사태는 진정될 것이다"고 자신 있게 밝혔다.

　　브라운 대령의 지휘 아래 경비대 11연대는 중산간 지역에서 수천여 명의 섬 사람들을 검거했다. 5월 22일부터 6월 30일까지 검거된 주민 수는 5천여 명에 이르렀다. 브라운 대령은 기자회견에서 이렇게 큰소리를 치기도 했다.

"원인에는 흥미가 없다. 나의 사명은 진압뿐이다. 2주면 평정될 것이다."

그러나 미군정은 6월 10일 제주도 재선거를 무기한 연기했다. 원인에 관심을 갖지도, 문제의 근원을 해결할 의지도 없이 밀어붙인 브라운 대령의 진압 작전은 실패로 끝났다. 이 시기 제주도 상황을 목격한 미군정 한국인 사법부 관리들과 언론은 '사건의 원인은 민심이반'이라며 원인 해결에 주력해야 한다고 목소리를 냈으나, 이런 의견들은 무시됐다. 당시 언론은 미군정의 강경 진압에 대해 아래와 같이 보도했다.

"33만 전 도민이 총칼 앞에 제가슴을 내어밀었다는 데에서 문제는 커진 것이다. 원인 없는 결과는 없다."

정확한 지적이었다. 맨주먹을 쥔 제주 사람들이 왜 총칼을 상대하고 있는지 그 원인을 찾고 이를 해결해야 했으나 이들은 그러지 않았다. 제주도 사태 진압에 실패한 브라운 대령은 6월 말 또는 7월 초 제주도를 떠났다. 하지만 그는 끝내 자신의 실패를 인정하지 않았다. 선거 반대 소요의 성공을 제주도 민정장관의 정책 실패 탓으로 돌렸다. 자신의 작전에 대한 평가는 없었다. 그는 경찰의 잔학성과 비효율적인 정부 기관도 원인 중 하나이긴 하지만, 제주 섬 사람의 80퍼센트가 공산주의자들과 관련이 있거나 두려움으로 인해 이들과 연관되어 있다고 여겼다. 미군정이 제주도를 '붉은 섬'으로 봤다면, 사태 진압을 호언장담했던 브라운 대령은 아예 '빨간 섬'으로 본 것이다.

'민간인 대량 학살'의 책임으로부터 그들은 자유로운가

1948년 8월 15일 정부 수립 이후에도 미국은 4·3에 깊숙하게 개입했다. 미군은 여전히 한국군에 대한 지휘통제권을 가졌다. 8월 24일 이승만 대통령과 하지 중장이 '대한민국 대통령과 주한미군사령관 간에 체결된 과도기에 시행될 잠정적 군사안전에 관한 행정협정'(한미군사안전잠정협정)을 체결했다. 이 협정에 따라 8월 26일에는 임시 군사고문단이 조직되고 로버츠 준장이 단장을 맡았다.

10월 17일 '정부의 최고 지령'을 받들어 해안선으로부터 5킬로미터 이상 떨어진 지역에 대한 무허가 통행을 금지하고 위반자는 총살하겠다는 9연대장 송요찬의 포고문이 발표됐다. 제주도 곳곳에서 비명이 들리기 시작했다.

주한미사절단 대사 무초는 초토화가 본격적으로 전개되던 11월 3일 국무부에 다음과 같은 우려 섞인 전문을 보냈다.

"제주도 공산주의자들을 섬멸하는 데 있어 (대한민국) 정부의 눈에 보이는 무능력에 대한 긴장감이 여전하다."

이는 제주도 사태 진압을 위해 남한 정부의 더 강력한 토벌을 부추기는 것이었다. 아니나 다를까. 이승만 정부는 11월 17일

'제주도의 반란을 급속히 진압하기 위하여 동지구를 합위지경으로 정하고 본령 공포일로부터 계엄령을 시행할 것을 선포한다. 계엄사령관은 제9연대장으로 한다'는 계엄령을 선포했다.

모든 것을 앗아갔다. 모든 것을 죽였다. 모든 것을 불태웠다. 계엄령의 선포는 학살을 정당화했다. 미군 고문관들은 서청이 경비대와 경찰에서 활동할 수 있도록 추천했다. 미군 연락기는 산간 지역으로 피신한 제주 섬 사람들의 체포와 학살을 지원했다. 제주 섬 사람의 인명 피해는 1948년 11월부터 1949년 3월 사이 집중됐다.

한편 정부와 군이 언론을 통제함으로써, 제주도에서 일어나고 있는 비극적인 상황은 섬 밖으로 알려지지 않았다. 하지만 제주도 주둔 미 고문관은 한국군 참모 회의에 참석했으며, 대량 학살 사실을 알고 있었다. 그는 매일 서울의 사령부에 보고했다.

임시 군사고문단장 로버츠 준장은 11월 8일 주한미군사령관에게 9연대장 송요찬이 강력하고 적극적으로 활동하며, CIA의 활동도 우수하다고 평가했다. 송요찬은 12월 6일 하지 중장에게 다음과 같이 감사를 표하기도 했다.

"10월 10일부터 임무를 수행한 정찰조종사 에릭슨 중위가 수 차례에 걸친 제주도 정찰 비행을 통해 반란군의 집결지, 사령부, 정부군과 반란군 간의 전투 상황을 9연대에 넘겨줘 진압할 수 있게 했다."

제주도가 잿더미로 변해가던 12월 18일 로버츠 준장은 이범석 국무총리겸 국방장관에게 보낸 서한에서 이렇게 밝혔다.

"송요찬 중령은 초기 제주 도민들의 호전적 태도를 전심전력의 협력으로 바꾸는 데 대단히 잘 지휘하고 있다."

"유능하고 믿음직한 장교들이 지휘하는 평화애호 주민들에 의한 작전 결과에 대해 언론과 라디오, 그리고 대통령의 공표에 의해 널리 홍보돼야 한다고 추천한다."

이에 국방부 총참모장 채병덕 준장은 12월 21일 로버츠 준장에게 송요찬 중령과 미고문관이 적대적인 제주도에서 어렵고 힘든 임무를 수행하는 데 훌륭한 능력을 보여주었다며, 대통령 성명으로 발표할 수 있도록 추천할 것이라고 화답했다. 이러한 로버츠 준장의 제주도 사건에 대한 인식은 학살을 합리화하고 조장했다.

주한미사절단 참사관 드럼라이트도 11월 21일부터 12월 20일까지의 제주도 사태에 대해 미 국무부에 보고하면서 "1~2개월 동안 제주도의 공산분자들에 대한 진압이 만족스러울 만큼 진전을 보이고 있다"고 했다. 드럼라이트가 말한 '공산분자들에 대한 진압'은 '민간인들에 대한 대량 학살'이었다.

제주도 상황을 더 적극적으로 진압하라고 독촉하며 악명 높은 서청을 군과 경찰에 추천하고, 연락기를 가동해 정보를 제공하던 이들은 한편으로는 9연대가 민간인 대량 학살 계획을 채택했다고 지적했다. 과연 그들은 9연대가 채택한 민간인 대량 학살에 책임이 없는 걸까.

"소련 잠수함들이 제주에 나타났다",
이 허위 보도의 이유는?

1949년 1월 9일 『워싱턴포스트』와 『뉴욕타임스』는 '소련 잠수함에서 제주 공격 신호'라는 제목의 기사에서 한국 정부 관계자의 말을 빌어 1월 8일 소련 잠수함들이 나흘 전 남한 연안에 나타났으며, 게릴라들에게 제주읍을 공격하라는 신호를 보냈다고 보도했다. 이들 외신은 이어 "2척의 잠수함이 1월 4일 오후 삼양리 연안에 나타났고, 1척은 야간에 한림리 연안에 나타났으며, 경찰은 연안에서 소련기를 확실하게 목격한 것으로 보고됐다. 삼양리 연안 잠수함들은 해변에서 경찰의 맹렬한 소총 사격에도 4시간 동안 머물렀고, 다음 날 오전까지 떠나지 않았다"고 밝혔다.

1949년 1월 8일 『사우스차이나모닝포스트』는 "200여 명의 공산주의자들이 잠수함으로부터 신호를 받은 뒤 작전에 들어갔다"고까지 보도했다. 심지어 소련제 기관총을 무장대로부터 노획했다는 외신도 있었다. 소련 잠수함의 제주도 연안 출현 보도는 동남아와 오스트레일리아의 언론에까지 대대적으로 보도됐다.

하지만 이를 뒷받침할 증거는 나오지 않았다. 만약 이 보도가 사실이라면 소련의 잠수함이 나타나 체류한 4시간 동안 경찰만 대응하고 제주도에 있던 미 군사고문단이나 해군의 대응이 전혀 없었다는 말이 된다. 이는 전혀 상식적이지 않다. 모두 허위 보도였다.

소련 잠수함의 출현설은 이때가 처음은 아니었다. 1948년 10월 국내외 언론들은 제주도 주둔 미 59군정중대 사령관 노엘 소령의 발언을 인용해 제주도 부근 연안에 북한기가 휘날리는 잠수함이 나타났다고 보도했다. 그러나 더 이상의 후속 정보 보고

나 보도는 없었다.

　　이러한 허위 보도들은 검증없이 외국으로 타전되었다. 이로 인해 제주도는 미-소 대결의 장으로 인식되었고, 미국의 대소 봉쇄를 위한 전초 기지로 간주되는 데 기여했다. 주한미군사령부는 1949년 5월 1일 "반란군이 본토와 북한으로부터 병참 지원을 받고 있다는 소문이 있지만, 이런 보고를 입증할 증거는 없다"고 밝혔다.

제주도 진압을 둘러싼 이승만과 무초의 교감

　　제1장에서 언급했듯 이승만은 1949년 1월 21일 국무회의 자리에서 "미국이 한국의 중요성을 인식하고 많은 동정을 표하지만 제주도, 전남 사건의 여파를 완전히 발근색원하여야 그들의 원조는 적극화할 것이고, 가혹한 방법으로 탄압하여 법의 존엄을 표시할 것이 요청된다"고 밝혔다. 가혹한 방법으로 탄압을 지시한 이승만은 며칠 뒤인 1월 28일 열린 국무회의에서 "제주도 사태는 미 해군이 기항하여 호결과를 냈다"고 했다.

　　이승만이 언급한 미 해군의 제주도 기항, 그 기항으로 인한 '호결과'에 대해서는 극동해군사령부 지원단이 작성한 1949년 2월 2일자 문서의 관련 기록을 살펴보면 알 수 있다.

　　미 해군 순양함 아스토리아 등 3척의 함정이 1월 24일 인천을 방문했다. 이날 순양함에서 가진 연회에 이승만 대통령과 장관들, 무초 대사, 로버츠 준장 등이 참석했다. 문서에 의하면 "무초 대사가 한국 정부가 제주도 방문을 간절히 바란다며 제주도를 잠깐 방문하는 방안을 우리와 상의했다. 이에 따라 이 불행한 섬을 잠깐 방문하기로 계획을 수정했다"고 나와 있다. 또한 이들이 "1월 24일 오후 4시 인천을 출발, 다음 날 오전 10시 제주항에 입항했으며 이들 고위 장교들이 제주도를 방문해 현지 미군 고문관들과 경찰청장을 만난 뒤 오후 1시 부산으로 출항했다"는 기록이 있다. 그리고 나흘 뒤 이승만은 국무회의 자리에서 미 해군이 기항해 좋은 결과를 냈다고 발언했다.

　　이러한 일련의 기록은 이승만과 무초가 상당한 교감을 이루고 있었음을 보여준다. 이승만 정부의 요청에 의해 무초를 비롯한 미군 장교들이 3시간 남짓 제주도에 기항한 것을 두고 이승만은 "미 해군이 기항해 좋은 결과를 냈다"고 선전한 것이다.

　　주한미사절단 참사관 드럼라이트는 1949년 3월 10일 로버츠 준장에게 제주도 상황과 관련해 서한을 보내 "제주도가 상당히 심각한 상황에 처해 있으며, 이런 상황을 타개하기 위해 적극적인 조치가 취해져야 한다"며 강경 진압을 더욱 부채질했다. 이에 로버츠 준장은 다음 날 "한국 대통령과 국무총리에게 제주도의 게릴라와 군사 작전 등에 대해 강력한 서한을 보냈다"고 회신했다. 정부 수립 이후에도 미국 관리들과 미군이 제주도 사태에 직간접적으로 개입했음을 보여준다.

제주도를 향한 미국의 지속적인 관심

　　주한미사절단 참사관 드럼라이트는 1949년 3월 28일 미국무부에 아래와 같이 보고했다.

　　　"경찰의 지원을 받은 한국군이 지리산, 전라남도, 제주도에서 만족할 만한 결과를 내며 토벌 작전을 계속하고 있다. (중략) 지속적이고 장기적인 작전으로 이들을 완전히 뿌리 뽑을 필요가 있다."

드럼라이트의 "완전히 뿌리 뽑을 필요가 있다"는 언급은 앞서 이승만이 언급한 '가혹한 방법으로 탄압하라'는 것과 같은 의미였다. 무초 역시 지속적으로 제주도 사태에 관심을 표명하며 한국 정부의 적극적인 대응을 촉구했다. 정부의 제주도 토벌 작전이 공세를 높이는 가운데 무초는 사실상 막바지 토벌 작전이 이루어지는 4월 4일 이승만을 만나 "한국은 제주도와 전라남도에서 날뛰는 게릴라 도당을 제거하고 보안군을 훈련시켜 남한에서의 입장을 굳건히 해야 한다"며 진압을 격려하고 고무했다. 이에 이승만은 "공산분자들에 대한 소탕의 중요성을 인식하고 있고, 이를 끝낼 조처가 착실히 진행되고 있다"고 말했다. 이처럼 제주도 사태의 진압을 두고 이승만 정부와 미국 관리들의 교감은 꾸준히 이어졌다. 무초는 또한 4월 9일 미 국무부에 보낸 문서를 통해 이렇게 보고했다.

"제주도가 남한에 혼란을 퍼뜨리고 테러를 가하기 위한 소련의 주요 노력의 무대로 선택됐다는 것은 통제를 받고 있는 라디오 방송에서 나오는 선전 특성상 분명하다. 소련의 에이전트들이 큰 어려움 없이 제주도에 침투하고 있음이 분명하다. 소련 선박과 잠수함들이 제주도 근처에 나타난다는 보고가 계속되고 있다."

미국 관리들의 관점에서 보면, 소련이 테러의 전초 기지로서 제주도를 채택하고 소비에트 요원들이 제주도에 들어오고 있다는 것은 남한을 반공 보루로 구축하려는 미국의 정책과 정면 배치되는 것이었다. 그러나 이에 대한 증거는 어디에도 없었다.

이미 제주도는 더 말할 수 없이 초토화되어 있었다. 이런 상황에서 미국 관리들과 미 군사고문단들은 집요하게 이승만 정부를 향해 더욱 더 적극적인 토벌을 조장, 독려하고 있었다. 이들이 모든 상황을 미 국무부에 보고하는 것을 잊지 않았음은 물론이다. 그해 10월 13일 무초는 미 국무부 보고서에 이렇게 썼다.

"제주도 작전이 너무나 파괴적일 정도로 성공해 공산 폭도들이 '전략적으로 가장 중요한 섬'에서 어떠한 회복도 할 수 없음을 보고할 수 있게 돼 기쁘다."

'파괴적일 정도로 엄청난 성공'(devastatingly successful) 이면에는 제주 섬 사람에 대한 대규모 학살이 있었다.

제주도에 대한 미군의 관심은 한국전쟁 기간에도 계속됐다. 미군은 이 시기 제주도 시찰을 통해 군과 경찰의 훈련과 고문관 배치 등을 건의했다. 1953년 미군이 작성한 한 문서는 "국내적으로 그리고 국제정치적인 이유로 미군부대와 미국의 영향력이 드러나서는 안 된다"면서도 제주도 상황에 대처하기 위한 전략을 건의하는 내용이 담겨 있다.

5

떠난 사람들
·
4·3 디아스포라

북으로 간 우리 오빠

4·3을 전후해 제주 섬 사람들은 살기 위해 섬을 빠져나갔다. 해방을 맞아 일본 등지에서 돌아왔던 사람들은 먹을 것이 없어 다시 떠났고, 어떤 이들은 죽음을 피해 고향을 떠났다. '4·3 디아스포라'는 이렇게 시작됐다. 떠나는 사람들은 목숨을 내놓고 배에 올랐다. 밀항선을 탄 이들 가운데는 두 번 다시 돌아오지 않은 이들도 있었다. 어떤 이들은 일본이나 미국 등으로, 또 어떤 이들은 일본에서 북송선을 타고 북한으로 향했다. 간신히 살아남은 이들은 낯선 땅에서의 삶은 힘들었지만, 죽음은 피할 수 있었다.

"이선아!"

성성한 팔순의 노인이 휘적휘적 걸어오면서 이름을 불렀다. 만면에 웃음을 보이며 걸어오는 노인은 구릿빛 얼굴에 깡마른 체격이지만 건강했다. 단박에 서로를 알아봤다. 걸어오는 품새만 봐도 작은오빠였다. 2007년 5월 12일, 북쪽 지역 금강산에서 열린 제15차 남북이산가족 상봉장에서 권배 오빠를 만났다. 한국전쟁으로 헤어진 뒤 생사조차 모른 채 살아온 지 58년. 22살 오빠는 팔순 노인으로 눈앞에 나타났다. 제주 조천에서 오빠를 만나러 간 18살 동생 김이선도 할머니가 되어 있었다.

"오빠 얼굴을 알다마다! 4살 차이니까 훤해요. 저쪽에서 오는데 난 '오빠로구나!' 했어요. 오빠도 내 이름을 불러요. '이선아!' 하고. 엊그제 제주시에서 만난 사람처럼 반갑게 만나 말만 했어요. 죽지 않고 산 것만 봐도 좋은데 울기는 왜 울어요?"

울지 않았다. 울지 말자고 다짐했다. 울면 아무 말도 하지 못할 것 같았다. 시간이 아까웠다. 북쪽에선 오빠만 나왔고, 제주에선 오빠보다 2살 위 일선 언니와 조카들이 함께 갔다.

"오빠를 만나러 가기 전부터 만나도 울지 말자고 다짐했어요. 울면 서로 말도 못하니까 울지 말자고. 죽지 않고 살아서 보는 것만도 좋잖아요. 이산가족 상봉하면서 우는 사람들도 있어요. 호텔이 벌러지도록(떠나가도록) 웁디다."

그렇게 다짐하고 만난 오빠였다. 남과 북에서 어떻게 살았는지, 부모님 묘소며 친척들 근황을 주고받았다. 2박 3일의 짧은 만남이었다. 58년 만의 만남은 처음이자 마지막이 됐다.

김이선의 가족들은 오빠를 만나고 돌아온 이듬해 3월 7일 부모님 묘소 앞에 어디에서도 볼 수 없는 비석을 세웠다. 이 비석은 4·3과 남북 분단의 현실을 보여주는 상징이기도 했다.

'남매상봉기념비'

직사각형 모양의 검은 대리석 비석의 앞면에는 이렇게 적혀 있다. 북에 있는 오빠와 오빠의 아내, 그리고 자손 13명의 이름이 적혀 있다. 뒷면에는 오빠를 만난 애틋한 내용을 적었다.

"2007년 5월 12일 대한민국 적십자사 주최 제15차 이산가족상봉일 (중략) 북한으로 가서 58년 전 헤어져 만나지 못하던 아버지의 둘째 아들 권배 오빠를 만났습니다. 22세에 이별한 오빠를 만나보니 백발이 성성한 80세였고, 슬하에 3남 4녀 7남매, 증손도 4남 2녀 6남매를 두고 있었습니다.

행여 살아 계실까 가슴 졸이며 기다리던 인내의 세월, 수없이 흐르던 눈물, 부모님 생각하며 잠을 이루지 못해 밤을 지새던 순간들이 권배 오빠를 만나 번창한 가족들과 함께 있음을 확인하니 봄눈 녹듯 사르르 사라집니다.

슬프다. 제주민의 통한이 서린 4·3동란으로 아버지 51세, 어머니 49세 그 젊은 나이에 비통하게 돌아가셨으나 손자 7남매 중 증손 6남매 13명의 후손들이 이 하늘 아래 훌륭하게 자라 어머니 아버지의 뜻대로 살아가고 있었습니다. 이에 후손 13명의 이름을 비에 새겨 아버지 어머니의 묘 앞에 세우노니 이제 가슴에 남았던 슬픔 다 벗어던져 버리고 아들과 손자들을 기쁨으로 받아들이시고 누구보다도 벅찬 감동과 기쁨만 간직하여 극락왕생하시길 두손 모아 비옵니다."

김이선은 "부모님께 아들이 죽지 않고 살아 있고, 만났다는 사실을 알리고 싶어서 남매상봉기념비를 세웠다"고 했다. 김이선은 2007년 혹시나 하는 마음에 이산가족 상봉 신청을 했다가 오빠가 북에 살아 있다는 연락을 받았다. 남매 상봉 6개월 전에 죽어가면서 고향을 그리워하던 옆 마을 신촌리 출신 올케가 북에 있는 제주도 공동묘지에 묻혔다는 이야기도 들었다. 북에도 제주도 출신들이 묻히는 공동묘지가 있다고 했다.

4·3 당시 육지 형무소에 수감됐던 제주 사람들 가운데 한국전쟁이 터지자 형무소 문이 열리면서 처형되거나 행방불명된 이들이 많았다. 또 일부는 자의반 타의반으로 북으로 가기도 했다.

해방 뒤 고향 조천에서 치안대 활동과 야학 선생님으로 활동했던 김이선의 작은오빠는 서울에서 친척이 운영하는 버스 회사에 다니다 한국전쟁이 터진 뒤 북으로 가게 됐다고 했다.

"오빠가 무척 똑똑했어요. 조천에서도 강의를 잘해서 졸던 사람들도 오빠가 강의하면 눈을 떴다고 합니다. 할아버지가 신식 학교 다니는 것은 사람이 할 일이 아니라고 했어요. 한문 공부만 하라고 해서 오빠가 한문을 잘했습니다. 우리 오빠가 시국(4·3)을 만나지 않았으면 한자리했을 겁니다. 한번 하겠다고 한 일은 곧 죽어도 했으니까요."

작은오빠는 1947년 3·1절 기념대회 이후 경찰의 주목을 받아 집으로 들어오지 못한 채 숨어 지냈다. 4·3이 본격화하자 부모는 자식을 찾아내라고 닦달하는 경찰에 끌려갔다. 아버지는 1949년 1월 5일 조천지서 앞 밭에서 다른 수용자들과 함께 총살됐다. 다음 날 집에 있던 김이선은 아버지가 숨졌다는 소식을 들었다. 15살 김이선은 밤새 아버지에게 입힐 옷을 만들고 9살 동생과 마차를 빌려 아버지의 시신을 실어다 인근 밭에 가매장했다. 아버지와 함께 수용소에 끌려간 어머니는 같은 달 22일 뒤따라 희생됐다. 김이선은 아버지가 그렇게 총살당한 뒤 20여 일 가까이 수용소에서 지내던 어머니의 심정은 오죽했겠느냐고 했다. 경찰은 계속해서 사람들을 잡으러 다녔다. 제주읍내 친척집에 숨어 지내던 김권배는 어느 날 부모가 죽은 고향이 싫다며 서울로 떠났다가 한국전쟁이 터지고 북한군이 들이닥치면서 북으로 갔다.

김이선의 큰오빠는 한국전쟁 때 예비검속으로 희생됐다.

1950년 6월 큰오빠가 마을의 엉물에 몸(미역) 감으러 갔는데, 지서 급사가 오빠를 찾으러 왔다. 당시에는 2~3일에 한 번씩 지서에서 회의를 하곤 했는데, 그날따라 지서 주임이 오빠를 찾는다고 해 함께 갔다. 날이 어두워져 오후 9시가 되도록 식사도 하지 않은 오빠는 오지 않았다. 그녀는 지서를 찾아가 "급사가 지서에서 회 의한다며 오빠를 데리러 와서 같이 나갔는데 있느냐"고 했다. 경 찰은 "회의가 없었다"고 했다. 수소문을 해보니 다른 사람들과 함 께 오빠를 제주경찰서로 데리고 갔다고 했다. 어린 나이에도 딩 찼던 그녀는 다음 날, 경찰서를 찾아가 오빠의 행방을 물었다. 경 찰은 "죄가 있어서 데려온 게 아니라 서울을 점령한 북한과 손잡 을까 해서 청년들을 한군데 모아 집단 생활을 하도록 한다"고 했 다. "돈이 있으면 사식을 들이라"고까지 말했다.

그녀는 그해 8월까지 사식을 들였다. 당시 밥 한끼에 40원 씩 할 때였다. 밥값을 계속 내는데도 오빠는 만날 수 없었다. 그녀 는 한참 지난 뒤에야 경찰이 오빠를 배에 싣고 나가 총살한 뒤 돌 에 매달아 빠뜨렸다는 이야기를 들었다. 큰오빠 나이 25살이었 다. 그녀는 오빠의 죽음에 분노하고, 사식 비용을 사기당한 것에 화가 났지만 어쩔 도리가 없었다.

"어떻게든 제주를 떠나야겠다", 그들이 선택한 땅은 다시 일본

"제주를 떠나 일본으로 향하던 밀항선이 일본 대마도 근처 에 이르러서 황파에 몰려서 파선되어 승객 40여 명 중 20여 명이 사망하였다는 슬픈 소식이 전해지고 있다. 동 밀항선은 거월(去月) 15일경 함덕항을 떠나 일로(一路) 일본으로 향하던 중 20일경 대마도 근해에 이르자 불행히도 대풍파에 조우하여 동선은 여지없이 파선되고 말아 일순에 20여 명의 귀여운 생명은 바다의 조설(藻屑)로 사라지고 말았다 한다."

1947년 5월 24일자 『제주신보』는 '밀항선 조난으로 20여 명이 희생'이라는 제목으로 이런 기사를 내보냈다. 함덕포구를 떠나 일본으로 가던 밀항선이 높은 파도에 부서지면서 40명 가운데 20명이 목숨을 잃었다. 목숨을 걸고 일본으로 밀항하려던 이들이었다.

일제 강점기 노동자로, 징병으로, 징용으로 제주를 떠나 일본에서 지내던 이들은 해방을 맞아 고향으로 다시 돌아왔다. 하지만 고향은 절망의 땅이었다. 일자리도, 먹을 것도 없었다. 게다가 콜레라까지 급속도로 퍼져 제주 사회를 덮쳤다. 그러자 많은 이들이 다시 그 지긋지긋했던 땅을 찾아 바다를 건넜다. 당시 제주도에서 극심한 생활고를 겪었던 김민주는 이렇게 증언했다. 김민주는 4·3에 직접 관여했다가 일본으로 밀항한 인물로, 일본에서 김봉현과 함께 『제주도 인민들의 〈4·3〉 무장투쟁사』를 저술했다.

"해방 되면서 굶기 시작했지, 일제 시대에는 우리가 굶은 적이 있었나 하는 말들이 떠돌았어요. 그리고 얄궂게도 해방 이후 1946년 제주도에는 호열자(콜레라)가 유행했고, 농사가 잘되지 않아 기근이 휩쓸었잖아요. 그러니까 어떻게 해서든지 제주도를 빠져나가야겠다고 생각을 하고 있었어요."

해방된 조국, 해방된 고향의 혼란은 이들로 하여금 또다시 대한해협을 건너도록 부채질했다. 미군정의 단속을 피해 실업과 굶주림에 지친 제주 섬 사람들은 거친 바다와 싸울지언정 바다를 건너 제주를 떠나는 쪽을 택했다.

미군정은 밀항 문제가 사회 문제로 떠오르자 1945년 12월 "남조선 일대의 수많은 항구에서 작은 배로 밀항하는 것은 일일이 방지하기는 매우 어려운 일"이라며 "그러나 군정청은 조선과 일본 사이에 해군 순찰대를 두어 엄중히 감시하고 있는 중"이라고 밝혔다. 일본 도쿄의 연합군 총사령부는 1946년 3월 일본 정부에 대해 조선에 귀환한 "비일본인은 연합군 총사령관의 인가를 받은 경우를 제외하고 통상의 교통 기관을 이용할 수 있게 될 때까지 일본에 재입국하는 것을 허가하지 않는다"며 일본행을 금지했다. 미군정도 1946년 5월 4일 군정법령 72호를 통해 미군 점령지 안팎에서의 밀항을 금지했다. 이로써 허가 없이는 일본에 입국할 수 없게 되었다. 이런 엄중한 단속에도 불구하고 일본으로 건너가는 사람들은 갈수록 늘어났다.

"날마다 한국의 밀항자들을 붙잡고 있다"

1946년 7월 하순부터 한국과 일본 간 밀무역을 막기 위해 미 해군 7함대 구축함들이 조선 해안 경비대 대원들을 태우고 제주도와 목포, 여수 주변의 해역에서 정찰 활동을 시작했다. 밀항자들이 계속 늘어나자 하지 중장은 8월에는 조선 해상의 밀항 통상을 근절하기 위해 7함대에 명령하여 이를 철저히 단속하겠다고 밝혔다. 영연방군도 동해를 순찰하며 조선에서 건너오는 밀항자를 체포했다.

이런 단속에도 밀항선은 끊이지 않았다. 제주와 일본을 몰래 오가는 선박들이 속속 잡혔다. 1946년 8월 하순에는 제주도 연안에서 일본으로 밀항하려던 조선인 175명을 태운 선박 4척이 7함대 소속 구축함에 검거됐다. 같은 해 9월 3일에는 이정훈 소유의 제주환이 등록 서류 미소지 혐의로, 5일에는 30명이 탄 정복환이 일본에서 제주도로 들어오다 등록 서류 미소지 혐의로, 9일에는 일본에서 불법 화물을 싣고 제주도로 들어오던 북수환이, 11일에는 승객 2명과 소금과 비누 등 불법 화물을 싣고 제주도로 들어오던 혼장환이 잇따라 나포됐다.

밀항자들은 1인당 700~3,000원의 선임을 냈다. 1946년 8월 7일자 일본 『도쿄일일신문』(東京日日新聞)의 보도에 따르면, 한 달에 최소한 1만여 명의 조선인이 발동선이나 어선, 운송선 등을 이용해 일본 야마구치 현이나 시마네 현 등지로 밀항했다. 일본 경찰에 적발된 밀항자 수만 해도 1946년 4월 488명에서 5월 1,357명으로 늘고, 6월 들어 752명으로 주춤했다가 7월에는 6월의 10배나 되는 7,378명으로 급증했다.

같은 해 10월 30일자 신문 『제3특보』는 '적국으로 가는 1만여 명, 밀항하는 그들의 심정은?'이라는 제목으로 일본 사세보 29일발 AP통신 기사를 보도했다.

"사세보 점령당국이 일본 혼슈 및 규슈로 불법 입국한 조선인을 반환한 총수는 7천여 명에 달한다. 일본에 거주하기를 희망하는 조선인들은 합법적 입국을 할 수 없으므로 조선 남해안으로부터 동지나해를 경유하여 규슈 및 혼슈에 밀항하여 온 것인데 지난 6월부터 검거를 개시하여 혼슈 영군 점령지에서 체포된 것만도 8,205명에 달한다 한다. 그리고 규슈에서는 미 제24사단 지시 하에 일본 경찰에 체포된 것도 6,628명에 달한다고 한다."

밀항자는 1947년에도 속출했다. 1947년 9월 3일에는 세주환이 해상에서 선박 등록 서류를 소지하지 않았다가 미 해군 구축함에 나포됐는가 하면, 9월 9일에는 일본에서 목재를 싣고 제주도로 가던 제2북수환이 나포되었다. 제주와 일본을 오가는 선박의 밀수입은 계속 이어졌고, 미군정의 나포 역시 반복되었다.

1947년 초까지는 주로 생계를 위해 일본으로 밀항했다면, 그 이후는 죽음을 피해 바다를 건넜다. 돌아올 기약도 없었다. 제주 섬 사람들에게 일본은 낯선 땅이 아니었다. 일제 강점기 5만여명이 살던 곳이기도 하다.

이들의 일본행은 한국전쟁 이후에도 이어졌다. 반공 체제에서의 연좌제나 생활고 등으로 바다를 건넜다. 한일 기본 조약이 체결된 1965년까지 해마다 1천 명 이상이 검거되었다.

1948년, 1949년 제주 섬 사람들은 일본으로 가는 배에 올랐다. 무장대로 활동했던 한 여성은 1948년 7~8월 삼양 원당봉 부근에서 밀항선을 탔다. 그 배에는 다수의 밀항자가 타고 있었다. 재일동포 시인 김시종은 1949년 6월 제주 앞바다 무인도인 관탈섬에 피신했다가 아버지가 마련한 밀항선으로 일본 고베 스마 연안에 이르렀다.

연합군 사령부의 발표를 보면, 1948년 5월 20일까지의 일주일 동안 519명의 조선인이 불법으로 일본 입국을 시도하다 검거됐다. 검거되지 않고 일본에 들어간 밀항자는 얼마인지 추산할 수 없다. 같은 해 9월 5일에는 목포에서 일본으로 가려던 밀항선이 목포 해군 기지에 적발됐다. 배에는 밀항자 10여 명이 타고 있었다. 1949년 4월 1일 『자유신문』은 '민생고의 반영? 도일 밀항자 익일 증가'라는 제목의 기사에서 "그 무엇이 그리워서 몸서리나게도 지긋지긋한 일본을 이제 또다시 찾으리오마는 그러나 이 땅의 민생고를 반영하는 듯 도일 밀항자는 날로 늘어만 가고 있다"고 전했다. 이 기사를 보면, 한일 교환선(1,700톤)이 귀환 동포 891명을 싣고 3월 25일 오후 5시 30분 일본 사세보 항을 떠나 26일 오전 9시 10분 부산항에 입항했는데, 이들 가운데 187명만이 일반 귀환 동포이고 나머지 704명은 전부 밀항했다가 일본 현지에서 검거돼 송환된 사람들이었다.

제주 출신 재일동포들이 모여 사는 오사카 이쿠노 구에서는 제주도에서 초토화가 한창이던 1949년 1월 3일 재오사카 제주도 대정면 친목회 주최로 '인민 학살 반대 추도회'가 열렸다. 이를 시작으로 마을별 추도회가 곳곳에서 이어졌다. 그만큼 많은 제주 섬 사람들이 일본에 살고 있었다.

일본으로의 밀항 경로는 제주에서 직접 가거나 또는 부산에서 출발, 쓰시마를 거쳐 야마구치 현과 기타큐슈 사이의 뱃길을 이용하기도 했다. 1948년 10월 하순께부터 해상 경비가 강화되면서 밀항선들은 미나미큐슈 쪽으로 경로를 바꿨다. 초토화 시기와 맞물리면서 밀항자들이 급증했다.

당시 일본에 주둔한 영연방군의 1948년 10월 25일자 '에히메 현을 통한 불법 입국 통제' 보고서에는 "10월 들어 날마다 한국의 밀항자들이 붙잡혔고, 300여 명에 이르렀다"고 되어 있다. 이 시기 제주에서 일본 에히메 현으로 밀항하다 붙잡힌 사람은 5차례에 걸쳐 289명이나 됐다.

그러나 4·3을 피해 일본으로 건너간 제주 섬 사람들에 대한 구체적인 통계는 없다. 4·3이 끝나갈 무렵 당시 김용하 제주지사는 "4만여 명이 일본으로 갔다"고 했지만, 이를 뒷받침할 만한 자료는 없다. 연구자들에 따라서 4·3을 전후한 시기에 1만여 명 이상의 제주 섬 사람들이 대한해협을 건넌 것으로 추정한다.

"죽어도 돌아오지 말라", 종손을 향한 할머니 유언

일본 오사카에서 태어나 해방 뒤 고향 대정으로 돌아온 이창순은 16살에 4·3을 겪었다. 해방 전 일본에서 시코쿠와 오사카 간 운반선을 운항하던 아버지는 배가 난파되면서 행방불명됐다. 해방이 되자 고향의 할아버지와 할머니는 종손을 고향으로 불러들였다.

4·3이 시작될 때 그는 대정중학교 학생이었다. 훗날 제주도 인민유격대 사령관이 된 김달삼이 담임 선생이었다. 그에게 오래 배우지는 못했지만, 수업 시간에 "인간은 토지가 있어야 한다"거나 "인민은 토지의 주인공이다"라는 말이 기억에 남았다. 4·3으로 학교에 다닌 건 불과 5개월 남짓이었다. 전단지를 붙인 일로 그는 영원히 고향을 떠나야 했다. 누가 지시했는지, 신문지에 먹글로 쓴 전단지의 내용이 무엇인지도 떠오르지 않는다.

"그 일로 친구 3명이 잡혀가 경찰에 총살당했어요. 나도 열흘 정도 경찰에 구금돼 고문을 받았습니다. 어떻게 매수했는지 모르지만 할머니는 종손을 살리려고 밭을 팔았고, 그 돈으로 나만 석방됐습니다."

그는 친구들이 총살당하는 모습을 목격했다. 경찰은 마을 사람 모두 나오라고 하면서 나오지 않은 주민들에게는 "너도 빨갱이다. 총살하겠다"고 협박했다. 대정 이더리(이교동) 밭에서 있었던 일이다. 1949년 4월 정도로 기억한다. 그는 그때의 장면을 잊을 수 없다고 했다.

제주읍내 경찰서에서 운전을 하던 외삼촌이 만들어준 양민증과 할머니가 준 돈을 들고 그는 1949년 서울로 떠났다. 서울 노량진에서 제주 한경면 출신이 운영하는 하숙집에 살면서 양정중학교에 다녔다. 할머니가 돌아가셨지만 장례식에 가보지도 못했다. 종손임에도 불구하고 참석할 수 없었다. 두고 두고 한으로 남았다. 할머니의 유언은 더 사무쳤다.

"죽어도 절대 돌아오지 말아라."

얼마 지나지 않아 할머니 집을 사서 살던 형사가 찾아와서 아버지의 행방을 묻더니 다음 날 사무실로 찾아오라고 했다. 하숙집 주인은 빨리 부산으로 떠나야 한다고 했다. 사무실로 찾아가면 가만히 놔두지 않을 것이고, 제주로 다시 데려갈 것이라고 했다. 삼촌 둘은 이미 대정 송악산 앞에서 몰래 배를 타고 부산으로 빠져나간 뒤 일본으로 밀항했다. 그 역시 부산으로 내려간 뒤 어머니가 있는 일본으로 밀항했다. 한국전쟁이 일어나기 전이었다.

"어머니를 죽인 자들에게 머리 숙이고 싶지 않다", 일본에서 이름 바꿔 산 사연

재일동포 진태영의 본명은 원경연이다. 제주 구좌면 김녕리 출신이다. 농업학교 재학 시절 학생 활동을 하고, 입산했다가 경찰에 붙잡혔다. 같이 붙잡힌 10여 명은 한라산 중산간 지역에서 총살당했다. 그는 총이 격발되지 않은 그 틈에 우연히 모래 구덩이로 떨어져 살아남았다. 한동안 고모집에 숨어 지냈다. 그뒤로도 몇 차례 죽을 고비를 넘겼고, 끝내 부산을 거쳐 밀항선을 탔다.

일본에서 성을 바꿨고 아들의 이름 역시 진일동이라고 지어줬다. 진일동은 시간이 지나 원일동이 되었다. 아버지 원경연은 일본으로 건너간 뒤 단 한 번도 고향땅을 밟지 않은 채 1990년대 초 눈을 감았다.

"아버지는 평소 고향 김녕리와 4·3에 대한 이야기를 자주 들려줬어요. 아버지가 아파서 자주 병원에서 모셔다 드렸는데 그때마다 많은 대화를 했습니다."

제주 출신 재일동포들이 자식들에게 4·3 이야기를 거의 하지 않는 것과 달리 원경연은 4·3 가족사에 대한 이야기를 많이 들려줬다.

"제주경찰서 유치장에서 다른 수용소로 옮길 때 체포된 사람들이 10여 명 정도 됐다고 합니다. 이송 중에 잠시 쉬다가 경찰이 모두 다 서라고 하더니 총을 쐈다고 합니다. 아버지 차례가 왔는데, 격발이 되지 않았고 그 순간 아버지는 도망을 치셨대요. 도망 가는 길에 마침 언덕 같은 것이 나와 그 밑으로 떨어져 숨는 바람에 경찰에게 들키지 않고 살았다고 해요. 이틀 정도 지나서 아버지는 당신의 고모집으로 몰래 들어가 고팡(집안의 작은 창고)에 숨어서 1~2년 정도 지냈어요. 할머니는 처형을 당하셨고요. 아버지는 그곳에서 날마다 일기를 썼다고 합니다. 자신이 4·3과 어떤 관련이 있는지, 어떻게 살아왔는지를 공책에 다 썼대요. 그러다가 누군가의 밀고로 다시 잡혀들어가게 됐는데, 재판관이 살렸다고 합니다. 재판관이 아버지의 일기를 다 읽더니, '이 자는 죽여서는 안 된다. 어떻게든 살려야 한다'고 했대요. 집이 꽤 부자였는데 밭들을 팔아서 어떻게든지 빠져나갈 수 있도록 했다고 해요. 고모가 뒤에서 돈을 쓰고 빼냈다고요."

원경연은 3대 독자였다. 총살을 당할 거라는 소식을 들은 고모들이 3대 독자 목숨만은 살려야 한다며 돈을 모아 빼낸 것이다. 1949년 1월경 산에서 같이 생활하던 그의 어머니는 토벌대가 들이닥치자 원경연을 살리려고 토벌대를 막아섰다. 원경연은 도망쳤지만 그의 어머니는 토벌대에 끌려가 갖은 고문 끝에 처형당했다. 어머니의 죽음은 평생 원경연의 가슴에 한으로 남았다.

제주에서 더는 안전한 곳이 없었다. 제주 섬 사람들이 모여 사는 부산으로 빠져나왔다. 한국전쟁이 한창이던 1951년 일본으로 가는 밀항선을 탔다. 쓰시마를 거쳐 규슈의 하카다로 들어갔다. 그게 끝이 아니었다. 오사카에서 일본 경찰에 체포당해 오무라 수용소로 보내졌다. 한국으로 송환되면 어떻게 될지 모르는 상황이었다. 김녕리 출신 재일동포들이 나섰다. 재일동포 사회에서도 김녕 사람들은 '김녕 모다치기'라고 할 정도로 끈끈했고, 단결이 잘됐다. 원동일은 당시 이야기를 이렇게 전한다.

> "오무라 수용소에 잡혀 있을 때 고향 사람들이 아버지가 한국으로 송환되면 처형될 것이라며 구명 운동을 빌었어요. 일본 사회에서도 먹고 살기 어려웠을 때인데도 당시 일본 돈 80만 엔을 모아 '진태영'이라는 이름으로 외국인등록증을 만들어 아버지를 구했습니다. 그때 제주도로 가셨으면 아버지는 돌아가셨을 겁니다."

그때부터 원경연은 진태영이 됐다. 눈을 감을 때까지 그 이름으로 살았다. 4·3이 일어나기 전 18살 나이에 제주에서 밀항한 아내와 가정을 꾸려 아들을 낳았다. 진태영의 아들 '진일동'이었다. 진일동이 원일동이 된 건 원경연이 세상을 떠난 뒤였다.

> "아버지 돌아가신 다음에 내 자식들까지 '원 상'이 아닌 '진 상'이 되면 어쩌나 하는 생각이 들어 모두 개명을 했습니다."

아버지 원경연은 4·3에 대해 이렇게 얘기했다.

> "단독 선거를 치르면 우리나라가 분단될 것 아니냐. 그때 청년들이 고문 치사당했다. 제주 사람들을 억압하니까 그에

대해 반발한 것 아니냐. 우리들은 빨갱이가 아니다. 민족으로
서 당연히 반대해야 할 일이었다."

아버지는 일본에서도 할머니 제사를 거른 적이 없었다. 언
젠가 규슈에서 도쿄로 올라가는 열차 안에서였다. 마침 할머니의
기일이었다. 아버지는 열차 바닥에 일본 술 한 병과 주먹밥을 사
서 펼치고 담배 한 가치와 생코(線香)를 피워 제사를 지냈다. 도쿄
에서도 집이 없어 여관에서 살 때도 3살 아래 고모와 고모부 등이
와서 고향 김녕에서 하던 식으로 함께 제사를 지내기도 했다. 아
버지는 당신의 어머니에 대한 애틋함과 미안함을 평생 가슴에 담
았다. 어머니 이야기를 할 때마다 원일동 앞에서 눈물을 내비쳤다.
아버지가 타계하자 아들이 아버지의 방식을 그대로 이어받았다.

원일동은 "마음속에 제주 사람이라는 의식이 있는 것 같
다"고 했다. 40살이 넘을 때까지 제주에 가본 적이 없지만, 아버지
의 고향 제주에 대한 자부심을 갖고 있다. 어릴 때부터 김녕 출신
들로 구성된 친목회에 다니고, 제주 사람들 사이에서 자랐기 때
문이다. 그가 살던 도쿄 아라카와 구 미카와시마에는 제주 사람
들이 모여 살았다. 그곳에서 초중학교를 나온 그는 학교 다닐 때
90퍼센트 이상이 제주 사람들이었다고 했다. 학교에서나 집에서
나 친구와 가족끼리는 말도, 음식도 제주도의 것이었다. 자연스
럽게 제주도 사람으로 체화됐다. 아버지는 고향을 그리워하면서
도 평생 가지 않았다. 일본에 온 고향 친구들이 다녀갈 때도 되지
않았느냐 권유하면 가고 싶지만 갈 수 없다고 했다.

"어머니를 죽인 자들에게 어떻게 머리를 숙이나? 머리를

숙이고 싶지 않다. 통일이 되면 가겠다."

원경연의 꿈은 끝내 이루어지지 않았다.

"기억이 너무 생생해서, 잊은 적이 없습니다",
지금도 분노하는 재일동포

1950년경 김영익은 제주읍내로 향하는 차를 탔다. 지팡이를 짚은 채 아픈 몸을 끌고 나와 아들이 탄 차가 시야에서 사라질 때까지 지켜보고 서 있는 아버지의 눈길을 뒤로 한 채였다. 그게 마지막이었다. 아버지와 아들은 더는 만나지 못했다. 1953년 2월 일본으로 밀항한 그는 고향에서 4·3의 비참한 모습을 고스란히 목격했다. 1947년 그의 선배들은 200~300명이 모인 김녕국민학교에서 3·1절 기념행사를 연 뒤 행진하고, 전단지를 뿌렸다. 그러자 서청이 들이닥쳐 학생들을 마구 짓밟았다.

"중학교 1학년(1948년) 올라갔을 때 4·3사건(무장봉기)이 났습니다. 사건이 나고 얼마 지나지 않아 1년 선배가 죽었습니다. 그때 우리는 학교 교사가 없어서 공회당에서 공부를 하고 있었어요. 그 옆이 보리밭인데 바로 지서 앞이었습니다. 경찰이 끌고 가 지서 앞에서 총살했습니다."

1948년 5월 18일, 그가 김녕중학교 1학년 때 1년 선배의 총살 장면을 목격했다.

"내 아들을 돌려달라!"

선배의 아버지는 외아들이 그렇게 죽자 매일 지서 앞에 가서 항의하며 울부짖었고, 경찰은 그때마다 폭행을 가했다. 선배의 부모는 도피자 가족으로 몰려 1949년 1월 17일 김녕리 공회당에 연행되어 총살당했다.

더는 제주에 미련이 없었다. 마침 제주읍에서 함께 하숙하던 이로부터 일본에 형님과 누님이 있으니 가는 게 좋지 않겠느냐는 말을 들었다. 그도 언제 잡혀서 죽을지 모르는 이곳을 떠나고 싶었다. 여기보다는 일본의 대학에 가는 게 좋겠다고 생각했다. 그렇게 일본으로의 밀항을 결심하고 1952년 말 부산으로 갔다. 부산의 친척집에 잠시 머무르며 밀항업자를 찾았다. 하지만 밀항자들을 태우고 일본으로 떠난다던 버스는 항구가 아닌 부산 동래경찰서 마당으로 향했다. 밀항업자와 경찰이 함께 사전에 모의한 일이었다. 그는 그곳에서 일주일 동안 조사를 받았고, 경찰서에서 풀려나와 얼마 뒤 해운대에서 일본으로 향하는 배를 탔다. 쓰시마의 산속에 있던 동포의 집에서 열흘 정도 머문 뒤 겨우 규슈 하카다 항을 통해 본토로 들어갈 수 있었다. 이후 그는 일본 도쿄에서 대학을 다녔다. 붙잡히더라도 체류할 수 있어서 2개 학부를 졸업하고, 대학원도 잠시 다녔다. 1960년 미·일 안전보장조약 개정 추진으로 일본에서 전국적으로 학생들이 시위할 때 함께 참여했다. 낯선 이국 땅에 오래 살면서도 그는 그때 눈앞에서 총살당한 선배도, 아들을 내놓으라며 울부짖던 선배 아버지의 모습도 잊을 수 없었다.

"잊은 적이 없어요. 기억이 너무 생생하니까. 눈앞에서 벌어진 사건이니까. 어떻게 동족을 개, 돼지처럼 죽일 수 있습니까?"

그는 4·3의 정신을 동족끼리 대립하지 말고 손을 잡아야 하는 데서 찾는다.

"4·3은 우리 민족의 비극이라는 것을 잊으면 안 됩니다. 미래를 내다보며 동족끼리 화목하게 손잡고 나가야 해요. 민족 대립은 철저히 배제하고 협상과 대화를 통해 풀어야 합니다. 서로의 생각은 다르지만 대립하지 말고 공존해야 합니다. 남북이 손잡고 통일해야 하지만, 폭력은 배제해야 합니다. 그게 4·3의 정신이자 교훈입니다."

애증이 사무친 고향땅을 다시 밟은 것은 한국을 떠난 지 60여 년이 지난 뒤였다.

일본으로, 육지로, 북으로 제주를 떠난 사람들은 낯선 땅에서 힘겹게 뿌리를 내리고 새로운 터전을 일궜다. 그들은 다시 제주로 돌아오지 않았다. 그러나 떠난 사람들의 기억 속에는 늘 '고향 제주'가 자리잡고 있다. 4·3 디아스포라는 현재진행형이다.

6

양과자 반대 운동

제주도 미군정과의
최초 대립

달콤한 양과자의 유혹

"기브 미 초코렛토!"

땟국물 흐르는 옷차림의 까까머리 아이들이 미군들이 타고 가는 트럭을 따라 떼로 달려가며 손을 내밀면서 외친다. 한국전쟁을 배경으로 하는 영화나 드라마에서 볼 수 있는 장면이다. 미군이 초콜릿 몇 개를 땅바닥으로 던져 주면 아이들은 우르르 몰려들어 쟁탈전을 벌인다. 한 번 초콜릿의 달콤함을 맛본 아이들은 미군을 볼 때마다 점점 더 몰려든다.

왕방울만큼 큰 사탕, 일명 '눈깔사탕'도 인기가 많았다. 동그랗고 하얀 바탕에 노란색, 분홍색, 검은색 등 오색 줄무늬가 화려하다. 너무 커서 친구들과 쪼개서 나눠먹기도 했다. 사탕을 입에 넣어 불룩해진 한쪽 볼을 친구들이 부러워하던 시절이 있었다. 드롭프스도 빠질 수 없다. 김밥처럼 종이에 돌돌 말아진 드롭프스는 눈깔사탕보다는 조금 고급이었다. 크기도 적당해 한 개씩 꺼내 입에 물고 다니기도 편했다. 이렇게 어린이들의 입과 눈을 즐겁게 해주던 양과자, 즉 '서양 과자'는 해방 조선의 사회 문제로 크게 비화된 역사가 있다.

"요즘 거리마다 가게마다 서양 과자의 홍수를 이루어 어린이들의 비위를 돋우는 동시 가난한 우리들의 주머니를 말리고 있다. 오래 전쟁이 계속되는 동안 이 땅의 어린이들은 양과자는커녕 1전짜리 호떡도 잘 얻어먹지 못하던 나머지 오색이 영롱하고 달고 향기로운 양과자야말로 그들의 총애를 받는 것이 당연할 것이며 부모로서 천진난만한 귀여운 어린이들의 소원을 거절하기도 사실 어려울 것이다. 그러나 이 달고 향기로운 과자가 우리 땅에서 나는 원료를 가지고 우리 손으로 만든 것이라면 어린이 소원을 마음껏 들어주어도 무방하겠지만 이것이 멀리 태평양을 건너온 문자 그대로 '서양 과자'로서 이것을 소비하는 데 따라 국가적으로서 부채가 된다는 것을 잊어서는 안 된다."

대구에서 발행하는 『영남일보』는 1947년 1월 12일 '먹어서 될까? 달콤한 양과자'라는 기사를 통해 양과자 반대 이유를 이렇게 설명하고 있다. 이 신문은 이어 일제 강점기 일본인들이 조선에 사탕을 들여온 기원을 거론하면서 조선을 착취하기 위해 어린이들을 이용했다고 분노했다.

"과거 왜놈들이 처음으로 가져온 '눈깔사탕'을 먹을 때를 기억해보자! 그때에도 철없는 어린이들은 그 눈깔사탕을 가져다주던 일본 사람이 감사하게 생각되었던 것이다. 그러나 그렇게 달던 눈깔사탕은 왜놈들이 조선을 착취하는 데 어린이를 이용하기 위해서 마치 낚시에 미끼를 붙여 고기를 낚는 거와 같은 수단으로 조선에 보냈던 것이다."

조선 착취의 미끼, 눈깔사탕

일제 강점기 일본의 제과 회사들이 만든 캐러멜, 비스킷, 건빵 같은 양과자 등이 조선 땅에 속속 들어왔다. 인기가 올라가고, 한 푼 두 푼으로 사서 먹는 달콤함이 점점 커지면서 급기야 조선 경제를 야금야금 갉아먹기에 이르렀다. 한글학자 최현배는 「조선민족 갱생의 도」에서 이렇게 말한 바 있다.

> "우리 조선 동포의 상점은 갈수록 쇠미영락함에 반하여 외
> 국인의 상점은 나날이 번창하며, 발전하여 작년에는 이웃 아
> 이들의 푼돈 낚던 눈깔사탕, 왜떡 장수가 금년에 잡화소매상
> 이 되고, 명년에는 고금리 대금업 겸 잡화 중상이 되고, 우(又)
> 명년에는 그 지방에서 패권을 잡는 대상이 되고 만다. 이는 우
> 리가 삼천리 각 군(郡) 각 부(府)에서 실견(實見)하는 사례이다."
> _『동아일보』, 1926. 12. 14.

1920년대 중반 일본에서 들어온 눈깔사탕과 떡이 조선에서 날개 돋친 듯 팔려 잡화소매상이 급속하게 거상으로 성장해 지방의 경제권을 좌우하기에 이르렀으며, 이러한 장면을 전국에서 볼 수 있다는 것이다. 일본 기업들은 식민지 조선에 진출하면서 경제적 예속을 심화시켰다. 사탕 역시 그 가운데 하나였기 때문에 이를 배척하는 분위기가 사회적으로 퍼져나가기 시작했다. 의열단원 홍가륵이 치안유지법 위반 사건으로 1934년 12월 18일 경성지방법원 검사국에서 받은 조사 내용에도 눈깔사탕이 나온다. 그는 배재고등보통학교 동창생 정삼현과의 대화에서 이렇게 말했다.

> "조선 민중의 8할이 농민이고, 그 농민의 8할이 소작농인
> 데 그들의 하루 생계비는 평균 3전이다. 한끼의 밥이 겨우 눈

깔사탕 1개 값인 꼴로 비참한 생활을 한다. 소·만 국경의 풍운은 더욱 더 험악하며, 언제 일본·소련 간의 국교 단절로 제2차 세계대전이 터질지 장담할 수 없는 어려운 정세에 있고, 차제에 만의 하나, 일·소가 개전한다면 비참한 조선 동포의 생활은 한층 더 심각하게 될 것이다. 이 기회를 놓치지 말고, 우리들 조선 청년은 일제히 궐기하여 혁명 전선에 나서야 한다."

드롭프스 대신 쌀을 달라!

조선을 좀먹는 눈깔사탕의 쓰라린 경험을 기억하는 이들의 눈에는 미국에서 들어오는 사탕도 해방 조선의 경제를 예속화하는 것이었다. 이들은 해방된 지 얼마 안 된 조선의 경제 상황에서 당장 급하게 필요하지 않은 기호식품의 수입이 국가적 부채로 직결된다고 인식했다. 국가 건설에 필요한 자재가 아닌 서양 과자의 수입은 경제가 빈약한 해방 조선의 경제를 예속시키고, 미국의 상품 시장화를 촉진한다는 것이었다.

1945년 12월 22일 『동아일보』 기사에 따르면, 경기도 재무부가 1945년 8월 15일과 11월 말 서울 시내 주요 도매 물가 지수를 조사한 결과, 평균 가격 지수는 다음과 같이 변화했다.

품목	8월 15일 물가 지수	11월 말 물가 지수	비고
백미	32.70	910	27.8배 상승
현미	48.35	900	18.6배 상승
사탕	47.78	6,000	125.5배 폭등

미국의 캔디와 드롭프스 등을 비롯한 일명 서양 과자는 1946

년 하반기부터 본격적으로 들어오기 시작했다. 이 해 9월 16일 미군 정 공보부는 "상무부는 긴급 물자 배급 계획에 의하여 미국 고급 캔 디(밀화사탕) 900만 파운드를 수입하여 남조선 국민에게 배급하기 위하여 보건후생부와 중앙식량행정처에 배당하였다. 조선인은 이 기회에 전쟁 중에 얻어볼 수도 없던 자양분 있는 캔디를 맛볼 수 있 게 되었다"고 발표했다. 서울의 거리에는 사탕이 넘쳐났다.

> "요즘 서울 거리에는 10원에 4알 혹은 5알씩 주는 미국 밀
> 화사탕(캔디, 드로프스) 장사꾼이 부쩍 늘었다. 소위 자양분이
> 많다고 입에 침이 마르도록 찬양하는 미국 사탕은 결국 사탕
> 이외에 아무것도 아닌데 도대체 이것은 얼마나 들어왔기에 이
> 와 같이 거리에 범람하고 있을까." _『자유신문』, 1947. 1. 10.

밥도 먹지 못하는 마당에 양과자가 무슨 필요가 있느냐는 질책도 나왔다.

> "밀화사탕으로 영양을 취하는 것보다 흰쌀로 영양을 취하
> 는 것이 낫고, 그렇지 못하면 보리, 보리도 아니면 하다 못해
> 왕옥수수라도 배를 불리고 영양을 취하는 것이 낫다" _『자유신
> 문』, 1946. 9. 17.

황해도 연백군의 비료 담당자는 사탕 대신 농사에 사용할 비료를 달라며 이렇게 말했다.

> "올봄 맥류 추비로 미국산 비료(초산 암모니아) 3천 섬이

연안역에 도착했다. 건국 기반인 농산물 증수에 절대 필요한 것으로 농민들은 대환영한다. 그러나 녹아 없어지는 드롭프스 과자는 본래 당분을 좋아하는 일본놈에게로 돌려 우리에게는 비료를 주기를 희망한다."

강화군에서는 '긴급 물자'라며 미국에서 들어온 쌀 공출 촉진용 사탕 배급을 거부하기도 했다.

"우리가 식량을 사먹기도 힘든 이때 막대한 돈을 내고 눈깔사탕을 사먹을 수는 없다."

미군정의 양과자 수입 비용, 백미 10만 5천 석

1947년 1월이 되자 양과자 문제는 사회 문제로 비화됐다. 언론들은 너 나 할 것 없이 미군정의 사탕 수입에 반대했다. 서울의 단체들은 사탕보다는 쌀을 달라고 요구했다. 좌·우익 할 것 없이 양과자 수입 정책에 반대하고 나섰다.

"양과자 먹지 말자! 국제적 제약 밑에 있는 조선이 독립되기 전에 경제적으로 파멸되어가는 것을 우리는 우려하고 경계하지 않으면 안 된다. 38년 간 신개화와 함께 들어온 눈깔사탕을 먹다가 망해버린 경험을 상기하라. (중략) 우리는 나날이 파멸되어 가고 있는 우리의 경제를 재건하기 위하여 그 원인을 탐구하고 각성하고 결심하자! 새로이 강렬한 국산장려운동을 일으켜야 할 것이다. 우리는 국산장려운동에 있어서 서로

서로 감시하고 경계하고 결행하자." _독촉국민회, 1947. 1. 7.

우익 독촉국민회는 양과자 수입이 경제적 파멸을 가져온다며, 조선의 경제를 재건하기 위해 국산장려운동을 일으켜야 한다고 주장했다. 좌익 민전도 '미군정의 양과자 정책에 대하여'라는 제목의 담화를 냈다.

"우리는 현재 남조선에서 식민지화 정책을 반대하여온 지 오래다. '식민지 정책'이라는 것은 결코 별다른 것이 아니라 정치적으로나 경제적으로나 약소 민족을 어떠한 외국 독점자본에 예속시키는 것이니 경제적 독립없이 정치적 독립이 있을 수 없다는 것은 근대사가 증명하는 사실이다. 미군정은 언필칭 미국은 조선의 독립국가 달성을 원조하며 식민지화 정책을 부인한다면서 사실에 있어서는 조선을 상품시장화하려는 정책을 쓰고 있지 않은가. 2억 원이라는 거액의 양과자 수입은 사실로서 이것을 증명하는 것이니 양과자는 달콤한 것이나 우리 민족의 영양과 독립에는 하등의 관계는 없는 것이다.(하략)" _민전, 1947. 1. 11.

미군정 공보부가 1947년 1월 8일 발표한 내용을 보면, 미국에서 수입한 과자는 900만 파운드(4,082톤)로 1파운드(0.45킬로그램)에 20원이었다. 1억 8천만 원에 달하는 금액이다. 그때 물가를 생각하면 어마어마한 숫자다. 이에 언론은 "건설에 필요한 기계라든지 생산 원료를 구입한다면 1억 아니라 100억이라도 무방하겠지만 먹지 않아도 될 과자값이 1억 8천만원이라는 것은 놀라지 않을 수 없다"고 비판했다. 일부 지역에서는 캔디보다 더 급한 필수 물자를 달라고 배급을 거부하기도 했다.

언론은 이를 쌀값으로 환산할 경우 백미 한 섬에 공정가격 1,700원으로 계산하면 10만 5,882석에 해당하고, 이를 하루에 2합 5작(1인당 하루 배급량, 약 450밀리리터)씩 계산하면 4,235만 2,800명의 하루 식량이라고 했다. 이는 남·북 조선 총인구가 거의 하루 반 동안 먹을 수 있는 양이라고도 했다. 또 고무신 값으로 바꾸면 한 켤레에 공정가격 35원씩으로 쳐도 모두 514만 2,857켤레이며, 장작 값에 비하면 현재 한 평(3.3제곱미터 면적에 있는 장작) 공정가격 650원을 적용할 때 27만 6,923평을 살 수 있다고 했다. 경작을 위한 논은 한 평에 40원씩 계산할 경우에는 450만 평, 2만 2,500말지기의 논이 양과자 값으로 들어가는 셈이라고 비판했다. 또한 당시 평균 1,800원 남짓이던 군정청 관리의 월급으로 치면 10만 명의 한 달 월급이라고도 했다. 언론은 "말할 수 없는 위기에 빠져 있는 우리 경제로서 이러한 거액을 양과자 값으로 소비하는 것은 단벌옷을 팔아서 술을 마시는 것과 조금도 다른 것이 없는 것"이라며 긴급하지 않은 사탕 등의 대량 수입을 비판했다.

그러나 1947년 1월 미군정 공보부는 900만 파운드의 칼로리는 쌀 1만 7,422석에 해당한다고 홍보했다. 그런 뒤 같은 해 7월 10일부터 27일까지 서울시민들에게 초콜릿과 양과자가 모두 합해 2만 3,426상자가 배급됐다. 이는 약 2,951만 580원어치로 약 3천만 원에 이르는 돈이 초콜릿과 양과자 소비에 들어간 것이다. 한 신문은 이런 의문을 제기했다.

"서울시민들은 해방 이전에는 별로 안 먹던 캔디, 통조림 등 다수히 먹어왔는데 이제 또다시 초코렛과 양과자를 3천만 원어치나 먹어버렸다. 즉 지난 7월 10일부터 동 27일까지 서울 시내에 배급된 초코렛과 양과자는 모두 2만 3,426상자로, 이것을 돈으로 환산하면 2,951만 580원(이중 95만 9,482원 50전은 미배급)으로 약 3천만 원이란 놀랄 만한 숫자에 달한다. 이 돈은 어디로 가며 거기서 남는 이익은 누가 차지하는 것일까? 당국에서는 물자영단에 거치되었다가 정부 수립 후에 결재된다고 말하고 있다." _『자유신문』, 1947. 7. 4

학생들이 직접 나선 제주 양과자 반대 운동

제주도의 상황도 다른 지역과 다르지 않았다. 전국적으로 양과자 먹지 말자는 운동이 벌어지는 가운데 제주에서는 직접 학생들이 나섰다.

"해방 당시 제주 섬 사람들이 얼마나 굶주렸습니까? 제주도에 먹을 양식이 없었습니다. 미군정이 식량을 줘야 살아갈 텐데 양과자를 배급하는 겁니다. 그래서 초코레토를 주지 말고 양식을 배급하라고 호소한 거지요."

1947년 2월의 일이다. 학생들을 중심으로 일어난 양과자 반대 운동은 식량 문제와 결부되면서 도민들의 호응 속에 제주도 전역으로 퍼졌다. 당시 제주도에서 일어난 양과자 반대 운동의 주역 가운데 한 명인 현정선은 농업학교 2학년 학생이었다. 현정선의 나이 20살 때였다. 현정선은 학교 학생 대표로 나서 제주도를 돌아다니며 양과자를 먹지 말자고 외쳤다.

　　"일제 시대 때 농업학교 학생들은 농촌에 공출 감시 요원으로 나가 부모 형제들이 피땀 흘려 생산한 곡식을 공출하는 것을 지켜봤습니다. 나도 화북에서 그런 일을 한 적이 있어요. 식량을 빼앗긴 도민들은 굶주리는데도 공출로 빼앗기는 거예요. 그런 경험 때문에 해방 뒤 식량이 아니라 미국의 양과자가 들어오자 적극적으로 반대 운동에 참여하게 됐습니다."

　　미곡 공출을 장려하기 위해 들어온 양과자였다. 일제 강점기 말 공출에의 강렬한 반감이 이어졌다.

　　"해방 뒤에 식량 사정이 어려워 먹을 양식이 없는데 왜 초코레토를 먹어야 하느냐. 우리가 살기 위해서는 식량을 줘야 한다. 우리도 '기브 미 초코레토'를 하지 말자. 양식을 배급하라고 하자. 이런 생각이 많았습니다."

　　청년학생들의 조직적인 양과자 반대 운동은 제주도 군정 중대와 최초의 직접적 대립이었다. 청년학생들은 20여 일 뒤 열린 3·1절 기념대회에서 선두에 섰다. 현정선은 양과자 반대 운동이 다른 단체나 조직과 연계되지 않은 학생들의 자발적인 참여로 진행됐다고 강조했다.

　　"도라꾸(트럭)에 학생 대표 10여 명이 탔어요. 제주중학, 오현중학 대표도 있었고, 나는 농업학교 대표로 참가했습니다.

도라구에 타고 보니까 다른 학교 학생들이 타고 있는 거예요. 도내 마을을 돌아다니면서 차를 세우고 연설했습니다. 양과자를 먹지 말자, 먹을 것을 달라고 했어요."

학생들은 마이크 대신 종이를 둘둘 말아 마이크 대용으로 손에 잡고 양과자를 먹지 말자고 외쳤다. 현정선은 교사 고칠종으로부터 양과자 반대 운동을 제안받았다고 말했다.

"선생님은 학생들로부터 매우 존경을 받는 분이었어요. 선생님이 '양과자 반대 운동을 해야 한다', '우리는 거지가 아니다'라는 말을 했고, 우리도 그렇게 생각했지요."

양과자 반대 운동은 다른 지역에서도 일어났다. 대구에서는 교사와 학생들이 합의하여 양과자 배급 반대 결의를 하기도 했다.

"대구사범부속중학 전교생이 단연코 양과자는 먹어서 안 된다고 결의하여 일반 학도층은 물론 전 국민에게 양과자 반대 운동의 깃발을 들게 되었다. 즉 사대부속중학에서는 동기(冬期) 방학 중 도 학무국으로부터 양과자 배급 할당 통지가 오자 학교 당국에서 현품을 구입하여 생도들이 등교하기를 기다려 분배하기로 되었던 바 1일 오후 2시부터 교우회(선생과 생도)를 열어서 양과자 문제를 토의한 결과 거의 이구동성으로 우리는 양과자를 먹을 수 없다고 부르짖어 결국 도 학무당국으로 반환하기로 결의하였다."_『영남일보』, 1947. 2. 3.

이러한 양과자 반대 운동은 제주도에서 특히 조직적으로 일어났고, 이는 미군정 반대 시위로 이어졌다.

제주 청년학생들의 시위와 미군정의 해산

1947년 2월 10일 오후, 제주도 중등학교연맹 소속 중등학생들이 제주도 미군정 청사가 있는 제주읍 관덕정 광장에 모였다. 제주읍내 학생들이 대부분 참가해 광장에 모인 학생 수는 1천여 명에 이르렀다.

"조선의 식민지화는 양과자로부터 막자."

청년학생들의 구호가 관덕정 광장을 울렸다. 이날의 시위에 대해 신문은 '양과자 절대 배격! 1천여 학도 궐기 일대 시위'라는 제목으로 이렇게 보도했다.

"방금 노변에 혹은 점포 앞에 일석(一昔, 하룻밤)을 회고케 하는 때아닌 양과자가 가경(叮驚)할 고가로 번매(繁賣)되어 항간에 널어져가는 현상에 감(鑑)하여 도내 중등학교연맹에서는 10일 '조선의 식민지화는 양과자로부터 막자'라는 슬로건을 내걸어 동원된 제농, 오중, 제중, 교양 등 무려 천수백 명이 관덕정 광장에 집회 하에 양과자 수입을 절대 반대하자라는 아우성 천지를 울리게 외치며 일대 시위 행렬을 전개하였다."_『제주신보』, 1947. 2. 10.

미 59군정중대가 1945년 11월 제주도에 들어온 뒤 처음으로 대규모 시위에 맞닥뜨렸다. 양과자 반대는 곧 미군정 정책에 대한 반대였고, 이로써 청년학생들과 미군정은 긴장 관계에 접어들었다. 특히 이 시위가 미군정 청사 앞에서 일어났다는 점에 미군정은 긴장했다. 시위대에 맞서 미군은 지프에 기관총을 장착하고 만일의 사태에 대비했다. 일촉즉발의 상태였다. 미군은 이날의 시위를 서울의 주한미군사령부에 이렇게 보고했다.

"1947년 2월 10일 오후 1시 59군정중대 본부 앞 광장에서 시위가 벌어졌다. 시위자들이 비행장 잔디에 불을 질렀으나 건물이 피해를 입기 전에 진화됐다. 군정은 아무도 체포하지 않았다."_6사단 정보 보고서, 1947. 2. 15.

"1947년 2월 10일 오후 1시 350여 명의 학생이 제주읍에서 미군정에 반대해 시위를 벌였다. 군정중대는 시위를 해산시키고 학생들을 제주(읍내)에서 내쫓았다. 나중에 학생들은 불을 붙였으나 별 피해 없이 진화됐다."_주한미군사령부 주간정보요약, 1947. 2. 16.

학생들은 군정중대에 대항해 직접 시위를 벌였고, 군정중대는 시위를 해산시켰다. 미군정이 시위 학생들을 해산시키는 과정에서 물리력을 동원했는지는 알려지지 않았다. 현정선은 미군정 청사 앞에서 시위를 벌일 때 시위대의 선두에 섰다. 미군이 지프에 기관총을 설치해 위협하는 것을 목격한 학생들은 기관총을 쏠까봐 더는 나가지 못했다고 했다.

양과자 반대 운동이 일어나기 전 해인 1946년 하반기에는 농업학교 학생들이 '일제 잔재 교육'과 '파쇼 교육'에 반대하며 동맹휴업을 전개했다. 일제 잔재가 남아 후배들을 폭행하고, 교사들이 학생들을 구타하는 일이 자주 발생하자 이에 반대해서 일으켰다.

"일제 때부터의 나쁜 관습이 그대로 이어져 폭력 교사도 있었고, 선배들이 후배들을 많이 구타했어요. 일본어로 '뎃켄세신'(てっけんせいしん)이라고 하죠. '철권정신'이라며 후배들을 죽게 두드려 패는 겁니다. 우리와 바로 위 1년 선배 사이가 좀 나빴어요. 그래서 사라봉에서 모여서 동맹휴업에 들어가기로 결정했습니다. 우리는 그것을 이른바 '사라봉 회의'라고 했습니다."

이 동맹휴업은 학부모들이 나서 중재한 뒤에야 해결됐다.

양과자 반대 운동에 나선 그, 죽음을 피해 일본으로

현정선은 해방되던 1945년, 농업학교 1학년생이었다. 해방을 맞은 농업학교 학생들에게 미군은 '해방군'이었다. 제주도 주둔 일본군의 항복과 무장 해제를 위해 미군이 처음으로 제주도에 상륙한 것은 해방된 지 45일 만인 1945년 9월 28일이었다.

이날 농업학교에서는 전승군 미 24군단과 패전군 일본군 58군 사령부의 항복 조인식이 있었다. 미군 항복 접수팀이 온다는 소식에 현정선과 동료들은 "해방군이 온다며 성조기를 만들어 환영하러 관덕정 쪽으로 나갔지만 미군들이 의도적으로 다른 길로 가버렸다"고 떠올렸다.

"미군을 해방군으로 봤는데 시간이 흐르면서 '이상하다. 우리를 해방해준다고 했는데 그런 움직임이 없지 않은가' 하는 생각이 들면서 차차 대립하게 됐다."

현정선의 기억에 인민위원회는 도민들의 신망을 받았다.

"항일 운동을 하는 것은 매우 어려운 일이었습니다. 안세훈 선생처럼 그런 존경하는 분들이 활동했기 때문에 나쁜 일을 할 리가 없다고 생각했던 것이지요."

안세훈은 남로당 제주도당 위원장 출신으로, 일제 강점기 간도에서 활동했으며, 고향인 조천(신좌)에서는 신좌소비조합 운동으로 옥고를 치른 인물이다.

1947년 3·1절 기념대회에서는 현정선도 다른 농업학교 학생들과 함께 선두에 섰다. 4학년들은 진학한다고 해서 참가하지 않았고 1~3학년 학생 100여 명이 참가했다. 현정선은 민전이나 민청, 남로당의 지시에 따라 기념대회에 참가한 것이 아니라 학생 그룹이 자발적으로 참여했다고 말했다.

"학교 기숙사에서 생활하는 학생들이 학생 운동의 주도적인 역할을 했어요. 내가 학교에 있을 때만 해도 남로당은 학교에 들어오지 않았습니다. 나는 조직에 가입해본 적이 없습니다."

거리 행진이 끝나고 서문통 쪽 조일구락부 부근에서 해산했다. 그곳에서 총소리를 들었다. 총소리가 나자 학생들과 함께 현장으로 달려갔지만, 경찰이 막아서자 학생들과 함께 기숙사로 향했다. 3월 14일 경무부장 조병옥이 제주도의 3·10민·관 총파업을 저지하기 위해 입도했다. 현정선은 제주북교에서 조병옥의 연설을 들었다. 조병옥은 운동장에 모인 사람들에게 이렇게 말했다.

"비행기에서 제주도에 가솔린을 뿌려서라도 태우라!"

현정선은 3·1사건에 대한 항의로 전개된 3·10민·관 총파업 관련 전단지를 길거리에 붙이다 친구와 함께 국방경비대원에게 붙잡혔다. 농업학교 학생 6명이 각자 구역을 맡아 전단지를 붙였는데, 그는 학교에서 가까운 도립병원 쪽을 맡았다. 전단지는 3·1사건에 따른 경찰 책임자 처벌을 촉구하는 내용이었다고 기억한다. 전단지를 붙인 뒤 돌아서자 경비대원 2명이 서 있었다. "너 어디 사느냐?"고 묻자 "농업학교 기숙사에 산다"고 대답했다. 경비대원들은 "그럼 같이 가자"며 그를 데리고 길을 나섰다. 경찰과 경비대에 잡힌 건 이번이 두 번째였다. 처음에 잡힌 건 양과자 반대 운동에 참여했을 때였다. 20여 일 동안 경찰서 유치장에 갇혀 각종 고문을 당했다. 경찰은 현정선에게 구쟁기 작살 위에 꿇어앉으라고 한 뒤 두들겨 팼다. 경비대원과 함께 길을 걷는 현정선은 여러 가지 생각을 했다.

'경비대원들을 데리고 기숙사로 가면 동료 학생들이 다 잡히게 된다. 두 번째 붙잡힌 것이기 때문에 재판을 받으면 중형

을 받을 가능성이 높다. 어쩔 수 없다. 틈이 보이면 도주해야겠다.'

현정선은 동네 사람들만이 아는 삼성혈 쪽 골목길로 걷기 시작했다. 단거리 달리기 선수였고, 동네 길을 잘 알던 현정선은 골목길에 들어서자 경비대원들을 따돌리고 어둠 속으로 빠져나갔다. 화북, 삼양을 거쳐 조천까지 갔다. 12킬로미터가 넘는 길을 달렸다. 조천의 친척집 마룻바닥 밑에 숨어 지낸 지 20일째 되던 날 밤. 옆 마을 고향 함덕에서 수소문 끝에 찾아온 어머니를 만났다.

"정선아, 내 뒤를 따라와라. 여기 있으면 죽는다. 일본에 형이 있으니 그곳에 가면 밥은 먹을 수 있을 게다. 지금 가야 한다."

어머니 뒤를 따라 한밤중 사람들의 눈을 피해 함덕리의 포구에서 밀항선을 탔다. 지금은 유명한 함덕해수욕장 카페 근처에서 밤중에 배에 올랐다. 어머니와는 그게 마지막이었다. 그와 비슷한 이유로 일본으로 밀항한 같은 반 학생만 13명에 이르렀다. 제주에서 먹을 것이 없어 밀항한 이들도 많았다.

그는 그뒤로 일본으로 밀항해온 고향 사람들로부터 4·3의 참상을 전해 들었다. 제주에 있던 큰형과 그 아들도 희생됐다. 40대였던 큰형은 일제 강점기 일본에서 배를 타다 고향으로 돌아왔다. 살기 위해 산으로 피신했다 토벌대의 총에 맞았다. 그 아들은 제주비행장에서 예비검속으로 희생되었다고 전해졌다.

일본으로 건너간 그는 형이 살던 오사카에서 2년 남짓 머물다 도쿄로 갔다. 오사카에서 도쿄까지는 기차를 타고 16시간이 걸렸다고 했다.

"그런데 운명이란 게 이상하지요. 내가 오사카 형님네 집에 살다가 도쿄에서 공부하고 싶다고 해서 도쿄로 올라왔어요. 도쿄 우에노 오카치마치에서 선배 한 분이 양과자 장사를 하고 있었어요. 그곳에서 아르바이트를 하다가 나중에는 내가 주인이 됐습니다. '우리는 거지가 아니다', '우리에게는 프라이드(자존심)가 있다'고 하던 내가 양과자로 먹고 산 겁니다. 허허."

그는 대학 공학부를 다니면서 양과자 가게를 운영해 돈을 벌었다. 학교를 졸업한 뒤에는 플라스틱 제조 업체를 운영했다. 한밤중 몰래 밀항선을 탔던 그가 다시 고향땅을 밟은 것은 54년 만인 2001년이었다. 아버지와 어머니가 세상을 떠날 때도 고향땅을 밟지 못했던 그였다. 2008년 4·3 60주년 행사가 열렸을 때도 제주를 찾았다. 그때는 제주4·3평화공원 위패 봉안소를 둘러봤다. 그는 한마디를 보탰다.

"위패 봉안소에 가보니 어떤 이는 희생자로 인정해 위패를 모시고, 어떤 이는 모시지 않았어요. 4·3 문제를 완전히 해결하자면서 희생자에 차별을 둬서는 안 됩니다. 모두 희생자로 올려야 합니다."

7

—

목격자

·

최초의 순간,
거기 있던 사람들

3·1사건, 그날 그 희생자들

1947년 3월 1일 오후 2시 45분, 제주읍 관덕정 광장에 38발의 총성이 울렸다. 4·3특별법은 1948년 4월 3일이 아닌 1947년 3월 1일을 4·3의 기점으로 규정하고 있다. 3·1사건 이후 계속된 미군정의 탄압을 무장봉기의 주요 원인으로 보기 때문이다.

오늘날 제주목관아 입구에는 '수령이하개하마'(首領以下皆下馬)라는 비가 서 있다. 울타리에 붙어 안쪽 왼편에는 일제 때 만든 철제 망루가 서 있었고, 그 옆에는 제1구 경찰서가 있었다. 시위 행렬이 지나간 뒤 일어난 발포는 바로 이 망루와 경찰서 앞에서 일어났다. 경찰의 발포로 6명이 숨지고 여러 명이 부상을 입었다.

이날 시위를 구경하러 집을 나섰던 허두용, 박재옥, 양무봉, 송덕윤, 오영수, 김태진 등 6명이 목숨을 잃었다. 4·3의 첫 희생자들이다. 희생자 가운데는 국민학생(허두용)부터 젖먹이를 안은 20대 초반의 부녀자(박재옥)도 있었다.

이날 오전 11시, 관덕정에서 300여 미터 남짓 떨어진 제주북교에서 열린 '제28주년 3·1절 기념대회'에 수많은 사람이 몰려들었다. 제주읍 동쪽으로는 조천, 서쪽으로는 애월 주민들까지 걸어서 학교로 향했다. 학생들은 이미 이날 오전 9시께 오현중학교에 모여 행사를 치른 다음이었다. 대회장은 인파로 넘쳐 각종 기록에는 2만 5천~3만여 명이 모인 것으로 추정했다. 당시 제주도 인구의 10퍼센트 안팎이 제주북교에 모였다. 제주읍 관내 거의 모든 마을의 사람들이 제주북교로 향한 셈이다.

성밖 오라리에서 밭들을 지나 곧장 북쪽으로 2킬로미터 남짓 내려가면 관덕정이 나온다. 지대가 높은 오라리에서는 감나무에 올라 대회에 참석하러 밭 사이로 가는 사람들의 모습을 목격한 이들도 있다.

가장 나이 어린 희생자, 오라리 출신 허두용의
동네 후배가 보고 들은 그날

이날의 희생자 가운데 가장 나이 어린 15살 허두용은 오라리 출신이다. 제주북교 5학년 허두용은 동네 또래 5~6명과 함께 많은 인파가 몰리는 기념대회를 구경하러 학교로 갔다. 동네 2년 후배 강상돈도 함께 길을 나섰다. 무리 지어 대회가 열리는 학교로 가는 길은 사람들로 가득찼다. 학교는 이미 인파로 발 디딜 틈이 없었다. 아이들은 사람에 치여서 학교 안으로 들어갈 수도 없었다. 학교 정문 쪽 울타리에 올라갔다.

> "넌 여기 있어. 안에 사람이 너무 많아 들어갔다가는 다쳐. 나만 학교 안으로 갔다가 올게."

인파에 치이자 허두용이 강상돈에게 학교 울타리 밖에 있으라고 하고, 혼자 안으로 들어가 대회를 구경했다.

> "오라리 청년들이 다 가게 되니까 따라가서 구경하려고 길을 나섰어요. 두용이 형님도 같이 갔습니다. 사람이 너무 많이 모여드니까 두용이 형님이 학교 안으로 들어가지 못하게 하더라구요. 들어가면 인파에 밟혀 죽는다고 들어가지 말라고 했어요. 형님은 우리보다 호썰 요그니까(조금 성숙하니까) 학교 안으로 들어갔습니다. 나는 울타리에 서서 구경했습니다."

학교에서 기념식을 거행한 뒤 참가자들이 거리 시위에 들어가자 관덕정 앞에는 사람들로 가득찼다. 허두용은 학교에서 나온 뒤 강상돈과 헤어졌다. 사람들이 많다보니 어디에 있는지도 몰랐다. 허두용의 2살 위 사촌형도 이날 기념대회를 구경하러 관덕정으로 갔다. 사촌형은 관덕정 근처에서 허두용을 만났다.

"4열, 5열씩 모여 '왓샤, 왓샤' 하면서 S자 형태로 돌아다니는 걸 처음 봤어요. 시위대가 '왓샤, 왓샤' 하는데 '핑팡' 총소리가 난 겁니다. 나는 '이게 무슨 소리지?' 생각했어요. 망루 사이렌 다이(대)에서 난사한 겁니다. 처음에는 죽은 줄을 몰랐어요. 나중에 보니 관덕정 맞은편 쪽에서 도립병원으로 이어진 길이 있는데 맞은편 식산은행 부근에서 사람들이 총에 맞은 겁니다."

거리 시위가 거의 끝나갈 무렵이어서 사촌형은 허두용에게 "끝난 거 같은데 이제 올라가자"고 했다. 허두용은 "저쪽으로 가서 더 보고 가자"고 했다. 그것이 그와 허두용의 마지막이었다. 허두용의 곁에 오라리 사람들이 있어서 그가 죽은 사실을 알게 됐다. 총알은 등 뒤로 해서 복부를 관통했다.

허두용과 같이 구경하러 갔던 강상돈은 총소리가 나자 집으로 달아났다고 했다. 같이 갔던 친구들도 제각각 흩어졌다. 집에 가자 돌아다니지 말라고 했는데 돌아다녔다며 아버지한테 매를 맞았다. 날이 저물어가자 허두용이 죽었다는 소식이 들려왔다. 오라리 허두용의 부모는 순간 정신줄을 놓았고, 청년들은 우왕좌왕했다. 허두용을 데려오는 게 급선무였다. 사촌형은 그 순간을 이렇게 말했다.

"죽은 걸 봐서 통곡하는 사람들도 있고, 삼촌네가 살아 있을 때니까 단까(들것)를 만들어 그 위에 가마니를 놓고 오라리까지 데려왔어요. 오죽했겠습니까. 그 어머니가 정신이 있을 리 없죠! 통곡하고 울부짖고 난리 났습니다. 3·1사건 뒤에 곧바로 검거 선풍이 불어서 장례를 치를 때는 일가 친척들만 모여서 했습니다."

허두용의 어머니는 아들의 죽음 뒤 두 번 다시 아들의 이야기를 입 밖에 꺼내지 않았다.

허두용의 또 다른 사촌형은 제주북교 교사였다. 힘이 세고 강단졌다. 그가 일어섰다. 경찰에 희생자에 대한 보상과 책임자 처벌을 요구했다. 그는 3·1사건 이후 3·10민·관 총파업과 이에 따른 경찰의 대대적인 검거 때 3·1사건 관련자로 몰려 경찰에 체포됐다. 같은 해 4월 28일 열린 재판에서 그는 포고령 2호 및 군정법령 19호 4조 위반죄로 징역 1년을 선고받았다. 그가 받은 형량은 3·1사건 관련자 가운데 최고 형량이었다.

어린아이를 안고 있던 박재옥,
그녀가 쓰러지는 걸 본 국교생

3·1사건 현장에는 당시 59군정중대가 집회 참가자들의 해산을 지원했다. 제주북교 5학년 양유길은 그날을 이렇게 전한다.

"우리 학교에서 3·1절 기념대회가 열렸다. 내가 학교에서 마지막으로 나오는데 총소리가 나고 난리가 났다. 미군이 하

늘로 공포를 쏘고 식산은행 앞에서 어린아이를 안은 아주머니
가 쓰러지는 것을 숨어서 지켜봤다."

그 아주머니, 박재옥은 도립병원으로 옮겨졌으나 몇 시간
뒤 숨졌다. 총알은 옆구리에서 왼쪽 둔부 쪽으로 관통했다. 아기
도 얼마 뒤 숨졌다.

이날 도두리에서는 마을 주민 200여 명이 참가했다. 기념
대회장에 진입할 때 도두리 청년들이 선봉에 서서 들이기려다 경
찰의 제지를 받았지만, 뒤에서 밀어대는 바람에 휩쓸려 들어갔
다. 이 대열에 있던 정영택은 도두리 주민들 가운데서도 맨 앞에
섰다가 경찰의 총검에 손을 크게 다쳤다. 그는 "제일 먼저 학교에
들어갔기 때문에 퇴장은 제일 늦게 하게 됐다"고 말했다. 거리 행
진에서 도두리가 가장 뒤에 서게 됐고, 그 가운데 먼저 입장했던
그는 맨 뒤에 서게 됐다.

"행렬 맨 뒤에서 서문다리까지 갔는데 총소리가 났어요.
다시 돌아가 보니 사람들은 이미 흩어져 있고, 도두리 여자가
총에 맞아 죽어 있었습니다. 그때 죽은 도두리 여자는 박재옥
으로 우리와 같이 건향회를 이끌던 양지현의 아내입니다."

건향회는 마을을 재건하기 위해 각종 활동을 하던 기구로,
정영택은 이 단체의 부회장을 맡고 있었다. 그는 3·1사건 직후
'3·1사건 서부지구 대책위원회'에 참여해 제주도 미군정청에 항
의하러 가기도 했다.

갓난아이를 안고 있다가 희생된 박재옥의 장례식은 당시

『제주신보』의 표현을 빌자면, 도두리에서 '전 리민의 격분과 애도 속에 인민장'으로 거행됐다.

> "지난 3월 1일 불상 사건의 희생자의 한 사람으로서 무참히도 생후 3개월밖에 안 된 자식을 남겨두고 억울한 죽음을 한 일도리 박재옥(여·21) 씨의 사체는 고향인 도두리에 무언의 귀향을 하였는데 4일 하오 3시부터 전 리민의 격분과 애도 리에 인민장으로써 성대히 거행하였다 한다." _『제주신보』, 1947. 3. 8.

남문통 길가에 붙은 집을 빌려 부부가 함께 살던 양무봉도 그날 현장에 구경하러 갔다가 경찰이 쏜 총에 맞았다.

아버지를 잃은 아들,
살려 달라던 아버지를 잊을 수 없어

제주남국민학교 4학년 송영호는 머리에 띠를 두르고 대나무 가지에 태극기를 그려 붙여 동료 학생들과 '만세', '양과자 절대 반대' 등의 구호를 외치며 거리 행진을 하고 있었다. 학교에서는 학생들을 동원해서 제주북교로 갔다. 아버지 송덕윤은 나중에 도남마을 신방샘(도남교 부근)에 말을 풀어놓고 지인과 기념대회를 구경하러 관덕정으로 향했다.

송영호는 북교에서 산지다리, 산지물로 오르막길을 올라 공덕동산을 거쳐 동문통으로 내려왔다. 북교 정문에서 나오면 칠성통 굽잇길에 갑자옥이라는 점포가 있었고, 그 점포에 가기 전 도지사 관사가 있었다. 관사를 조금 지났을 때 기마경관이 탄 말이 한 어린아이를 치었다.

"그때 농업학교 학생들과 어른들이 남문통에서 중앙성당 쪽으로 가는데 조치를 취하지 않고 그냥 가는 것을 본 겁니다. 흥분한 군중들이 '와!' 하면서 일어났어요."

그때 시위 행렬을 지켜보던 아버지 송덕윤이 경찰이 쏜 총에 맞았다. 망루대와 아버지가 구경하던 곳과의 거리는 직선거리로 60~70미터 남짓 거리였다. 이 때문에 송영호는 경찰이 표적 사격했다고 여긴다.

동문통 쪽에서 총소리를 들은 송영호는 남문통으로 빠져 나와 학교로 돌아갔다가 도남리 집으로 가는 길에 형과 동네 어른들을 만났다. 그제서야 아버지가 총에 맞은 사실을 알게 됐다. 송영호는 도립병원으로 달려갔다.

"아버님이 살려 달라고 하면서 물을 찾더군요. 수의사였던 12촌 형님도 와 있었습니다. 아버님이 그 형님 손을 잡고 '조카 야, 살려 달라'며 애원하고 있었습니다. 물을 찾았지만 물을 줄 수가 없었어요."

도남마을 청년들이 송덕윤을 운구했다. 장례를 치르려고 보니 총알은 송덕윤의 팔로 들어가 허리 쪽으로 관통한 흔적이 역력했다. 장례식 날 행상에는 마을 사람들이 모두 동원됐다. 그때 송덕윤의 나이 49살이었다.

송영호의 가족은 일제 강점기 때까지만 해도 구좌면 송당리 대천동에 살았다. 당시 그곳에 일본군 소대본부가 있었고, 집에도 일본군이 살았다. 송영호는 일본군 99식 총을 잘 알고 있었다. 아버지 송덕윤이 맞은 것은 기관총이었다고 했다. 1936년 1월생인 송영호는 고향 대천동에서 10년을 살다가 도남으로 이사온 지 1년 만에 아버지가 일을 당했다고 했다.

가족의 비극은 이어졌다. 아버지가 총에 맞아 도립병원에 있을 때 함께 갔던 9살 위 형님은 1949년 1월 7일 도남마을이 2연대 군인들에 의해 불에 탈 때 행방불명되었다. 3살 위 누님은 마을이 불에 타 다끄네 공회당에서 수용 생활을 하던 중 병으로 세상을 떠났다.

"우리가 기뻐하고 만세를 불러야 하는 날에 그런 불상사가 있었다는 것은 지금도 이해할 수 없습니다. 세월이 흐르니 서로 용서는 해야 하지만 잊지는 말아야 합니다. 자손 이전에 인간의 도리로서 4·3을 잊어서는 절대로 사람의 근본이 아닙니다."

아라리 출신 오영수, 딸의 기억 속 아버지의 마지막

일본 오사카에서 식당을 운영하다가 가족을 데리러 온 아라리 출신 오영수도 이날 관덕정 광장에 구경 갔다가 희생됐다. 일본에서 결혼한 그는 해방 이듬해 가을 노형리의 처가도 들를 겸 가족을 데리고 왔다가 일자리가 마땅치 않자 혼자 일본으로 갔다. 그뒤 3·1사건 바로 전날인 2월 28일, 이번에는 가족들을 데리러 제주에 왔다. 일본에서 낳고 자란 딸 오추자는 집에 있었다. 그녀의 나이 11살 때였다.

"그때 우리는 외가가 있는 노형리에 산 게 아니라 아버지가 몇 달 동안 오지 않자 산지에 방을 얻어서 살던 때였습니다. 삼일절 전날 아버지가 우리를 데리러 일본에서 왔어요. 피곤해서 그랬는지, 3월 1일 아침에는 느지막이 일어나서 아침 겸 점심 식사를 했어요. 마침 주인집 할아버지가 반장이었는데, 관덕정 마당에서 삼일절 행사가 있으니까 가자고 했습니다. 관덕정이 산지에서 멀지 않잖아요. 그래서 나갔습니다."

오후 1시께 집을 나섰다. 얼마 지나지 않아 총소리가 나고 난리가 났다는 소식이 들렸다. 누군가가 그녀의 집으로 아버지가 숨졌다는 소식을 전해줬다.

"사람이 죽었다고 하면서 밖에 나가지 못하게 했습니다. 그때 11살이었는데 죽는다는 게 뭔지 알겠어요? 어머니는 우리더러 집 밖으로 나오지 말라고 했어요. 우리는 그때 한국말을 전혀 몰랐습니다. 어머니는 아버지한테서 울고불고 난리를 쳤다고 합니다. 어머니는 그때 임신 중이었어요. 동생은 유복자로 태어났지요. 막내가 태어나니까 어머니와 언니, 나, 남동생 셋 해서 여섯을 남겨뒀습니다. 그때 그 일만 없었더라면 일본으로 갔겠지요."

그녀의 어머니는 "죽으려고 일본에서 왔느냐"고 통곡했다. 3·1사건으로 검거 바람이 불어 장례식도 제대로 하지 못했다. 처음에는 임시로 토롱(가매장)했다가 어느 정도 안정되자 정식으로 묘지를 썼다.

지금의 제주대학교 병원 자리에 썼던 묘지는 병원이 들어서면서 사라졌다. 1947년 4월 막내 남동생이 유복자로 태어났지만 앓다가 4살이 되는 해 세상을 떠났다. 또다른 남동생도 병으로 같은 해 숨졌다. 일본에서 돌아온 어머니는 남편과 자식 둘을 4년도 안 돼 잃었다. 이 가족들은 파도가 치면 지붕 위로 파도가 넘어오는 산지 바닷가 근처에 살았다.

"바닷가 동네에 살았던 어머니가 잠도 자지 않은 채 멍하게 바다만 바라보며 앉아 있던 모습이 잊혀지지 않습니다."

남편과 자식들이 하나둘 세상을 뜨자 어머니는 남은 자녀들을 데리고 외삼촌이 사는 부산으로 갔다가 서울로 이주했다.

모든 현장에 '그들'이 있었다, 목격자들의 증언

시위를 구경하던 6명이 한꺼번에 경찰이 쏜 총에 희생되자 지역 일간지는 사고(社告)를 내고 희생자 유족들을 위한 조의금을 모금했고, 제주도 전 지역에서 조의금이 답지했다.

"3월 1일 돌발한 불상사로 말미암아 불행히도 십수 명의 사상자를 내었던 것은 이미 주지하는 바인데, 그들 희생자는 독립의 영광도 얻지 못한 채 천고의 원한을 남기고 무참히도 쓰러진 것입니다. 우리는 이에 만강의 조위를 표함과 동시에 전도암담한 유가족의 생활을 구원하고 중상자를 위문하는 의미에서 본사 사회부에서는 좌기요항에 의하여 조위금을 모집하여 당 사가에 전달하고자 하오니 30만 도민은 이들 희생자를 동정하여 스스로 우러나는 동포애의 정의에서 다소를 가리지 마시고 거출해 주시기 앙망하나이다." _『제주신보』, 1947. 3. 10.

3·1절 기념대회 당일 경찰은 경찰서 망루와 경찰서 앞을 지키고 있었다. 경찰고문관 파트릿지 대위도 현장에 있었다. 그는 이날 오전 학생과 주민 등 2천여 명이 집회를 여는 오현중학교에도 나타나 해산 명령을 내리는가 하면 제주감찰청 앞에서도 경찰을 지휘했다.

3·1절 기념대회가 열린 학교에서 마지막으로 나왔다는 제주북교 5학년 양유길은 미군이 하늘로 공포를 쏘는 모습을 목격했다. 제주읍 중산간 월평마을에서 기념대회에 구경갔던 강상문도 군정중대 경찰고문관 파트릿지 대위가 학교 동쪽에서 공포를 쏘라고 하는 장면을 지켜봤다.

미군 정보 보고서는 "미군은 군중을 해산시켰지만 무기를 사용하지는 않았다"며 적어도 군중 해산에 미군이 동원된 사실을 밝혔다. 학생 집회나 제주감찰청 앞에서 참가자들에게 해산을 종용했다는 신문 보도와 공포를 쐈다는 목격자들의 증언을 종합하면 파트릿지 대위가 사실상 경찰을 지휘한 것은 틀림없다. 해방 이후 제주도에서 열린 초유의 대규모 집회 상황을 지켜보기 위해 박경훈 지사, 제주도 민정장관 스타우트 소령도 현장에 있었을 개연성 역시 크다고 볼 수 있다.

정당방위? 진상과는 거리가 먼 진상 조사단의 발표

제주도 3·1사건 진상 조사는 관 주도의 진상 조사와 중앙 미군정청 특별감찰실의 진상 조사, 그리고 경무부장 조병옥 등이 구성한 공동위원회의 진상 조사 등 최소한 3차례에 걸쳐 진행됐다.

관 주도 진상 조사단은 애초 민전 등 좌익 쪽에서 각계를 망라해 조사단을 구성하려 했으나 경찰의 반대로 이루어지지 않았다. 진상 조사단에 누가 참여했는지 알려지지 않았으나 언론이 '관계(官界) 주최'라고 표현한 점을 고려하면 제주도청과 경찰, 그리고 제주도 미군정청이 참여한 것으로 보인다.

제주도청 직원들이 3월 7일 박경훈 지사에게 3·1사건의 진상을 보고해달라고 요청한 데 대해 조사단의 조사가 끝나는 대로 보고하기로 했다거나, 3월 10일 도청 직원들이 좌담회를 열고 3·1사건 진상 조사단에 진상 보고를 요청했지만 조사단이 지금 발표할 수 없다고 거부한 점 등을 보면 관 주도 조사가 이루어졌음을 알 수 있다. 이 조사단의 진상 조사는 3월 12일 전에 끝났고, 조사 보고서는 스타우트 소령에게 전달됐다. 그는 3월 12일 기자와 만나 이렇게 말했다.

"조사단에서 조사가 완료되어 보고서를 제출하여 왔으나 내용을 읽어본즉 조사에서 탈락된 점이 많으므로 보고서를 조사단에 반환하고 재조사를 명령하였다."

스타우트 소령은 조사단의 보고서를 신뢰하지 않았으며, 신속하게 진상 조사 결과를 발표하겠다던 자신의 말과는 달리 조사 결과는 공개되지 않았다. 3·1절 발포 사건을 조사할 권한과 책임이 있었는데도 그는 이를 방기했다.

서울의 미군정청 특별감찰실장 카스틸 대령을 단장으로 한 진상 조사단은 3월 8일 들어와 13일 떠날 때까지 5박 6일 동안 제주도에 체류하면서 경찰과 3·1절 기념대회 집행부, 목격자 등을 상대로 광범하고 집중적인 조사를 벌였다.

카스틸 대령은 박경훈 지사가 3월 10일 오후 1시 파업을 결의하는 제주도청 직원 대회에 참석하기에 앞서 오전 11시 박 지사, 스타우트 소령, 기존 조사단과 함께 3·1사건 당시 6명이 희생된 장소와 도립병원 앞 경찰이 발포한 장소를 찾아 목격자 참여 하에 조사를 벌였다. 사건 발생 열흘이 지났지만 현장에는 여전히 혈흔이 남아 있었다. 카스틸 대령은 제주도청이 파업에 들어간 이날 오후에는 3·1절 기념대회 집행부를 제주도 민정장관실로 불러 조사했다. 그러나 미군정 특별감찰실의 조사 결과도 공개되지 않았다. 특히 카스틸 대령이 제주도에 체류하고 있는 동안 3·10민·관 총파업이 단행됐고, 그 사태의 심각성이 점점 커지는 중대한 시기였으나, 미군정의 총파업에 대한 대응이나 카스틸 대령의 발언 등은 미군 정보 보고서에도 나와 있지 않다.

미군정과 경찰이 3·1사건 발포에 대한 진상 조사를 미적거린 이유가 있었다. 마지막에 이루어진 진상 조사가 이를 증명한다. 조병옥 경무부장과 박경훈 지사, 스타우트 소령 등 세 사람이 임명한 '제주도 제주읍 3·1절 발포 사건 조사위원회'의 진상 조사다. 일반에 공개된 것은 이 조사단의 조사 결과가 유일하다.

3월 14일 제주도에 내려왔던 경무부장 조병옥이 19일 서울로 돌아갔다. 그는 20일, 3·1사건을 '북조선 세력'과 '통모'한 것으로 단정지었다. 그러나 이를 입증할 증거는 제시하지 않았다. 이날 3·1절 발포사건 조사위원회가 발표한 핵심은 '정당방위'였다.

"제주감찰청 관내 제1구 경찰서에서 발포한 행위는 당시에 존재한 제 사정으로 보아 치안 유지의 대국에 입각한 정당방위로 인정함."

그러나 정당방위라는 발표가 정당하게 발표됐는지는 의문이다. 박경훈 지사는 나중에 이렇게 말했다.

"관직에 있는 나로서는 무어라고 비판을 가할 수는 없으나 발포 사건이 일어난 것은 시위 행렬이 경찰서 앞을 지난 다음이었던 것과 총탄의 피해자는 시위 군중이 아니고 관람 군중이었던 것은 사실이다."

3차례의 조사에 모두 관여한 그는 경무부의 정당방위 발표에도 불구하고 희생자들이 구경하던 주민들이라고 언급했다. 이로 보아 담화문에서 언급한 정당방위 주장은 설득력이 전혀 없다.

지지부진한 진상 조사, 3·10민·관 총파업을 부르다

3·1사건 이후 경찰 책임자 처벌과 진상 조사 등을 요구하는 목소리가 제주도 전역으로 퍼졌으나, 미군정의 움직임은 지지부진했다. 이에 3월 10일 민·관 총파업이 제주도청을 시작으로 제주도 전역으로 확산되기 시작했다. 3·1사건에 따른 경찰 관련자에 대한 조치는커녕 진상 조사가 이루어지지 않자 항의의 표시

로 전면 파업에 들어간 것이다. 제1장에서 살폈듯 제주도청 공무원들은 박경훈 지사와 김두현 총무국장 등이 참석한 가운데 '3·1대책위원회'를 구성하고 제주도 민정장관과 주한미군 사령관에게 6개의 요구 조건을 보내기로 결의했다.

파업은 삽시간에 제주도 전역으로 확산됐다. 남로당 제주도위원회가 총파업을 주도했으나, 좌·우익이 모두 참여할 정도로 제주 사회의 3·1사건에 대한 분노는 높았다.

미군정은 총파업에 민감하게 반응했다. 미군 방첩대는 제주도 총파업을 "남한 전역의 파업으로 번질 수 있는 시금석일 수 있다"며 3·1절 기념대회 발포 사건을 계기로 도민들을 상대로 경찰과 당국에 대항하도록 선동함으로써 총파업이 일어났다고 평가했다.

경찰은 3월 14일 총파업 사태 진압을 위해 경무부 수사국 미군고문관 등을 대동하고 온 경무부장 조병옥의 제주도 방문을 계기로 파업 주도자들을 검거하기 시작했다. 조병옥이 제주도를 방문한 다음 날인 15일에는 전남 경찰 122명과 전북 경찰 100명, 18일에는 경기 경찰 99명이 김태일 부청장의 지휘 아래 급파됐다. 3·1사건 이전 파견된 충남·북 경찰 100명을 합치면 모두 421명의 경찰이 다른 지역에서 제주도에 파견돼 검거와 경계에 나섰다. 경찰은 18일까지 3·1절 기념대회 및 파업 관련자 200여 명을 검거했고, 174개 파업 기관 가운데 56개 기관이 파업을 해제했다고 밝혔다.

군정장관 러취 소장은 기자단에 "18일 오전 9시 현재 도청 직원은 전부 복직했고, 산업 기관 90퍼센트, 운수 부문 50퍼센트 복구됐다"고 발표했다. 그러나 학교의 경우 도내 각급 학교 108곳

가운데 10곳만이 파업을 해제했다.

3·1사건과 3·10민·관 총파업의 영향

　3·1사건과 3·10민·관 총파업의 영향은 컸다. 이 두 사건은 서로 얽혀 확대 발전해 나갔고, 이에 대한 미군정의 물리적 탄압의 강도는 비례했다.

　3월 22일 오전에는 제주도 미군정청 관리 150여 명이 제주도청사 뒤편에서 20여 분 동안 집회를 열다가 스타우트 소령이 나타나자 자체 해산했다. 파업의 여파는 지속되고 있었다. 민전은 3월 28일 주한미군사령관에게 보낸 서한을 통해 다음과 같이 주장했다.

　　"최근의 파업은 정당하며 일제 관리에서 미군정 관리로 변신한 반동경찰과 관공리들의 파시스트적 억압에 대항해 일어난 필연적인 반발이다. 제주도 총파업은 미군정에 대항해서 일어난 것이 아니라 폭압적 우익 인사들에 대한 반발의 의미가 있다."

　민전은 이 시기까지도 파업이 미군정을 상대로 한 것이 아니라 경찰과 관공리들의 억압과 우익 인사들의 폭압에 항거해 일어났다는 점을 강조했다.

　제주도 민정장관 스타우트 소령은 경찰을 제어할 수 있는 위치에 있었는데도 3·1사건 이전부터 모리배들한테 휘둘렸고 무능했다. 총파업은 3월 하순에 이르러 표면상 진정 국면을 맞았으나 파업에 참가했던 도민들이 직장에 복귀했다고 끝난 것이 아니었다.

총파업과 관련된 검거 인원은 4월 10일까지 500여 명에 이르렀다. 미군 정보 보고서는 총파업에 대해 "공산분자들이 선동한 것으로 보이지만, 제주읍에서 치러진 3·1절의 불법 시위와 폭동으로 6명이 사망하고, 6명이 부상을 입은 데 대한 항의로 좌·우익 모두 참가했다"고 밝혔다. 이 보고서의 내용처럼 3·10민·관 총파입에 제주 사회의 좌·우익 진영이 모두 참가했다는 것은, 총파업이 이데올로기의 문제보다는 제주 공동체를 깨뜨린 것에 대한 항의의 표시였음을 말해준다.

3·1사건과 3·10민·관 총파업 이후 제주도에 파견된 경찰과 서청은 제주 섬 사람들에게는 공포였다. 경찰은 총파업 이후 3·1사건 및 3·10민·관 총파업 관련자들을 대대적으로 검거하고 고문하는 등 강경 대응함으로써 제주 섬 사람들을 막다른 골목으로 몰아갔다. 이후 1948년 4월 3일 무장봉기가 일어날 때까지 제주 섬 사람 2,500여 명이 검거됐다. 미군 정보 보고서나 방첩대 보고서 어디에도 3·1사건 이후 제주 섬 사람들이 요구한 진상 규명과 가해자 처벌에 대한 언급은 없었다.

8

흔적2
.
정방폭포에 남은
수용소와 학살의 기억

정방폭포에 흐르던 붉은 선혈

　　"너희들, 정방폭포 가봤지? 그곳에서 무슨 일이 있었는지
아느냐?"

　　1979년 또는 1980년의 일이다. 선생님은 고등학생인 우리
에게 갑자기 정방폭포 이야기를 꺼냈다. 우리는 멀거니 선생님의
입만 쳐다보았다. 서귀포에서 학교를 다닌 내게 정방폭포는 봉사
활동으로 쓰레기를 주우러 가거나 곧장 바다로 떨어지는 시원한
물줄기를 바라보며 친구들과 기념사진을 찍으러 다닌 추억의 장
소다. 중국 진시황의 사자 서복(서불)이 선남선녀들을 데리고 영
원히 죽지 않는다는 불로초를 캐러 서귀포를 지났고, 그래서 '서
복이 이곳을 지나갔다'는 뜻의 '서불과지'라는 한자가 정방폭포
절벽 어디쯤에 새겨져 있다는 이야기도 들었다. 그 글을 직접 본
사람도 있다는 그럴싸한 말도 있었다. 서귀포 지명의 유래도 서
불과지에서 나왔다는 이야기도 전해진다. 내가 아는 건 그 정도
였다.

　　"너희들 말이지. 4·3사건 때 얼마나 많은 사람이 정방폭포
에서 죽은 지 아나? 정방폭포 위에서 폭도들을 죽창으로 찔러
죽였어. 이렇게. 이렇게."

　　그날 죽창으로 찌르는 흉내를 내는 선생님의 표정은 진지
하다 못해 약간 상기된 듯했다. 선생님은 그 현장을 직접 목격했
다고 했다. 나의 기억으로 그 얘기는 학생 때 닥치고 공부나 하고

연애하지 말라는 이야기를 하면서 '너희들 부모들이 어떻게 살아온 줄 아느냐'고 하면서 나왔다. 선생님은 엄포를 놓았다.

> "너희들 말이야. 여학생과 같이 다니다 걸리면 유기정학, 손잡고 다니다 걸리면 무기정학이야!"

그때는 그런 말이 통용되던 시기였다. 빡빡 민 머리에 까만 교복을 입고 우두커니 앉아 있던 우리는 정방폭포 이야기보다 그 말에 책상을 치며 웃었다. 그때만 해도 전혀 몰랐다, 23미터 높이에서 수직으로 떨어지는 거대한 물줄기로 유명한 정방폭포에 새겨진 슬픈 역사를. 듣지 못했으니 알 턱이 없었다.

중고등학교 시절 친구들과 놀러다녔던, 지금의 서복기념관 터에 허름한 창고가 몇 개 있었다. 지금도 그 창고들을 기억한다. 깎아지른 절벽 위, 그곳 동쪽으로는 정방폭포, 서쪽으로는 소남머리다. 낡고 빛 바래고 듬성듬성 구멍이 뚫린 붉은색의 빛바랜 함석 지붕의 그 창고들을 우리는 '전분공장', '감저공장'이라고 불렀다. 그곳이 한때 제주 사람들의 삶과 죽음의 경계가 됐던 수용소인 줄은 몰랐다.

제주 섬 곳곳이 아름답지 않은 곳이 없지만, 특히 빼어난 경관을 자랑하는 10곳을 가리켜 '영주10경'이라고 한다. 이렇게 아름다운 곳들마다 4·3의 역사가 함께 한다. 성산일출봉을 받아안은 터진목, TV 광고에 나오는 넓은 백사장으로 유명한 표선해수욕장, 함덕해수욕장과 서우봉 그리고 정방폭포도 그렇다.

고문과 학살의 현장, 정방폭포

정방폭포 절벽 위 소남머리 일대는 4·3 당시 한라산 남쪽 지역 최대의 학살터였다. 이곳이 4·3 당시 학살터가 된 것은 인근 서귀면사무소에 토벌대가 주둔했기 때문이다. 서귀포항을 중심으로 도시가 형성된 이곳은 정방폭포와 천지연폭포를 잇는 해안을 중심으로 면사무소, 유치장, 국민학교, 절간고구마 창고, 단추 공장, 경찰서, 헌병대 등이 몰려 있었다. 군부대 정보과에서 주민들을 고문했던 면사무소 옆의 유치장은 악명 높았다.

서귀면사무소에 2연대 1대대 본부가 설치됐고, 단추공장과 절간고구마 창고 등은 군·경의 수용소로 사용됐다. 수용소에는 1948년 11월 이후 군·경에 붙잡히거나 귀순한 주민들로 넘쳐 났다. 서귀면은 물론 서쪽으로는 중문면·안덕면·대정면, 동쪽으로는 남원면·표선면 주민에 이르기까지 대부분 산남 지역 주민들이었다. 산남은 제주도에서 한라산 남쪽 지역을 일컫는 말이다. 이들 가운데는 노약자도 있었고, 여성들도 있었으며, 10대 초반 또는 그보다 어린 아이들도 있었다. 토벌대는 남녀노소 가리지 않고 잡히는 대로 일단 모두 수용소에 감금했다. 고문과 구타는 이곳의 일상적인 모습이었다. 이 수용소에 수용됐다가 처형된 사람들은 대부분 소남머리 일대에서 총살당했다.

서귀포 지역 민간인 학살이 가장 심했던 시기는 1948년 11월부터 이듬해 1월까지다. 이 시기 학살은 처음에는 9연대에 의해, 토벌부대가 교체된 1948년 12월 하순 이후부터는 2연대에 의해 자행됐다. 서청 회원들로 구성된 서청 중대가 포함된 2연대 대대 본부가 면사무소에 주둔하고, 그 남쪽에 있는 서귀국민학교에 6중대가 주둔하면서 토벌은 더욱 강도높게 진행됐다.

화가 이중섭이 거닐던 해안, 죽음의 수용소

"(1949년) 봄이 되니까 돈내코로 귀순했습니다. 돈내코에 군인들이 주둔했는데, 우리를 서귀포경찰서로 넘겼습니다. 경찰서에는 지하실이 있었고, 그곳에서 죽도록 맞았습니다. 그 다음에는 전분공장으로 갔습니다. 그곳이 수용소였습니다."

나중에 군법회의에서 징역형을 받은 정기성은 이렇게 말했다. 그때 나이 26살이었다. 2연대 1대대 본부가 있던 면사무소 옆 건물은 1대대 정보과가 취조실 겸 유치장으로 사용했다. 그곳에 수용됐던 사람들에게는 '대대 2과'로 알려져 있다. 이곳에서는 일상적으로 고문이 자행됐으며, 즉결 처분을 받은 주민들은 정방폭포 인근 지역으로 끌려가 학살됐다. 학살은 동쪽으로부터 거믄여-소정방-정방폭포-소남머리-자구리해안에 이르기까지 해안을 따라 곳곳에서 일어났다.

1~2년 뒤, 한국전쟁이 일어나고 피난민들이 제주에 들어왔다. 그들 가운데는 화가 이중섭 가족도 있었다. 이중섭은 이 해안을 거닐며 훗날 명작이 된 작품들을 남겼다. 이중섭은 그때 과연 이 해안의 슬픈 역사를 알았을까.

"어느 날 밤 갑자기 특무대가 집(서귀리)에 왔습니다. 특무대 서북청년단원들이 밤중에 찾아와 아버지를 잡아갔습니다. 내가 항의를 하니까 나까지 잡아갔습니다. 도착한 곳은 서귀 국민학교였습니다. 교실에는 여자 40~50명 정도가 붙잡혀 와 있었습니다. 거기서 조사를 받는데 아버지를 포함해 몇 명은 포승줄로 묶어 그날 밤 모두 정방폭포로 끌고 가 총살했습니다. 그날이 1948년 12월 2일입니다."

항의했다가 끌려갔던 그때 나이 15살 강봉주의 말이다. 이곳에서 형이 희생된 당시 15살 오찬수는 직접 형의 시신을 수습하러 현장에 왔다.

"동홍리 집에 있는데 경찰인지 서북청년단인지 와서 형님을 잡아갔습니다. 형님 나이 23살이었습니다. 1948년 12월 4일이었습니다. 그때 형님은 경찰서 급사로 근무하고 있어서 별일은 없을 거라고 생각했어요. 그런데 총살당했다는 겁니다. 어머니와 함께 다음 날 새벽 어스름할 때 소남머리 현장에 갔습니다. 그때는 시신 수습도 함부로 못했습니다. 저는 나이가 어리니까 괜찮을 거라 해서 어머니와 몰래 찾으러 갔습니다. 여기저기 널브러진 시신을 뒤지다 손이 묶인 채 돌아가신 형님을 발견했습니다. 겁이 나니까 일단 시신만 확인하고 집으로 돌아와 그날 밤 아버지와 저, 동네 사람 둘 포함해서 4명이 또다시 몰래 가서 형님 시신을 들것에 실어 지금 서귀포의료원 쪽에 임시 매장했습니다. 그때 소남머리 쪽은 논밭이었습니다. 이곳에서 총 쏘는 소리가 동홍리 마을까지 다 들렸어요. 형님과 함께 동네 아주머니 한 분도 끌려갔는데 그분도 총살당했습니다." _『4·3과 평화』 15호, 2014. 4.

민보단원으로 군·경과 함께 합동으로 토벌 작전에 동원됐던 고창옥은 1948년 11월 토벌 때의 경험을 이렇게 말했다. 민보단은 마을 주민들로 구성돼 마을을 무장대로부터 자체 방어하기 위해 1948년 하반기 조직됐다. 1949년 4월 1일 현재 제주도 내 민보단원은 5만여 명에 이르렀다. 이들은 마을의 보초를 서거나 군·경의 토벌 작전에 동원됐는데, 보초를 잘 못 섰다는 이유로 희생되기도 하는 등 가해자이면서 피해자가 됐다.

"명확하게 판단해보면, 산에 올라간 사람들은 다 불쌍한 사람들이라고! 죄 없는 사람들입니다. 왜냐? 그 당시에 부락에서 삐라 한번 뿌리면 경찰이 다 잡아갔단 말입니다. 그러니까 조금 기동력 있는 사람들은, '아, 이거 우리 여기 있으면 잡아가니까 임시 피하자'고 해서, 그렇게 해서 산에 올라간 거예요. 그게 폭도가 된 거라고! 다른 게 폭도가 아닙니다!"

고창옥의 말이 이어졌다.

"우리 눈에는 안 띄었는데 토벌 간 사람들이 여자들을 마구 잡아왔어요. 그러니까 남편이 산에 올라갔는데 이쪽(마을)에 있으면 도피자 가족으로 몰려 잡아가니까 도피로 간 겁니다. 살아보려고 올라간 거라 말이에요! 그 사람네가 폭도짓하려고 올라간 게 아니예요! 그걸 알아야 합니다!"

고창옥은 그곳에서 붙잡힌 여성이 군인들에게 총살되는 현장을 보았다. 10대 소년은 도망가다가 총에 맞아 희생됐다.

"그때 어떤 여자도 잡아왔는데 그곳에서 2연대 군인에게 총살당했어요. 그때 군인, 경찰도 가고, 민간인도 가고, 그러니까 3개가 합동으로 갔습니다. 그 여자는 상처가 너무 커서 제대로 걷지 못하게 되니까 중대장이 쏘아버렸어요. 다른 사람들은 잡아서 서귀포까지 갔는데 대부분 죽었을 겁니다. 그때 산에서 내려오다가 지치니까 냇가에 앉아서 쉬었습니다. 쉬었는데 잡혀서 내려오던 열대여섯 살 난 남자 아이가 도망가는 것을 거기서 쏘아서 죽여버리기도 했습니다. 그때 내려온 것이 한 10여 명은 될 겁니다."

그때 붙잡힌 여자들은 서귀포 수용소로 끌려갔다. 그들 대부분은 다시는 집으로 돌아가지 못했다.

"우리가 토벌 갔다 온 지 몇 개월 뒤에 '산에 올라간 사람들 귀순해서 내려오면 살려준다', 그렇게 해서 내려온 사람들도 죽여버렸어요. 왜 죽였느냐 하면, 6·25가 터지지 않았으면 살았을는지 모르지요. 그때 귀순한 사람들은 모두 서귀포 수용소에 담아놨었는데 6·25가 터지니 행방불명됐습니다."

'석'방과 '대'석방 사이, 재판 아닌 재판

고창옥도 서귀포 전분공장 수용소에 끌려갔다가 생사의 기로에서 살아났다. 24살 때의 일이다. 하효리 지인이 마을에서 조금 떨어진 수악교 부근에 소를 찾으러 갔다가 일제 강점기 일본군이 주둔할 때 사용했던, 굴무기낭(느티나무)으로 만든 탄약통을 발견했다. 그게 화근이었다.

지서 협조원으로 활동하던 지인은 탄약통에 있던 실탄을 지서에 신고하러 갖고 가다 서귀포 (2연대의) 대대 1과 정보원의 눈에 걸렸다. 군인들은 "폭도들에게 공급하려고 실탄을 갖고 다닌 게 아니냐?"며 그를 총살했다. 그때 하효마을은 1분대, 신효마을은 2분대였는데 지인은 1분대원이었다. 1분대장 허익석과 2분대장이었던 고창옥도 함께 붙잡혀 조사를 받았다. 고창옥은 1과에서 군인들이 경찰서에 전화하는 걸 들었다.

"내 앞에서 경찰에 전화하는데 귀를 막으라고 했어요. 그렇지만 귀를 조금 떼면 말소리가 들리잖아요. 군인이 하는 이야기를 다 들었어요. 내 신상에 대해 묻더라고요. 경찰에서는 저에 대해 괜찮게 얘기하는 것 같았습니다. '이거 혹시 살 수 있을까?' 하는 생각이 들었어요. 거기서 5일을 사니까 내보내주더군요."

고창옥은 군사재판을 받고 풀려났다. 엄밀하게 말하면, 재판도 아니었다.

"청취서(聽取書, 심문 조서) 쓴 사람이 한쪽으로 3명, 다른 한쪽으로 3명이 마주보고 앉아 있었습니다. 6명이 잡아간 사람들을 청취(진술 등을 들음)하는데, 선임하사가 가운데에 책상 하나 놓고 앉아요. 그 사람이 재판관입니다!
잡혀간 사람은 그 선임하사 앞에 걸상 하나 놔서 앉아요. 선임하사가 청취받은 내용을 싹 읽더군요. 청취하는 사람더러 '누가 청취했나?' 하니까 쓴 사람이 손을 들었습니다. 선임하사가 '이거 어떻게 할까?' 물으니 '혐의점이 하나도 없는데 석방하는 게 가합니다'라고 답하더군요.

'석방!' 하면 푸른 잉크로 '석'(釋)이라고 쓰고 빙하게(동그랗게) 동그라미를 그립니다. 그건 말 그대로 석방하는 겁니다. 그런데 '큰 대'(大)자 하나 써서, 빨간색으로 동그라미를 그어서 '대석방!' 하면 다음 날 총살되는 겁니다."

1949년 2월 9일의 일이다. 큰아들을 낳고 이틀 만에 잡혀 갔기 때문에 그날을 기억한다. 같이 잡혀간 1분대장은 군인들에게 희생됐다. 석방과 대석방은 그들의 손에 달려 있었다. 제주 사람들의 목숨도 그들의 손에 달려 있었다.

정방폭포 위에서 부모를 잃다

1949년 1월 27일. 겨울 치고는 따뜻한 날이었다. 서귀면사무소 부근 수용소에 갇혀 있다가 어디론가 끌려가는 아버지와 어머니를 12살 김복순과 8살 김복남 남매는 울면서 쫓아갔다. 부모들 손에는 식은 주먹밥이 들려 있었다. 군인들은 큰소리로 우는 동생이 시끄럽다며 개머리판으로 내려쳤다. 동생 김복남의 왼쪽 눈에서 피가 철철 쏟아졌다. 김복순은 피 흘리는 동생을 끌어안고 서럽게 울었다. 김복남은 얼마 안 가 그 후유증으로 실명했다.

"아버지가 '이제 가면 죽을 텐데 우리가 이것을 먹어 무엇 하겠느냐'며 복남이에게 주먹밥을 건넸어요. 나는 어머니를 붙들고 '나도 같이 갈래. 어머니가 죽으면 같이 죽겠어요'라며 매달렸습니다. 어머니는 '너희는 괜찮을 테니 내 말을 들으라'며 나한테 주먹밥을 줬습니다. 그게 마지막이었어요."

70여 년의 세월이 흘렀지만 김복순은 그때 부모님의 마지막 모습을 생생하게 기억한다.

"가끔 그 길을 지나다 보면 주먹밥을 쥐여주고 정방폭포 쪽으로 끌려가던 두 분 모습이 어제 일처럼 선합니다."

아버지는 입고 있던 미녕(무명의 제주어) 두루마기를 접어 김복순에게 건넸다.

"어디 가서 몸빼(일바지)라도 만들어달라고 해서 입어라."

가난한 살림살이를 하던 어머니가 처음으로 큰마음 먹고 아버지한테 지어준 무명 두루마기였다. 아버지는 죽으러 가면서 그걸 딸에게 줬다. 마지막 순간에도 애틋한 마음이 전해졌다. 이날 수용됐던 주민들은 정방폭포 근처로 끌려갔다.

안덕면 동광리 주민들은 마을이 초토화된 뒤 인근 큰넓궤에 숨었다가 토벌대에 굴이 발각되자 눈밭을 헤치며 한라산으로 피신했다. 이들은 뒤쫓아 온 토벌대의 총에 죽거나 붙잡힌 사람들은 정방폭포 일대에서 총살됐다. 부모 형제의 시신을 수습하지 못한 동광리 주민들은 몇 년 뒤 시신을 수습하려 했지만 이미 절벽 아래 바닷가로 떠밀려 간 상태였다. 남아 있는 뼛조각들은 누가 누구인지 모를 정도로 훼손돼 수습할 수 없었다. 이들은 희생자들의 혼을 불러 시신 없는 '헛봉분'을 만들었다. '헛묘'다. 서귀포시 안덕면 동광리의 헛묘에는 이런 사연이 있다.

산속으로 피신한 가족, 토벌대에 잡혀 수용소에 갇히다

김복순의 부모는 전남 영암 출신이다. 김복순이 3살 때인 1940년 제주도에 입도했다. 같은 해 동생 김복남이 태어났다. 아버지는 전라도에서 다리 건설 책임자(십장)로 일했다고 한다. 어느 날 보 건설 현장에 내린 폭우로 다리를 놓던 보가 터졌다. 이 사고로 아버지는 다리를 크게 다쳐 그뒤로는 지팡이를 짚고 다녔다. 그래도 아버지는 힘도 좋고 키도 크고 인물이 좋았다. 수염이 길어 땋아 다닐 정도로 멋쟁이 양반이었다. 지팡이를 짚었지만 아버지는 놀지 않았다. 지인들을 만나 약초를 캐서 약방에 팔기도 했다. 어머니는 무명이나 삼, 모시 등 베를 짜러 다녔다. 온종일 베틀에 앉아 있었다. 자식들이 굶을까봐 밤이면 집에 들러 보리쌀을 두고 나갔다. 그렇게 밤낮으로 일만 했다. 4·3 당시 김복순의 가족은 중산간 오지인 안덕면 동광리 조수궤에 살았다. 토벌대가 불을 질러 사라진 무등이왓과는 멀지 않은 마을로, 10여 가구가 모여 살았다. 그 중에서도 김복순의 집은 외따로 떨어져 있었다. 4남매를 뒀던 아버지는 끼니를 잇기 어려울 만큼 가난했다. 4살 위 언니는 일찌감치 한림으로 입양을 보냈다.

1948년 11월 중순경 토벌대의 소개령으로 마을이 불에 타버렸다. 제주도에 연고가 없던 김복순의 가족은 해안 마을로 피신하지 못했다. 마을 주민들을 따라 마을에서 가까운 동굴인 동광리 큰넓궤로 몸을 피했다. 아버지는 사태가 잠잠해지면 집에 돌아올 수 있을 것으로 생각해 집 근처 작은 굴에 족보를 감췄다. 하지만 찾을 수 없었다. 가족이 돌담 밑에 숨어 있을 때 토벌대가 들이닥쳐 집을 불태웠다. 오빠는 이미 친구들이 있는 무등이왓으로 간 뒤였다. 언제 만날 수 있을지 기약도 못하고 헤어졌다. 남은 4식구만 함께 굴로 들어 갔다. 굴에 숨어 있다가 밤이 되면 어머니와 같이 기어 나와 불탄 집으로 가 불을 피워 밥을 해먹거나 보리밥을 지어 질구덕에 담아와 먹었다.

굴이 발각됐다. 토벌대가 들이닥친다는 소문이 퍼지자 큰 넓궤에서 피신하던 주민들은 더 깊은 산속으로 들어가기 위해 짐을 꾸려 길을 나섰다. 김복순의 가족도 그들 일행을 따라갔다. 무자년(1948년) 그해 겨울은 유독 많은 눈이 내렸다. 큰넓궤가 있는 지역은 중산간 지대여서 더 많은 눈이 내렸다. 한밤중에 굴을 나온 주민들은 어른 무릎 높이까지 눈이 쌓인 산길을 헤치며 해발 1,300미터가 넘는 한라산 영실 볼레오름 부근 초기왓 일대로 향했다. 밤새도록 걸었다. 김복순의 표현에 따르면, '붕당붕당' 눈 속에 빠지면서 초기왓까지 갔다. 김복순의 가족은 그때까지 초기왓이 어딘 줄도 몰랐다. 조수궤에 살면서 다녀본 곳이라고는 1킬로미터 남짓 떨어진 원물에서 물을 길어다 먹은 게 전부였다.

"토벌대가 온다니까 주민들을 따라 (산으로) 올라갔습니다. 하루라도 더 살아보려고 그렇게 한 겁니다. 눈이 막 쌓였을 때입니다. 아버지는 다리도 좋지 않아서 힘들어 했어요. 지팡이를 짚은 아버지를 어머니가 부축하고, 우리는 눈더미에 푹푹 빠지면서 그뒤를 쫓아갔습니다. 새벽까지 죽도록 사람들을 따라가 초기왓까지 갔습니다."

김복순은 초기왓에서 나이 든 부부가 출산한 아기를 버리고 오는 장면도 목격했다.

"새벽녘에 이불 속에서 보니 부부가 나가는 게 보여요. 아주머니는 거적을 들고 밖으로 나가는데 다리가 벌겋게 된 상태에서 나갔어요. 나는 '저 아주머니가 왜 저렇게 해서 나가지?' 하고 생각했습니다. 무서워서 가만히 있었는데 한참 있다가 갈중이 몸뻬를 풀어제치고 벌겋게 옷에 피가 묻은 채 들어왔어요. 어머니한테는 말도 하지 못했는데, 그게 아기를 낳고 버려두고 오는 거였어요. 사람들이 '애기 낳고 왔구나'라고 수군거리는 걸 들었어요. 부부에게 누구도 뭐라고 하지 않았지요."

밤새 걷다가 잠시 쉬는가 했더니 날이 밝자 팡팡팡팡 총소리가 나기 시작했다. 토벌대가 올라왔다. 해는 떠서 사방이 훤했다. 앞뒤에서 총 든 군인들이 걸음이 처지는 사람이 있으면 마구 때리면서 중문까지 끌고 갔다. 그렇게 닿은 곳이 서귀면사무소 부근 창고 수용소였다. 수용소는 정방폭포 들머리에 있었다.

"똑똑히 봤다, 정방폭포에 널린 시신들을"

"중문에서 하룻밤을 자는데, 어른들을 불러가더니 머리가 터져 피로 얼룩질 정도로 초주검을 만들었다. (서귀포에) 가서도 어른들을 한 사람씩 불러서 마구 때렸다. 거기서 사흘째 되던 때 그들이 하는 말이 아이들을 살릴 사람은 손을 들라고 했다. 아버지가 손을 들었고, 이를 본 사람들이 절반 이상 손을 들었다. 죽어도 다 같이 죽겠다는 사람도 많았다. 이날 아침 마지막 주먹밥을 든 아이들과 어른 86명을 정방폭포 옆에 세우고. 나는 똑똑히 봤다. 시체는 정방폭포에 많이 깔려 있었다."

제주도의회가 1996년 펴낸 『제주4·3피해보고서』에는 동생 김복남의 증언이 이렇게 실려 있다. 아버지, 어머니도 그날 학살된 사람들과 함께였다. 수용소로 온 뒤에는 아이들만 따로 모아 놓아, 부모님이 주먹밥을 들고 나가면서 건네줄 때만 얼굴을 봤다. 김복순도 먼발치에서 부모의 죽음을 목격했다.

"수용소로 쓰는 창고 밖으로 나오니 따뜻하고 좋은데 사람들이 웅성거리는 소리가 났어요. 한 아주머니가 '야, 저기 해 뜨는 쪽을 봐. 네 아버지와 어머니가 있어. 모두 세워놓고 총 쏘고 있어' 하는 겁니다. 그때는 나무들이 키도 크지 않고 집들도 없어서 다 보였어요. 팡팡팡팡 총소리가 나고 사람들이 쓰러지는데, 어머니 아버지가 죽고 있다는 생각에 울기만 했습니다."

정방폭포 쪽으로 올려다 보니 사람들이 서 있는데, 멀어서 목 부위만 보였다. 이윽고 다다다닥! 총소리가 났다. 지금의 서복전시관 자리였다. 오전 9시나 10시경으로 기억한다. 그것으로 끝이었다.

김복순은 부모의 시신을 찾을 생각도 못했다. 동생과 살아갈 앞날이 더 큰 문제였다. 수용소에서 두어 달을 더 살았던 것으로 기억한다. 수용소에는 사람들이 많았다. 부모가 생각나면 구석에 쪼그리고 앉아 고개를 숙이고 어깨를 들썩였다. 그곳에서 생활하다 김복남은 강정마을로, 김복순은 서귀포에서 남의집살이를 하다 한림으로 입양됐다. 그렇게 동생 김복남과 헤어졌다.

김복순은 남의집살이를 하면서 천지연에 빨래하러 다녀오는 길에 헤어진 오빠를 만났다. "복순아!" 뒤에서 누군가 이름을 불러서 돌아보니 오빠였다. 돌을 나르던 오빠를 봤지만, 사람들이 많아 부끄러워서 말도 제대로 못 하고 종종 걸음으로 지나쳤다. 남의집살이를 하며 '폭도 새끼'라는 말을 듣던 상황이라 오빠를 보고도 말 한마디 건넬 용기를 내지 못했다. 그뒤 오빠가 광주형무소에서 형기를 다 마칠 무렵 이질에 걸려 숨졌다는 말을 오빠 친구로부터 전해 들었다. 살아 있을 때 오빠와 말 한마디라도 나눌 걸, 하는 후회가 밀려왔다가 밀려간다.

사연은 이어진다. 김복순은 1952년 육지로 떠났다는 언니를 찾으러 무작정 부산행 배에 몸을 실었다. 15살 때였다. 언니는 찾지 못하고, 그뒤 전국을 헤매며 생활하다 25살 무렵 고향에 내려와 동생 김복남을 만났다. 언니를 만난 건 1980년대 초 한 방송사의 이산가족 찾기 프로그램을 통해서였다. 3남매가 30년 만에 극적으로 재회했다.

제주민예총은 2015년 4월 11일 당시 학살 현장인 서복전시관에서 4·3 해원상생굿을 열었다. 김복순은 여기에서 설움을 참지 못하고 대성통곡했다.

"이곳이 어머니 아버지가 죽은 곳이로구나. 저곳이 부모님이 우리한테 주먹밥을 주던 곳이로구나."

9

그날, 그곳

1949년 1월 17일 북촌리

하루, 한 마을, 300여 명, 집단 학살

올레19코스에서는 '민족 자존'의 자취와 '광기의 시대'를 함께 만날 수 있다. 이렇게 서로 다른 역사가 응축된 곳이 또 있을까. 길은 조천 만세동산 부근에서 시작한다. 조천리는 1919년 제주도 3·1 만세 운동의 진원지다. 그래서 조천리에 있는 동산 이름이 만세동산이다. 일제 강점기 많은 사상가와 운동가를 배출해낸 민족 자존의 고향이다. 조금 과장하면 한 집 건너 한 집이 독립운동가의 집안이다. 해방 뒤에는 조천중학원이 있었다. 바로 옆 마을 신촌 출신 제주도 인민유격대 사령관 이덕구가 이 학교 교사였다. 길은 함덕으로 이어진다. 에메랄드빛 함덕해수욕장이 있고, 서우봉이 병풍처럼 서 있다. 봄이 되면 유채꽃이 오름 등성이를 노랗게 물들인다. 이 아름다운 땅에 학살의 광기가 서려 있다.

그 다음은 북촌이다. 북촌리로 들어서면 가장 먼저 너븐숭이 4·3기념관을 만난다. 제주도 마을 가운데 유일하게 4·3기념관이 있는 곳이 바로 북촌리다. 기념관은 마을에서 일어난 4·3의 참상을 보여주고 있다. 군에 의해 하루에 300여 명이 한꺼번에 집단 학살됐다. 마을은 불에 탔다. 기념관 앞에는 그때 못다 핀 아기들이 묻힌 아기무덤이, 북촌리 비극을 세상에 알린 소설가 현기영의 『순이삼촌』 문학비가 있다. 300여 명의 목숨을 단숨에 앗아갔지만, 책임 진 이 아무도 없다.

불타는 집들, 학교 운동장으로 향하는 사람들

1949년 1월 17일 낮, 세찬 바람과 함께 눈이 팡팡 흩날리는 매서운 날씨였다. 갑자기 마을 서북쪽에서 탕탕탕 총소리가 들렸

다. 심심찮게 듣던 소리였지만, 그날 따라 총소리가 유난스러웠
다. 군인들이 북촌리 해동마을로 진입하며 경계 초소에서 보초를
서는 주민들에게 난사한 총소리였다.

"학교 마당으로 나가!"
"빨리 나가!"

대검을 꽂은 총을 든 군인들은 집집마다 들이닥쳐 마을 국
민학교 운동장으로 모이라고 닦달했다. 군인들의 "나와!" "나와!"
하는 소리가 골목길을 따라 울려퍼졌다.

군인들은 안골목에 들이닥쳤다. 골목에는 7가구가 살았다.
이윽고 9살 이재후의 집에 들이닥쳤다. 검을 꽂은 총으로 문을 찍
어 열어젖힌 군인들은 군홧발로 작은 초가 안으로 냅다 들어왔
다. "안 나오면 쏘아 죽이겠다"며 학교 운동장으로 나가라고 윽박
질렀다. 아버지가 먼저 나가고, 어머니는 여동생을 업고 따라 나
섰다. 형과 둘째 누나가 그뒤를 따랐다. 할머니는 어린 이재후의
손을 꼭 잡고 집을 나섰다. 모두가 겁에 질렸다.

집을 나서자 싸락눈이 얼굴을 때렸다. 골목을 나서자 두려
움에 질린 삼촌들이 아이들의 손을 잡고 학교 운동장으로 발걸
음을 옮기고 있었다. 군인들이 마을 곳곳을 돌아다니며 주민들을
위협하고 운동장으로 내몰았다.

이재후의 동갑내기 학교 동창 고완순의 집도 골목 안쪽에
있었다. 군인들이 밖에서부터 불을 질러 골목에는 연기가 가득찼
다. 더 이상 안으로 들어오지 못한 군인들의 발소리가 점점 멀어
져 갈 때 갑자기 옆집 아기의 울음소리가 들렸다. 군인들은 대검

을 꽂은 총을 들고 고완순의 집으로 쳐들어갔다. 고완순의 어머니는 3살배기 남동생을 업고, 언니와 고완순의 손을 잡고 학교로 향했다. 무슨 일이 일어날지 아무도 몰랐다.

하늘은 새까만 연기로 가득했다. 아이들의 손을 잡고 잠깐 마실 나갔다 집으로 돌아가는 길에, 동네 친구 집에 놀러갔다가 학교로 내몰린 사람들도 있었다. 총을 든 군인들의 살기등등한 표정에 신발도 신지 못한 채 맨발로 나서기도 했다. 몸을 숨겼다가 들키면 바로 총살이었다. 거동이 불편한 사람들도 현장에서 총살됐다. 어른들의 마음은 얼음장이 되어가고 있었다.

앞서 이날 오전, 세화 주둔 2연대 3대대 중대 일부 병력은 대대 본부가 있는 함덕리로 가고 있었다. 가는 길에 너븐숭이 부근에서 무장대의 기습 공격을 받았다. 이 공격으로 군인 2명이 숨졌다. 북촌리 학살은 이 일에 대한 보복 학살극이었다. 북촌리 학살을 주도한 2연대 3대대는 서청 회원 위주로 편성돼 '서북 대대'로 불렸다. 이들은 마을 민보단원들에게 군인들의 시신을 대대 본부로 옮기라고 명령했다. 마을 주민 9명이 들것을 만들어 군인들의 시신을 옮겼다. 이들은 군인들에게 종일 폭행당했다. 날이 어두워지자 이들 가운데 경찰 가족 1명을 제외한 8명이 함덕의 모래밭에서 총살됐다.

이런 영문도 모른 채 북촌리 주민들은 북촌국민학교 운동장으로 모여들고 있었다. 학교로 가는 길, 슬쩍 뒤돌아본 마을은 온통 불바다로 변해가고 있었다. 군인들이 집마다 불을 지르고 있었다. 초가 지붕에 붙은 불들이 세찬 바람을 타고 미친 듯이 번지고 있었다. 군인들의 얼굴이 불길에 벌겋게 달아오르고 있었다. 바람에 날리는 건 또 있었다. 진눈깨비였다. 흰눈과 붉은 불길은 묘한 대조를 이루고 있었다. 초가를 태우는 매케한 냄새가 밀려왔다. 모두가 움츠러들었다. 집을 태운 검은 재와 흰 재가 뒤섞여 바람을 타고 날아다녔다.

운동장을 채운 공포

운동장 남쪽 정문과 동쪽에 군인들이 총검을 들고 운동장을 포위한 것이 이재후의 눈에 들어왔다. 서쪽은 굴헝(구렁)이 진지형이라 보이지 않았다. 고완순은 학교 울타리에 설치된 3개의 기관총을 보았다. 그 가운데 2개의 기관총 총구가 운동장을 향해 있었다.

학교에서 가까운 곳에 살거나 먼저 학교에 도착한 사람들은 북쪽 조회대 쪽부터 앉기 시작했다. 부녀자들은 아기를 업고 손에 어린 자녀들을 꼭 쥐고 어찌할 바를 몰라 서성거렸다. 뒤늦게 발각돼 발걸음을 옮긴 고완순의 가족은 학교 정문에서 멀지 않은 곳에 앉았다. 꾸역꾸역 모여들기 시작한 주민들은 조회대와 마주보는 남쪽 정문까지 1천여 명은 넘을 것으로 보였다. 학교 운동장이 가득찼다. 사람들이 모이자 조회대 옆에 선 장교 3명 가운데 1명이 단상에 올랐다.

"너희들 중에 산에 올라간 적이 있거나 가족이 산에 올라간 사람이 있으면 나오라. 나오지 않으면 너희들의 목숨이 가는 날이다!"

나서는 사람이 없었다. 나가면 죽는데 누가 나서겠는가. 또

다른 장교가 올라가 재촉했지만 역시 나가는 사람이 없었다. 민보단장을 나오라고 했다. 북촌리는 무장대를 차단하기 위한 성을 쌓고 3곳의 출입구를 만들었다. 마을 사람들로 구성된 민보단원들이 이곳을 지켜왔다. 군인들은 민보단장에게 구보를 시키더니 사람들을 향해 "여기를 보라"며 그 자리에서 민보단장에게 총을 쐈다.

'탕탕탕!'

고완순은 총소리를 들었다. 군인 4명이 민보단장의 시신을 학교 담장 밖으로 던져버렸다. 이를 지켜본 주민들이 공포에 떨며 비명을 질렀다. 그러나 본격적인 참극은 시작도 안했다. 맨 먼저 조회대에 올라갔던 장교가 다시 올라갔다.

"너희들도 나오지 않으면 이렇게 된다."

아무도 나가지 않았다. 군인들은 주민들을 위협하는 한편 사람들을 분리하기 시작했다.

"군인 가족 나오라."
"경찰 가족 나오라."
"민보단 가족 나오라."

그렇게 나간 경찰이나 군인 가족들은 운동장 서쪽으로 가 불을 쬐며 앉도록 했다. 교실에 있는 책상과 걸상들을 가져다 불을 살랐다. 주민들은 두려움 속에 웅크리고 앉아 있었다. 고완순은 이날의 모습을 머릿속에 담았다.

"대나무가 길었습니다. 군인들이 긴 대나무 2개를 묶어서 양쪽 끝에 잡고 내리치면서 주민들을 갈라놓았습니다. '누구네 나오라'고 하면 와랑와랑 따라 나가니까 대나무로 가운데를 내리쳤어요. 군인들이 삼촌들에게 몽둥이질을 해가면 '아이고, 아버지, 어머니' 하는 소리가 곳곳에서 들렸습니다. 운동장 서쪽으로 가려고 하면 마구 두드려 팼습니다."

군인들은 장대로 운동장을 동과 서로 갈랐다. 장대로 갈리거나 사람들에게 떠밀려 서로 떨어지게 된 가족들은 다른 가족을 찾기 위해 필사의 노력을 기울였다.

군인들의 장대 밀어내기, 삶과 죽음의 선

군인들이 동과 서로 나누면서 사람들은 한쪽으로 우르르 쏠리기를 반복했다. 군인들은 그때마다 사정없이 개머리판으로 내리쳤다. 고완순의 어머니는 총소리가 날 때마다 3살배기 남동생을 업은 채 언니와 고완순의 손을 양손에 잡고 땅바닥에 머리를 파묻었다.

세찬 바람과 싸락눈 속에서 초가를 태운 재가 어지러이 운동장에 날아들었다. 잠시 뒤, 운동장 밖에서 총소리가 났다. 다다닥! 다다닥! 총소리에 울부짖는 소리가 운동장을 가득 메웠다. 운동장에 모여 앉았던 가족들은 이리 쏠리고 저리 쏠리는 바람에 흩어졌다.

그 와중에도 어떤 삼촌은 용기를 내 일어서서 "아들이 없다"거나 '경찰 가족'이라고 호소해 서쪽으로 가 살아나기도 했다. 사람들마다 "우리는 죄가 없다"고 애원했다.

군인들은 산에 오른 사람들의 이름을 하나하나 부르며 그 가족들을 나오게 한 뒤 한편으로 줄을 세웠다. 오빠가 산에 갔다는 이유로 이름이 불려 나갔다가 군인이 돌아서서 이름을 부르며 한눈을 파는 순간 서쪽으로 재빨리 숨어 들어가 목숨을 건진 이도 있었다. 총소리가 나면 어린아이들은 어머니나 할머니 치마폭에 몸을 숨겼다. 이재후도 할머니의 치마폭에 숨어 고개만 내밀어 그날의 현장을 목격했다. 우왕좌왕하는 와중에도 외아들을 살리기 위해 군인들의 개머리판 폭행을 온몸으로 막아내는 어머니도 있었다. 군인들의 마구잡이 몽둥이질에 사람들은 처참할 정도로 맞았다. 조회대가 있는 북쪽에 앉지 못한 가족들은 운동장 가운데에서 군인들로부터 무수한 폭행을 당했다. 군인들이 '나와!' 하는 소리가 들려도 끌려가지 않으려고 숨듯이 고개를 숙였다. 총을 쏘면 사람들은 서로 군인들의 눈에 띄지 않기 위해 틈을 찾아 숨어 다녔다. 말 그대로 아비규환의 현장이었다.

고완순의 가족도 삶과 죽음의 문턱에서 헤맸다. 고완순은 사람들에 떠밀리다 엉거주춤한 자세로 누군가를 만졌다. 오른쪽 손바닥에서 끈적하고 미끌한 감촉이 전해졌다. 운동장 한복판에서 총에 맞아 죽은 여자 삼촌의 몸에서 흘러나온 붉은 피였다. 그 삼촌은 4살 아들을 업고 가족들과 내몰리다 군인이 쏜 총에 맞았다. 등에 업혔던 아기는 죽은 엄마의 가슴 위에 매달려 젖을 빨고 있었다.

"어머니, 손에 피가 묻었어. 무서워. 무서워."

고완순이 놀라 울며 말하자 남동생도 "무서워. 집에 가자. 집에 가자"며 보챘다. 몽둥이를 들었던 군인이 동생의 머리를 2차례 내리쳤다. 어머니가 막을 틈도 없었다. 남동생은 더는 보채지도 울지도 않은 채 어머니의 등에 축 늘어졌다. 3살 남동생은 그 뒤로 시름시름 앓다가 1952년 숨졌다.

"여기 있는 사람들을 차에 싣고 제주읍으로 갈 것이다."

총소리가 그친 뒤 군인들은 이렇게 말했다. 그들을 따라 사람들이 운동장 밖으로 나간 뒤 얼마 지나지 않아 다다닥! 다다닥! 총소리가 났다. 사람들은 공포 속에서 비명을 질렀다. 한 번은 학교 서쪽 당팟(당밭)으로, 그 다음은 동쪽 너븐숭이 쪽 옴탕밭으로 30~40명씩 끌고 갔다. 그렇게 끌려간 이들은 모두 다 학살당했다. 학살은 여러 차례에 걸쳐 이루어졌다. 이재후의 아버지도 희생됐다. 학교 밖으로 끌려나간 사람들이 다시 운동장 안으로 들어오려고 몸부림을 쳤다. 몸부림이 커질수록 군인들의 몽둥이질도 무자비해졌다. 싸락눈이 흩날리고, 매캐한 냄새가 바람에 실려 운동장으로 밀려왔다. 통곡 소리가 그치지 않았다.

유리알처럼 반짝이는 핏빛 땅

어머니한테 "끌려가지 말게. 말게(말자)" 하면서 운동장 안으로만 밀려 들어가던 고완순의 가족은 마지막으로 옴탕밭으로 끌려갔다. 어머니는 남동생을 업고 언니와 고완순을 양손에 잡고 앉았다. 죽음이 코앞으로 다가왔다. 이미 옴탕밭에는 앞서 처형된 삼촌들의 주검이 곳곳에 널브러져 있었다. 군인들은 마을 사람들을 가로로 길게 앉혀 놓고 내키는 대로 죽이고 있었다. 아무런 생각도 들지 않았다. 고완순은 지금도 옴탕밭을 지날 때면 억울하게 죽어간 삼촌들이 떠오른다.

그때였다. 죽음의 그 순간, 고완순은 불그스름한 흙이 검게 빛나는 모습을 보았다. 구름이 지나가면서 해가 반짝 나왔다 들어가고, 들어갔다 나왔다.

"땅이 조금 검붉은 빛이 납니다. 그런데 그날은 땅 색깔이 피에 절어 새까맸어요. 오후 4시는 넘었던 것 같아요. 구름 사이로 해가 반짝 나오면 그 핏빛이 햇빛에 반사되어 유리알처럼 반짝거렸어요. 그러다가 해가 들어가면 땅이 시커매져요. 완전히 새까매졌어요. 피가 땅을 적셔서 그렇게 된 겁니다."

검붉은 송이흙은 피가 땅으로 스며들어 핏빛으로 변했고, 얼음이 언 것처럼 반짝였다. 눈물범벅이 된 얼굴을 종일 바람과 싸락눈이 때리고 있었지만 춥다는 생각이 들지 않았다. 죽음의 공포 앞에서 추위를 느끼는 것은 사치였다. 등 뒤에서 철커덕 소리가 났다.

"총알을 장전하는 소리인지 무슨 쇳소리가 들렸어요. 어머니는 나와 언니의 손을 꼭 잡았습니다. 어머니의 등에는 동생이 업혀 있었고요. '마지막이구나!' 모두들 체념했습니다. 어떻게 시간이 흘렀는지 모릅니다. 앉아 있는데 무슨 소리가 들렸어요."

사격 중지를 외치는 소리였다. 처음에는 사격 중지라는 말인지도 몰랐다. 지프를 타고 오던 연대장이 계속해서 사격 중지!를 외쳤다.

"간나 새끼들. 파리새끼보다 목숨이 기네."

군인이 내뱉는 말에는 이북 사투리가 섞여 있었다. 군인들은 연대장의 명령에 따라 마을 사람들에게 일어나 학교로 다시 가라고 했다. 옴탕밭으로 끌려간 고완순의 가족을 비롯한 마을 사람들은 죽음의 순간에서 극적으로 살아났다.

다시 끌려온 학교 운동장에는 여전히 주민들이 이리 몰리고 저리 몰리고 있었다. 15살 이승례의 가족도 바로 앞에 앉았던 사람들이 끌려나간 뒤 차례가 되어 이제 막 어머니의 손을 잡고 나가려던 참이었다. 연대장이 탄 지프가 달려오며 '중지, 중지' 하는 외침에 걸음을 돌렸다. 오후 5시 무렵이었다.

다시 학교 운동장, 노을 지듯 불타는 마을

옴탕밭에서 나오던 고완순의 눈에 마을이 겨울 저녁 노을 지듯 벌겋게 타오르고, 검은 재와 흰 재가 뒤섞인 사이로 불티가 바람결에 날아다니는 모습이 들어왔다. 그 광경은 평생 잊을 수 없다.

겨울의 해는 짧았다. 비탄의 운동장도 슬슬 어둑해졌다. 그러나 공포는 여전히 한겨울 공기를 짙게 누르고 있었다. 연대장이 조회대 위에 올라섰다.

"불에 타지 않은 집에 가서 누웠다가 내일 함덕으로 피난 오라. 모두 살려주겠다."

고완순은 연대장이 연설할 때 줄줄이 묶여 트럭에 실린 사람들 속에서 이모를 봤다. 이모 나이 21살. 노란빛 나는 국방색 저고리를 입은 이모는 마을 사람들과 함께 굴비 엮듯이 묶인 채였다. 이모를 포함해 여자 3명, 남자 4명이었다. 15살 이승례의 아버지도 거기 있었다. 이들은 군인들에게 붙잡히면 죽을 것 같아 마을 바닷가 가까이에 있던 굴속에 몸을 숨겼다가 잡혔다. 상처 입은 선흘리 주민 한 사람은 굴속에서 총에 맞아 죽었다. 결혼한 지 얼마 안 된 이모의 남편은 산으로 피신했다. 도피자 가족이 된 이모는 토벌대가 오면 숨어 지내곤 했는데 이번에 붙잡혀 그곳에 있었다. 연대장이 조회대에서 내려와 지프를 타고 떠나자 이모를 태운 트럭이 뒤따랐다.

"아이고, 아버지!"
"아이고, 어머니!"

마을 사람들은 그때부터 운동장이며 인근 학살 장소 주변을 헤매며 죽은 식구들을 찾아다녔다. 날은 이미 저물었다. 바닷가 맞닿은 곳에 살던 13살 김석보와 어머니는 자욱한 연기로 바로 집에 들어가지 못했다. 바닷가로 돌아서 겨우 집에 들어가보니 주춧돌만 남고 아무것도 없었다. 다시 학교 운동장으로 가려고 길을 나섰다. 김석보의 등에는 2살배기 동생이 있었다. 어머니 뒤를 쫓아가는 길, 달이 어두운 하늘로 올라오고 있었다. 돌담 구석에 쪼그리고 앉아 있는 할아버지가 보였다. 섬찟했다. 숨진 채 피가 얼굴에 엉켜 붙어 얼굴 반쪽이 없는 것처럼 보였다.

이승례의 어머니는 할아버지를 찾으러 다녔다. 할아버지는 옴탕밭 바로 옆 양개왓으로 끌려갔으나 극적으로 살아났다. 등에는 총알이 뚫고 지나간 흔적이 작지만 가슴 위쪽이 크게 뚫렸다. 아마도 뒤에서 총을 맞은 것 같았다. 한쪽 손으로 총알이 지나간 가슴을 가리고, 다른 한 손에는 곰방대를 잡고 그 팔로 기어서 양개왓 돌담을 넘어 길 위로 나왔다. 이승례의 어머니는 밤중에 총에 맞은 할아버지를 들쳐 업고 돌아와 이불솜을 뜯어 총알이 뚫은 자리를 막았다. 할아버지는 함덕으로 소개 간 뒤 며칠 지나지 않아 숨졌다.

그날 가족의 시신을 못 찾은 이들도 많았다. 김석보의 어머니도 그랬다. 다음 날 아침이 되어서야 죽은 자식들을 찾았다. 6살 아이는 추워서 죽고, 8살, 10살 먹은 자식들은 총에 맞아 죽어 있었다. 두 손에는 고무신을 꼭 쥐고 있었다.

집으로 돌아가는 길

매캐한 냄새와 재, 연기가 온 마을을 뒤덮었다. 운동장을 빠져나와 집으로 돌아가는 길은 곡식과 가축이 타 죽은 냄새로 목이 멨다. 마을의 초가들은 대부분 불에 탔다. 곡식도, 가축도 모두 타버려 마을에는 아무것도 남아 있지 않았다. 집에 왔지만 모든 게 사라졌다. 가진 건 입은 옷이 전부였다.

골목 안쪽 어느 쇠막에는 황소가 죽어 있었다. 줄에 매어 있으니 불이 났는데도 뛰쳐나가지 못했다. 연기를 얼마나 들이마셨는지 배가 부풀어 오른 상태로 쓰러져 있었다. 길가에 할머니 한 분이 총에 맞아 쓰러져 있었다.

이재후의 집은 그나마 괜찮은 편이었다. 집을 잃은 동네 삼촌 20여 명이 이재후의 집으로 모여들었다. 불에 타 죽은 돼지를 옮겨와 솥에 넣어 삶았다. 또 다른 솥에 조팝(조밥)을 지었다. 이날은 음력 섣달 열아흐레. 늦게 뜬 겨울 달이 불에 탄 북촌마을을 비췄다. 할머니가 집마당에 서서 이재후의 손을 잡고 달을 향해 혼잣말을 읊조렸다.

"명경 같은 하늘님아. 우리가 무슨 죄를 지어수과. 말이나 허여줍서. 검은 것이 가메귀요, 흰 것이 백로로 알고, 식게 나민 떡반 태와주고, 이웃집 우는 애기 시민 젖 맥여주고, 비와 가민 장항 더꺼주고, 이렇게 평화롭게 살던 우리안티 이게 무슨 일이우꽈?"

(거울 같은 하느님아, 우리가 무슨 죄를 지었습니까. 말 좀 해주세요. 검은 것이 까마귀요, 흰 것은 백로로 알고, 제사를 하면 음식을 나눠주고, 이웃집 우는 아기 있으면 (내) 젖을 물려주고, 비가 오면 (내가 가서) 장독 뚜껑 덮어주고, 이렇게 평화롭게 살던 우리에게 이것이 무슨 일입니까?)

얼마 뒤 어머니가 돌아왔다. 어머니가 입은 갈중이(갈옷)와

신고 있던 검정 고무신에는 피가 묻어 있었다. 손을 씻은 어머니가 동네 삼촌들이 모여 앉은 부엌으로 들어오며 말했다.

"덜 서러와사 눈물나주. 먹게, 먹게. 오늘밤 일도 모른다. 내일 일도 모른다. 한번 배불리 먹엉 죽게."

(덜 서러워야 눈물이 나지. 먹자, 먹자. 오늘밤 일도 모른다. 내일 일도 모른다. 한 번 배불리 먹고 죽자.)

조팝을 남도고리(나무함지박)에, 불에 타 삶은 돼지고기를 조짚 위에 내놨다. 수저가 있을 리 없다. 맨손으로 고기를 뜯어먹고, 밥을 집어삼켰다. 모두 넋이 나가 있었다. 삼촌들 가운데 누군가 "아버지는 어떻게 했느냐"고 묻자, 어머니는 "찾아서 가마니만 덮고 왔다"고 했다. 그러자 삼촌들은 누구 어머니는 어떻게 죽었다더라, 누구네 아버지는 어디서 죽었다더라는 말을 주고받았다.

이튿날 북촌리 주민들은 연대장의 명령에 따라 인근 함덕리로 소개됐다. 그곳에서 수십 명이 더 총살됐다. 전날 트럭에 줄줄이 묶여 실려 함덕으로 간 이들 가운데 여자들은 다음 날인 1월 18일 함덕 모래밭에서 총살됐다. 고완순의 어머니는 이모를 찾아나섰다. 함덕 바닷가 모래밭 구덩이에서 찾아낸 이모의 시신은 너무도 처참했다. 그날 이후 아무도 그때 죽어간 여자들의 이야기를 꺼내지 않았다.

이승례의 아버지는 1월 19일 총살됐다. 이승례의 어머니는 아버지가 구금된 수용소로 아침밥을 갖고 갔으나, 석방했다는 이야기를 들었다. 석방은 죽음을 의미했다. 이승례는 어머니와 함께 함덕으로 가는 길가 오목하게 들어간 밭에서 숨져 있는 아버지를 발견했다.

영원히 계속될 것만 같았던 겨울이 지났다. 함덕 친척집이나 수용소에 살던 북촌리 사람들은 1949년 봄이 되자 고향으로 돌아왔다. 큰고모집 쇠막을 빌려 살던 이재후의 가족도 돌아왔다. 그 무렵 제주에 '마누라'가 번졌다. 제주에서는 홍역을 마누라라고 했다. 학살을 피한 아이들이 속절없이 죽어갔다. 이재후의 둘째 누나와 어동생도 화를 피하지 못했다.

불타버린 집터에 지천으로 널린 돌들을 갖다 쌓아놓고 지붕은 억새나 소나무 가지로 대충 엮었다. 가마니를 가져다 깔고 친척, 동네 삼촌들과 모여 살았다. 별이 보이면 별을 보고, 비가 오면 비를 맞았다. 먹을 게 없으니 배탈 나지 않는 건 뭐든지 뜯어다 먹었다. 땅에서 구할 수 있는 쑥, 송진, 무, 물웃(무릇)이며 바다에서 나는 파래, 톳을 캐다 좁쌀이나 보리쌀과 비벼 먹었다. 파래밥, 쑥밥, 무밥, 물웃밥을 먹지 않은 사람들이 없었다. '무남촌'이 된 북촌리 여성들은 초가지붕의 띠를 잇고, 남편과 부모 형제의 주검을 수습하고 마을을 재건하기 시작했다.

고구마 한 개, 사랑의 쌀 한 줌 모으기 운동

이재후와 북촌리 친구들은 중학교에 다니면서 밥다운 밥을 먹고 다닌 기억이 별로 없다. 그만이 아니다. 그 또래들은 모두 그랬다. 중학교 1학년 때는 수업이 끝날 때마다 물만 먹다가 집에 오는 날이 많았다.

하루는 한 친구가 너무 배가 고파 밭에서 몰래 고구마 한 개를 캐먹었다. 이튿날 밭주인이 학교로 찾아와 "북촌리 아이들이 고구마를 훔쳤다"고 했다. 수업이 끝난 뒤 북촌리 학생들만 운동장에 모였다. 선생님은 "고구마 캔 놈 나오라!"며 눈을 부라렸다. 학생들에게 엎드린 자세에서 머리를 땅에 박고 두 손을 등 뒤로 올리게 하는 '원산폭격'을 시켰다. 힘든 나머지 얼마 안 돼 친구들이 픽픽 옆으로 쓰러졌다. 3명의 친구가 나갔다. 한 친구가 울면서 말했다.

> "아버지는 4·3 때 행방불명됐습니다. 저는 어머니와 동생 둘이서 살고 있는데 집에 먹을 게 아무것도 없어서 어제도 학교에서 물만 먹었습니다. 집으로 가다가 너무 배가 고파 고구마를 캐먹었습니다. 선생님 용서해주십시오."

그 친구도 울었고, 다른 친구들도 울었다. 한동안 말이 없던 선생님은 "알았다"며 학생들을 귀가시켰다. 다음 날, 선생님은 그 친구에게 도시락을 건네고 가셨다. 친구는 자리에서 벌떡 일어나 아무도 없는 교탁을 향해 "선생님, 고맙습니다!"하고 큰소리로 외쳤다. 교실의 친구들은 박수를 쳤다. 이 일이 있고 난 뒤 이 반에서는 배고픈 학우를 위한 '사랑의 쌀 한 줌 모으기 운동'이 시작되었고, 곧 전교생에게 퍼져 나갔다.

이들의 목숨을 앗아간 '그들'은 누구인가

제주4·3평화재단이 펴낸 『제주4·3사건 추가 진상 조사 보고서 I』에 따르면 4·3위원회에 신고된 1월 17일 북촌리 학살 사건 희생자는 270명이다. 북촌리 주민 251명, 선흘리 주민 16명, 덕천리 주민 2명, 함덕리 주민 1명이다. 성비로 보면 남성들이 65퍼센트였다. 다음 날인 1월 18일, 함덕리로 소개된 북촌리 주민 가운데 함덕리 모래밭에서 희생된 29명까지 포함하면 이틀 동안 299명이 학살된 것으로 밝혀졌다.

북촌리 마을 원로회가 1993년 조사한 자료를 보면, 북촌리의 4·3 희생자 수는 모두 426명이다. 1994년 2차 조사에서는 사망자 숫사가 479명으로 늘었다. 4·3위원회에 신고된 북촌리 4·3 희생자 수는 462명이다. '북촌 희생자 합동위령제' 자료집에는 4·3 특별법에 따라 희생자로 결정된 사람이 631명이라고 되어 있다.

북촌리 사건이 일어난 그날 하루를 그려보기 위해 여러 사람을 만나 인터뷰했다. 당시 사격 중지 명령을 내린 사람이 누구일까도 궁금했다. 정부 보고서에는 북촌리 사건 당시 대대장이 사격 중지 명령을 내렸다고 했으나, 직접 만나 이야기를 해준 이들은 연대장이라고 했다. 사격 중지 명령 경위도 정부 보고서와 재단 보고서가 다르다. 이렇게 서로 다른 기록 속에 가해자들은 여전히 누구인지 알 수 없다. 하루에 270명, 이틀 동안 300명이 한꺼번에 학살당했으나 책임지는 이들은 없다. 그 수많은 죽음들 앞에 사과한 가해자는 한 명도 없다. 그들은 과연 누구인가.

10

흔적3
.
한라산 눈 위에 뿌려진
붉은 동백꽃

그해 겨울, 12살 그녀의 한라산

"큰 섬이었다. 그러나 크고 높은 산이었다. 그 섬이 즉 산이요, 그 산이 즉 섬이었다. 그것이 곧 제주도인 한라산이요, 한라산인 제주도였다."

일제 강점기 사회주의 운동가 김단야의 글이다. 그는 1924년 12월 31일 일본 모지 항에서 제주 연안을 거쳐 중국 상하이로 가는 해상에서 제주도를 바라보며 이렇게 글을 남겼다. 그의 말대로 한라산은 크고 높으며 깊고 넓다. 한라산은 곧 제주도이고, 제주도는 곧 한라산이다. 제주도 어디에 있든 섬 사람들은 매일 한라산을 보고, 바다를 본다.

4·3 시기 섬 사람들은 토벌대를 피해 산으로 들어갔고, 토벌대에 희생됐다. 토벌대 역시 무장대에 희생되기도 했다. 제주도 존재의 근원인 한라산은 4·3 내내 삶과 죽음의 교차 지대였다.

그해 겨울은 많은 눈이 내렸다. 한라산 중산간에는 어른 무릎만큼이나 많은 눈이 쌓여 온통 순백의 세상이었다. 12살 김평순 가족은 토벌을 피해 숨어 들어간 다른 마을 주민들과 한라산 깊은 곳에서 피신 생활을 했다. 화산섬 제주도에는 해안가에서 한라산까지 곳곳에 동굴이 뚫려 있다. 군인과 경찰에 쫓긴 피난민이나 무장대가 숨어 있기에 안성맞춤이었다.

김평순은 "죽지 않을 만큼만 먹을 정도로" 살았다고 했다. 하루하루가 생존 투쟁의 날들이었다. 먹을 것은 부족했고, 눈이 내린 한라산의 냉기는 살을 파고 들었다. 토벌대가 올라오면 급하게 숨어야 했다. 굴속에서 열댓 명이 살기도 했다. 낮에는 들킬

까봐 불도 지필 수 없었다. 냄새조차 밖으로 새어나가지 않아야 했다. 밤이 되면 굴 밖으로 살짝 나와 나뭇가지를 주워 불을 지폈다. 밥을 지을 때는 청미래덩굴을 많이 사용했다. 제주말로 멩게낭이라고 하는데 불을 피워도 연기가 잘 나지 않고, 비에 젖지도 않아 땔감으로도 이용했다.

1949년 1월 27일 오전, 토벌대가 들이닥쳤다. 총소리가 사방에서 들렸다. 굴 밖으로 나가면 나가는 대로 쏘아 죽였다. 굴 안에서도 죽었다. 붉은 동백이 눈 위에 통꽃으로 떨어지듯이 새하얀 눈밭이 피로 벌겋게 물들고 있었다. 아기 우는 소리와 신음도 들렸다. 함께 피난 중이던 큰오빠와 2살배기 여자 조카를 업은 올케, 4살 남자 조카가 먼저 굴에서 나가고, 김평순은 3살배기 남동생을 담요로 덮어 씌워 등에 업은 채 16살 셋째 언니, 8살 남동생과 함께 그뒤를 따랐다. 토벌대는 언니가 크다며 피난민 2명과 포승줄로 묶었다.

굴 밖으로 나오니 큰오빠네 가족은 모두 죽어 있었다. 토벌대를 따라 내려 가는 길에도 사람들이 죽어 있었다. 느닷없이 총소리가 들리기 시작했고, 토벌대도 총을 쏘기 시작했다. 앞뒤에서 사람들이 눈 위로 팡팡 엎어졌다. 아기 우는 소리, 사람들의 신음 소리가 뒤섞였다. 놀란 김평순도 얼굴을 눈 위에 묻었다. 잠시 시간이 흘렀다.

"죽어신디 어떵행 이추룩 사람 말소리 들어졈신고?"
(죽었는데 어떻게 이렇게 사람 말소리가 들리지?)

막냇동생을 업은 채 눈 위에 얼굴을 파묻고 엎어졌던 김평순은 힘겹게 일어나며 잠시 이런 생각을 했다. 머리와 얼굴, 어깨 위로 피가 콸콸 쏟아지고 있었다.

"아, 내 얼굴, 머리카락이 왜 피범벅이 됐지?"

동생을 업고 있었다는 생각도 하지 못했다. 동생을 묶고 있던 걸렝이(띠)를 풀고 보니 이미 죽어 있었다. 뜨거운 물에 손을 덴 것 같은 아픔, 눈 속에 몸을 파묻고 다시 나오고 싶지 않을 만큼 충격이 밀려왔다.

"내가 눈 위에 엎어지니까 동생도 같이 엎어지잖아요. 동생 때문에 내가 눈 속에 납작하게 파묻힌 거예요. 그 위로 토벌 대가 쏜 총에 동생이 맞은 겁니다. 동생이 아니었으면 내가 죽었지요. 동생이 나를 살렸어요."

포승줄에 묶였던 셋째 언니와 8살 동생도 옆에 죽어 있었다. 둘째 언니도 피신 도중 산에서 숨졌다. 그나마 9살 남동생은 굴 밖으로 나와 흩어지면서 다행히 목숨을 건졌다. 그날 하루에 김평순의 가족 8명이 겨울 한라산 눈 속에 묻혔다. 산으로 피신한 뒤 한 달이 채 안 돼 온 가족이 절멸했다. 김평순은 조그마한 태역 밭(풀밭)에서 눈물범벅, 피범벅이 된 채 허둥거렸다. 피로 엉겨붙은 머리카락을 피 묻은 손으로 떼어내고 업혀 있던 막냇동생을 언니 옆으로 옮겨놓고 일어났다. 붉은 동백꽃들이 한라산 눈 위에 떨어져 있었다. 그 위로 눈이 내렸다.

한밤중에 한라산을 오르는 소녀

1948년 12월 29일, 깜깜한 밤하늘에 뜬 별이 유난히 총총했다. 김평순의 식구들은 도피자 가족으로 몰려 안덕면 창천리 허름한 초가에 수용 중이었다. 같은 도피자 가족으로 몰린 동네 할머니 집이었다.

그날 밤, 산에서 내려온 사람들이 마을을 습격했다. 감금 아닌 감금 생활을 한 지 한 달이 채 안 될 때였다. 집을 지키던 경찰은 달아났다. 한밤중, 식구들은 누군가의 인기척에 잠이 깼다. 낯선 사람들이 와 있었다. 몇 사람인지, 누군지도 몰랐다.

"여기 시민 몬딱 죽는다. 글라 글라. 산으로 가게. 애기덜 업으라."

(여기 있으면 모두 죽는다. 가자 가자. 산으로 가자. 아기들 업어라).

재촉하는 사람들을 따라 서둘러 집을 나섰다. 그녀의 가족이 허둥지둥 챙긴 쌀이며 짐을 나눠지며 앞장을 섰다. 그녀는 허겁지겁 미녕 바지 저고리를 걸치고 3살배기 막내 여동생을 업어 담요 하나를 둘러쓰고 길을 나섰다. 올케 언니와 조카들, 8살, 9살 동생도 함께 어두운 밤길을 재촉했다. 동생을 업고 가는 12살 소녀는 힘에 부쳤다. 동생까지 업고 있어 제대로 걷지 못했다.

"12살짜리가 3살 난 여동생을 업고 밤중에 겨울 산길을 걷는 모습을 생각해보세요."

어디로 가는 지도 몰랐다. 가다 쉬다를 반복했다. 길만 바라보며 가다보니 어느덧 한라산 곶밭(수풀이 우거진 지대)에 다다랐다. 어슴프레 아침이 밝아왔다. 온통 눈밭이었다. 여기저기 사람들이 보였다. 바람만 막을 정도의 허름한 초가에 큰오빠가 누워 있었다. 한라산의 해발 1,375미터 볼레오름 부근이었다. 문도 없이 하늘만 가린 초가 바닥에 누워 있는 오빠는 많이 아파 보였다. 아픈 남편을 만난 올케는 안타까워할 뿐 달리 손쓸 방법이 없었다. 아버지와 어머니, 둘째 오빠의 죽음을 알렸다. 큰오빠는 누운 채 눈물만 흘렸다.

갑자기 밀려온 고난의 시작

김평순의 4·3은 일찍 시작됐다. 1947년 음력 섣달 어느 날, 그러니까 1948년 1월 초·중순 아니면 2월 초순 어느 날이었다. 동네 언니들이 향사에 놀러가자고 해서 함께 갔다. 향사는 돌담을 끼고 집 옆에 있었다. 김평순은 그날 마을에서 4·3이 일어난 날로 기억한다.

향사에서는 인근 감산리 김 선생이 칠판에 무언가를 쓰면서 아이들을 가르치고 있었다. 그때 경찰이 왈칵 들이닥쳤다. 김 선생은 잡혔고, 사람들은 달아났다. 마침 인근 국민학교 뒤쪽에 장례식이 있었다. 음식 준비하는 사람들과 섞여 달아난 사람들은 잡히지 않았다. 달아난 사람들 가운데는 일본으로 도피한 이들도 있었다. 4·3의 시초였다.

1948년 11월 23일 낮, 고난은 본격적으로 시작되었다. 마을에 나타난 경찰들이 집으로 찾아와 아버지한테 "아들을 내놓으라"고 닦달했다. 일찍 결혼해 오누이 자식을 둔 24살 큰오빠가 가족들도 모르게 사라져 버린 때였다.

큰오빠가 사라진 뒤 김평순네는 도피자 가족으로 몰렸다. 아버지는 "아들이 어디 갔는지 어떻게 알겠느냐"고 하소연했다. 몸을 피한 사람이 큰오빠만은 아니었다. 경찰은 마을 사람들을 향사 앞으로 불러냈다. 병환 중이던 아버지는 지팡이를 짚고 나갔다. 김평순도 동네 친구들과 함께 갔다. 향사 앞은 마을 사람들로 가득찼다. 경찰은 여럿이었다. 사람들을 모두 앉게 하더니 모자에 붉은 띠를 두른 한 경찰이 아버지 이름을 부르며 앞으로 나오라고 했다. 김평순은 속으로 '우리 아버지를 부르는구나' 하고 생각했다.

"아들 어디로 보냈나?"
"이렇게 아픈데 아들이 어디 갔는지 어떻게 알겠습니까. 같이 사는 가족도 모릅니다."

조금 뒤 총소리가 났고, 김평순의 아버지는 그 자리에서 쓰러졌다. 어린 김평순은 생각했다.

'총에 맞으면 사람이 죽는 건가?'

경찰은 총에 꽂힌 칼로 숨진 아버지를 2차례 찔렀다. 세 번째 찌르려고 하자 같이 있던 지서장이 그만하라고 했다.

도피자 가족으로 몰린 식구들, 아버지가 총에 맞다

경찰이 집으로 찾아와 불을 붙였다. 김평순의 가족이 살던 3채의 집이 불타고 있었다. 돌아가던 길에 경찰은 주민 2명을 더 쐈다. 경찰의 눈길이 가는 곳에 죽음이 이어졌다.

어머니와 식구들은 불에 타지 않은 물건을 꺼내느라 정신이 없었다. 김평순은 아버지가 총에 맞아 쓰러졌다는 소식을 전하려고 집으로 달려왔다. 아버지가 숨졌다는 말에 어머니는 불을 끄다 말고 22살 둘째 오빠, 18살 언니, 올케와 함께 달려가 아버지의 시신을 수습했다. 김평순은 "어머니가 울고불고한 걸, 말로는 다 할 수가 없다"고 했다. 집이 다 타버려 아버지 상을 치를 수가 없었다. 집 근처 말 구르마(수레)를 두던 마차집에 상을 차렸다. 아버지 시신은 그 옆 돌담을 끼고 잠시 안치했다.

"아버지신디 강 상에 밥 올리라."
(아버지 상에 가서 밥을 올려라.)

어머니의 말에 따라 밥을 올리고 나서 호기심으로 아버지를 덮은 이불을 걷어봤다. 아버지 옷에는 시뻘건 피가 묻어 있었다. 집이 불에 타 오갈 곳이 없는 김평순의 가족들은 마차집에 머물렀다. 이틀 뒤, 지서에서 온 경찰은 조그마한 초가에 도피자 가족을 몰아넣었다. 따로 살면 산으로 연락할 수 있으니 한곳에 모아둔 것이다. 할아버지 부부와 손자가 살던 그 집은 도피자 가족 수용소가 됐다. 수용소로 사용된 집이라고 해봐야 방 한 칸 마루 한 칸이었다. 안거리(안채)는 경찰이 태워버리고, 그나마 밖거리(바깥채)는 불에 타지 않아 그곳에 모여 살았다. 방에는 할아버지

부부와 손자 등 3명이, 마루에는 올케네 3식구와 김평순의 식구 7명 등 10명이 살았다. 경찰은 밖으로 나가지 못하도록 마을 사람들을 시켜 지키게 했다.

"살려줍서! 살려줍서!", 어머니의 마지막 몸부림

1948년 12월 8일 오전. 수용소 아닌 수용소에서 10여 일을 보냈다. 지서 경찰이 또 찾아왔다. 이번에는 어머니와 둘째 오빠, 둘째 언니와 집주인 할아버지 등 4명을 잡아갔다. 할머니만 사는 앞집에도 들러 "아들을 내놓으라"며 잡아갔다. 지서로 데려가는 길에 그 할아버지와 할머니에게 총을 쐈다. 이어 김평순 가족 차례였다. 어머니가 경찰에 매달렸다.

"아무 죄도 어신 아이 무사 죽이젠 햄수과? 나는 아들 난 죄로 죽지만 딸은 무슨 죄가 이성 죽이젠 햄수과? 밥도 못해먹는 새끼들 보글보글행 이신디 자이가 살아가사 될 거 아니우까 가이네가 어떵 삽니까? 살려줍서! 살려줍서!"

(아무 죄도 없는 아이를 왜 죽이려 합니까? 아들 난 죄로 나는 죽지만 딸은 무슨 죄가 있어서 죽이려고 합니까? 밥도 못해먹는 아이들이 집에 줄줄이 있어요. 살려주세요. 제발 살려주세요.)

어머니는 몸부림쳤다. 살기 위한 몸부림이 아니었다. 자식들을 살리려는 몸부림이었다. 그러나 경찰은 어머니와 오빠에게 총을 쏘았고, 둘째 언니는 지서로 끌고 갔다. 어머니와 오빠의 죽음을 눈앞에서 본 언니는 밤새 울며 경찰에게 애원했다.

> "이추룩 이디 가두와불민 어떵헙니까. 우리집이 어린 동생
> 들 무신 죄가 이수과. 이제 말 고를 사람은 다 죽어신디 누게가
> 그것들을 도와주쿠과. 제발 살려줍서. 날 보내줍서."
>
> (이렇게 여기 감금해버리면 어떡합니까. 우리집 어린 동생
> 들이 무슨 죄가 있습니까. 이제 말할 사람은 모두 죽었는데 누
> 가 그 동생들을 도와주겠습니까. 제발 살려주세요. 날 보내주
> 세요.)

둘째 언니는 이튿날 지서에서 풀려났다. 돌아오는 길에 어
머니와 오빠의 시신을 보았다. 함께 있던 집주인 할아버지와 앞
집 할머니 시신은 누군가 수습한 뒤였다. 언니는 김평순과 올케
와 함께 마차를 끌고 가 어머니와 오빠의 시신을 수습했다. 친척
들의 도움으로 아버지 곁에 묻었다. 동네 아이들은 '폭도 새끼'라
고 놀리고, "폭도 새끼와 벗하지 말라"며 상대도 해주지 않았다.

> "세상에 이보다 더한 원수는 없습니다. 밖에 다니지도 못했
> 어요. 그 시절을 겪지 않은 사람들은 이해하지 못할 것입니다."

수용소 아닌 수용소에는 이제 올케네 3식구와 김평순네
5식구만 남았다.

피신 또 피신, 수용소, 다시 만난 동생

산으로 피신했다가 토벌대의 습격으로 식구들이 희생된 1949년 1월 27일. 그녀는 아수라장의 현장에서 살아났다.

"여기가 어디야? 어디로 가야 하지?"

도저히 헤쳐나갈 수 없는 새까만 어둠 속에 혼자 내동댕이 처졌다. 온 식구가 죽었지만, 슬퍼할 틈마저 없었다. 아무런 생각도 나지 않았다. 그렇게 한동안 혼자 가만히 서 있었다. 그러다 어디선가 총소리가 들리면 무조건 달렸다.

"동쪽에서 총소리가 나면 서쪽으로 뛰고, 서쪽에서 총소리가 나면 동쪽으로 뛰면서 그 자리에서 뱅뱅 돌았어요. 혼자서."

어딘가에서는 숲속에서 나는 인기척에 눈을 돌리니 누군가 김평순을 향해 손짓을 하고 있었다. "혼자 돌아다니다가 어떻게 하려고 하느냐"고 했다. '그 사람' 역시 도피 중이었다. 그와 함께 밤길을 걷는데 갑자기 총소리가 울렸다. 냇가 바위까지 냅다 뛰었다. 어느새 그 사람은 사라지고 또다시 혼자가 됐다. 12살 소녀 앞에 가시밭길이 이어졌다. 어디로 가야 할지 몰라 날이 밝는 대로 다시 산으로 향했다. 그리고 거기에서 또 사람들을 만났다. 어디서 어떻게 덮칠지 모르는 죽음의 그림자를 피하려 피난민들은 숨을 죽이고 있었다.

"어떻게 혼자서 이런 곳을 다니니? 따라다니다가 숨으라고 하면 숨어."

누군가 김평순에게 말했다.

"토벌대들이 자꾸 올라오니까 우리도 자꾸 옮겨 다녔어요. 나무 틈에서도 살고, 굴속에서도 살고, 수풀 속에서도 살고 했습니다."

1949년 2월 어느 날, 김평순은 하늘에서 쏟아지는 종잇장을 주웠다. 비행기로 뿌린 귀순 권고 전단지였다. 글을 읽을 줄 몰랐던 김평순은 그냥 다니다 토벌대에 붙잡혔다. 끌려간 수용소는 정방폭포 부근 단추공장이었다. 이미 사람들로 가득했다. 산에서 만난 이들도 거기 있었다. 한 아주머니가 찾아와 수양딸로 가자고 했다. 김평순은 싫다고 했다.

"우리집 온 가족이 죽고 나 혼자 살아남아수다. 모두 나 앞에서 죽었는데 내가 가버리면 누가 제사를 지내줍니까?"

수용소에서 가까스로 살아돌아온 김평순은 집터가 있는 마차집에서 죽은 줄만 알았던 9살 남동생을 만났다. 어린 남매는 그곳 움막에서 지내며 숨진 가족들을 위해 제사를 올렸다. '폭도집'이라며 아무도 찾아오지 않는 서러움은 어쩔 수 없었다.

꼬리에 꼬리를 무는 수많은 기억들, 시간의 고문

삶 자체가 시간의 고문에서 달아나기 위한 싸움의 나날이었다. 벗어나기 위해 필사적으로 버텼다. 그러나 꼬리에 꼬리를 무는 수많은 기억들, 불덩이 같은 한없는 슬픔이 매순간 김평순을 짓눌렀다. 한라산을 하얗게 덮었던 눈 위에 펼쳐진 붉은 동백이 보이고, 총소리가 들리고, 불타기 전에 살던 초가, 아버지와 어머니, 등에 업힌 3살 동생과 언니들, 오빠들의 얼굴이 보인다. 숨비소리를 내며 세월에 자맥질하는 해녀처럼 김평순의 마음속에는 가족들의 얼굴이 수시로 나타나고 사라지기를 반복했다.

2012년 김평순은 자신이 겪은 일을 서툰 글씨로 공책에 적어내려갔다. 자식들에게 보여주기 위해서였다.

"1948년 4·3 때 외할아버지, 외할머니, 외삼촌, 외숙모, 이모들까지 외가 식구 11명이 모두 돌아가셨다. 나와 작은외삼촌만 살아남았다. 그때 나는 12살, 외삼촌은 9살. 우리 남매는 고아가 됐다.

한 집에 13명이 함께 살다가 우리 둘만 살게 되었으니 아무 생각도 할 수 없었다. 아무리 울어도 말 걸어주는 사람 하나 없었다. 나는 업고 있던 동생 때문에, 그 동생이 죽어서 살 수 있었다. 눈만 감으면 그때 생각이 난다. 내 앞에서 식구들이 모두 다 죽었는데, 아무것도 할 수가 없었다. 죗값을 치르고 살고 싶었지만 할 수 있는 일이 없었다. 이 일을 남들한테 제대로 말하여 본 적도 없다. 어떤 고초를 겪고 살았는지 아무도 모른다. 내가 세상을 떠나 4·3위령제에 못 가도 너희들은 무슨 일이 있어도 1년에 꼭 한 번은 4·3위령제에 가도록 해라. 나를 생각해서라도 꼭 참석해야 한다."

남원면 살던 11살 소년의 한라산

이런 사연이 어디 김평순만의 것일까. 그해 겨울 한라산에
는 제대로 입지도 신지도, 먹지도 못한 채 헐벗고 굶주린 수많은
제주 사람들이 두려움에 떨고 있었다. 초토화 시기 제주도는 죽
음의 섬이었다.

1948년 11월 7일 오전, 샛바람이 세게 불었다. 비는 내리지
않았지만 추운 날이었다. 9연대 군인들을 태운 '지에무시'(GMC)
가 아랫마을에서 속속 올라왔다. 트럭에서 내린 군인들은 위로부
터 집마다 불을 지르기 시작했다. 초가 지붕의 '그슨 새'(그을린 띠)
와 '묵은 새'(오래된 띠) 타는 냄새가 온 마을에 퍼졌다. 초가를 태운
연기와 불티가 새까맣게 하늘을 뒤덮으며 바람을 타고 날아왔다.

이날 남원 지역에는 군·경 합동 작전이 벌어졌다. 토벌대
는 오전에는 수망리와 의귀리를, 오후에는 한남리를 불태웠다.
일주도로 주변은 경찰이, 의귀리 등 중산간 마을은 군이 맡아 불
을 질렀다. 말 그대로 잿더미로 만드는 초토화는 주민들의 주거
지에 불을 놓아 없애는 것으로 시작했다.

중산간 마을 남원면 의귀리 11살 소년 고기정의 3대 가족
이 모여 사는 집에도 매케한 연기와 불티가 날아왔다. 대대로 살
아온 집이다. 밖거리에는 할아버지와 할머니, 안거리에는 그의
가족이 살고 있었다.

집에는 아버지와 어머니, 둘째 누나와 여동생 둘이 있었다.
큰누나는 시집간 뒤였다. 군인들이 집마다 불태우고, 여기저기서

총소리가 들리자 가족들은 밖거리에 모여 오들오들 떨고 있었다. 아버지가 피신하자고 다급하게 말했다. 그러나 할아버지는 고개를 저었다.

"죄이신 사람이나 곱으레 댕기지, 무사 곱으레 댕기느냐?"
(죄 있는 사람이나 숨으러 다니지, 왜 숨으러 다니느냐).

할아버지는 오히려 아버지를 타박했다. 아버지는 다시 설득했다.

"경해도 고쳐 사삽주. 저거 봅서. 우로 연기 나고 총소리가 팡팡 남신디 어떵 허쿠과?"
(그래도 비켜서야지요. 저기 보세요. 위로 연기가 나고 총소리가 팡팡 나는데 어떻게 하겠습니까).

그러는 사이, 바람과 추위를 피하려고 입었는지 군복 위에 판초를 뒤집어쓴 군인 3명이 들이닥쳤다. 집마당에 나타난 군인들은 "빨갱이 새끼들 나오라"고 소리쳤다. 아버지가 먼저 나가고, 이어서 할아버지 할머니, 그리고 막내 여동생을 업은 어머니가 나갔다. 총구가 불을 뿜었다. 이유도 묻지 않았다. 군인들은 아버지를 먼저 쏘고, 할아버지와 할머니를 차례로 쏘았다. 할아버지는 일흔여덟, 할머니는 일흔일곱이었다. 동생을 업고 있던 어머니에게는 총을 쏘지 않았다. 그들은 집에 불을 질렀다. 불은 바람을 타고 탈곡하려 쌓아둔 마당의 산디(밭벼)에 옮겨붙었다. 마당에 쓰러져 있는 할아버지와 할머니 몸에도 불이 붙었다. 다른 가족들과 함께 부엌에서 숨죽이고 있던 고기정은 평생 잊지 못할 이날의 광경을 영화를 찍듯 고스란히 머리에 담았다. 지금도 그날을 생각하면 잠을 이루지 못한다.

이날 의귀리 300여 가구 가운데 20여 가구를 제외한 집들이 모조리 불에 탔다. 군인들이 돌아가고 총소리가 수그러들자 작은아버지와 동네 삼촌들이 모여 들었다. 벌벌 떨고 있는 가족들을 대신해 작은아버지와 삼촌들이 할아버지, 할머니, 아버지의 시신을 수습해 이웃 밭에 조근조근 토롱했다. 그리고 다들 바로 옆 고모집으로 갔다. 그 와중에 고모집에서는 성복제도 지냈다. 고모네가 돌아가신 분들을 잘 모셔야 한다고 해서 이듬해 정식으로 묘를 만들었다.

"일주일이면 평화가 온다", 삼촌들 따라 한라산으로

고모집에서 10여 일을 지냈다. 총소리가 나면 숨으러 다녔고, 총소리가 잠잠해지면 먹기 위해 농작물을 걷으러 다녔다. 마을 삼촌들은 일주일만 숨어 있으면 사태가 진정될 거라고했다. 평화가 온다고 했다. 한라산 쪽 밀림 지대는 안전할 거라고 했다. 그래서 나선 길이었다. 의귀·수망·한남리 주민들과 함께 마을에서 한라산 쪽으로 10여 킬로미터 떨어진 마흐니오름 서쪽 조진내 위쪽으로 피신했다.

"일주일만 기다리면 된다고 하니 어머니네는 산에 가서 일주일이야 숨지 못하겠느냐고 생각했습니다. 밭갈쇠 질메(길마·짐을 실을 수 있도록 말이나 소 등에 얹는 운반구) 지운대로 좁쌀을 갈아 싣고, 일주일치 먹을 양식만 갖고 올라갔습니다."

어머니, 음력 동짓달 결혼 날짜를 받아든 18살 둘째 누님, 7살 여동생, 그 아래 여동생, 그리고 3살배기 막냇동생은 어머니의 등에 업혀 피난길에 나섰다.

피신처에는 60~70여 가구가 모여들었다. 저마다 얕은 돌담을 쌓고 어욱(억새)을 덮어 하루하루 견디는 생활을 시작했다. 일주일이면 끝날 것이라던 피신 생활은 기약없이 길어졌다. 식량이 부족하면 고구마를 캤다. 먹을 걸 챙기러 마을을 오가다 보니 어느새 길이 생겼다. 눈이 많이 내리자 오가는 사람들의 발자국이 고스란히 남았다. 그 발자국을 따라 토벌대가 올라왔다.

1948년 12월 20일께 피신처가 토벌대에 발각됐다. 거동이 불편한 노약자와 아기를 낳은 산모들은 총부리를 피할 수 없었다. 피신처에서 숨진 주민만 30여 명이 넘은 걸로 추정한다. 갓난아이 4~6명도 그때 숨졌다. 주민들은 뿔뿔이 흩어졌다. 토벌대는 솥단지와 그릇들을 깨뜨리고, 양식과 돌담 위로 얼기설기 엮은 어욱에 불을 질렀다. 고기정의 어머니는 그날 아침 일찍 근처에서 피신 생활을 하는 외할머니를 만나러 가다 군·경 토벌대에 붙잡혔다.

"외할머니는 우리가 피신 생활을 하는 곳에서 조금 아래쪽에 있었어요. 어머니가 그곳에 가다가 길에서 붙잡혀 표선지서까지 끌려갔습니다. 같이 잡혀간 사람들도 있고요. 표선지서에 수용됐는데 사람들이 오줌 싸러 나가자 같이 나왔다고 합니다. 눈은 하얗게 내릴 때였습니다. 경찰들이 한눈을 파는 사이 지서를 둘러싼 성담을 넘어 눈길에 난 발자국을 따라 내려갔던 길로 위로 한밤중에 올라와서 우리를 만났어요."

어머니와 함께 지서로 끌려간 주민 30여 명은 대부분 표선백사장에서 총살됐다.

"보이는 사람마다 다 쏘았습니다. 움직이는 건 다 쐈어요. 질문을 하는 것도 아니었습니다. 계엄이라고 산에서 보이는 사람은 손 들고 나오지 않으면 다 쐈어요."

그때부터 피난민들은 토벌대의 습격을 피해 한곳에 오래 머물지 못했다. 며칠마다 다른 곳으로 이동하기 바빴다. 궤와 수풀 속에서 숨어 지내는 날이 반복됐다. 그나마 가까운 마을에 내려가 구해온 썩은 고구마를 삶아 먹다가, 그것마저 떨어지면 굶었다.

조진내 부근의 토벌이 점점 심해졌다. 주민들은 토벌대의 총소리가 나면 한라산 성판악 쪽으로 피신했다가 총소리가 그치면 내려오곤 했다. 해발 600~800미터, 일제 강점기에 만든 일본군 병참도로 하치마키(鉢巻, 머리띠처럼 한라산 중턱을 돌아가며 만든 길) 도로를 넘어야 했다.

총소리가 나거나 인기척이 나면 반대쪽으로 달아났다. 어머니는 그 겨울 막내 여동생을 업고 숨을 곳을 찾아다녔다. 추위가 심할 땐 발각될 위험을 무릅쓰고 불을 피우기도 했다.

"눈이 대단히 많이 내렸어요. 이불은 갖고 다니다 습격당하면 토벌대가 다 태워버리지, 이리저리 피신하다 보니 옷은 가시덤불에 다 해지지, 정말 말이 아니었습니다. 겨울 산에서 밤에는 들킬 각오를 하고 불을 살라서 몸을 녹이는 수밖에 없었습니다."

가족들은 성판악에서 얼마 떨어지지 않은 해발 792미터 궤펜이오름 부근까지 피신했다. 궤펜이오름 앞에는 큰 어욱밭과 작은 어욱밭이 있었다. 토벌대는 산속에 숨을 만한 곳을 없애려고 불을 놓아 수풀을 태워버렸다.

추위가 풀려 눈이 녹을 무렵, 산 위쪽에서 호루라기 소리가 요란했다. 조천면 교래리에 주둔했던 2연대의 2개 중대 병력이 성판악부터 아래쪽으로 토끼몰이하듯 토벌 작전을 벌였다.

"군인들이 일렬로 몇 미터씩 간격을 두고 나란히 서서 몰아가는 식입니다. 성판악 쪽에서 밑으로 싹 내려가면서 토끼몰이를 하는 것이죠. 사람들이 갈 곳이 없으면 방화로 불을 붙여버린 곳으로 나올 것이라고 해서 그렇게 한 것입니다."

그런 토벌 작전으로 불에 탄 숲속에서 숨을 곳을 찾지 못한 숙부와 사촌누나, 어머니와 둘째 누나, 누이동생이 토벌대에 붙잡혔다. 이들은 군인들이 주둔하던 교래리로 갔다가 제주읍 주정공장에 수용됐다. 고기정과 사촌형은 군인들이 닥치자 반대 방향으로 빠져나간 뒤 산에서 만난 주민들과 피신 생활을 이어갔다. 신발은 얼기설기 엮은 짚신이 고작이었다. 동상에 걸린 피난민들의 발에서는 고름이 흘렀다.

볼레로 연명하다, 11살에 산에 올라 12살에 내려오다

손바닥으로 볼레낭 가지를 쥐고 힘껏 당겼다. 빨갛게 익은 볼레 한 움큼이 손아귀에 들어왔다. 고기정은 볼레를 입속에 털어 넣으며 또다시 수풀 속으로 뛰었다. 제주에서는 보리수 나무를 볼레낭, 그 열매를 볼레라고 한다. 1949년 1~2월, 많은 눈이 내린 한라산에는 볼레낭마다 빨간 볼레가 무성하게 열렸다. 눈 덮인 한겨울 한라산에서 배고픈 피난민들에게는 볼레가 생명의 양식이었다. 그는 그렇게 많은 볼레가 열린 것을 다시는 보지 못했다고 한다. 1937년 8월 한라산에 올랐던 시인 이은상은 암고란(시로미)을 보고 "따먹어도 흔하고 푼푼하고 넘고 처진다"고 말했다. 그때처럼 지천으로 널려 있는 볼레는 굶주림과 추위에 지친 한라산 피난민들의 일용할 양식이었다.

"볼레가 그때 굉장히 잘 열었어요. 눈이 오니까 잘 열고, 잘 익었습니다. 썹(이파리)들도 다 떨어져서 한 줌 훑어 먹으면서 달아나곤 했지요. 씨까지 모두 먹었어요. 그래서 똥을 싸면 아프게도 볼레씨만 나왔어요. 볼레가 아니었으면 굶어죽는 사람도 많았을 겁니다. 볼레가 아주 큰 양식이 됐습니다."

1949년 봄이 되자 귀순을 권고하는 전단지가 비행기에서 뿌려졌다. 볼레도 없는 산에는 이제 더는 먹을 것도 없었다. '귀순자는 백기를 들라'는 전단지의 지시대로 고기정과 사촌형은 하얀 헝겊 조각을 건 막대기를 들고 산 아래로 내려왔다. 한라산 숲속에 오래 숨어 살다가 토벌대가 불태워 시야가 탁 트인 들판을 보니 별천지 같았다.

"산에서 내려오다 궤에서 하룻밤 자고 의귀국민학교를 거쳐 남원 지서로 귀순했습니다. 군인들이 1개월 반 정도 주둔한 학교 운동장은 하얀 소뼈로 가득했어요. 소는 주민들이 밭 갈 때 없으면 안 될 재산이었는데 군인들이 다 잡아먹어버린겁니다. 죽지 않으려고 11살 때 올라간 산을 12살 때 내려왔어요."

고기정은 수용소로 쓰던 서귀포 단추공장에서 14일을 살고 고향으로 돌아왔다. 나이가 많은 사촌형은 한 달을 더 살았다. 단추공장에 대한 기억이 강렬했다.

"사람 사는 곳이 아니었어요. 수백 명이 수용된 것 같은데, 내가 있을 때만 해도 매일 사람이 죽는 거 같았습니다. 취조가 심하니까 취조받으러 갔다 오면 숨만 살아서 온 사람이 있고, 어떤 사람들은 같이 취조받은 사람들이 부축해서 앉히는 경우도 있었습니다."

군·경은 의귀리를 둘러가며 성담을 쌓게 하고 그 안에 의귀·수망·한남리 주민들을 살게 했다. 주정공장에 수용됐던 어머니와 둘째 누나, 여동생들은 2개월 남짓 살다가 고향으로 돌아왔다.

이후 삶은 편치 않았다. 성안에서 살던 어머니는 이듬해인 1950년 8월 세상을 떠났다. 막내 여동생은 그로부터 1년을 못 넘기고 영양실조로 숨졌다. 함께 갔던 작은아버지는 대전형무소로 간 뒤 행방불명됐다. 단추공장에서 돌아온 고기정은 성안에 살면서 수망리와 한남리, 그리고 인근 신흥리의 성 쌓는 일에 동원됐다.

"기가 막힙니다. 내 눈앞에서 말 한마디 못한 채 아버지와 할아버지, 할머니가 한꺼번에 돌아가셨으니까요. 산속에 피신해 있을 때 토벌대가 습격 와서 사람들이 죽어나간 일이 떠오를 때면 잠이 오지 않아요. 우린 개, 돼지만도 못한 취급을 받았던 겁니다. 천지간에 그런 일이 어떻게 벌어질 수 있습니까. 요즘 젊은 사람들한테 말하면 믿지 못할 겁니다."

한라산 도꼬리낭 이파리로 견딘 20살 한남리 청년

남원면 한남리도 의귀리가 불탄 날 잿더미가 됐다. 당시 20살 오영종의 가족도 토벌대를 피해 산에 올랐다. 오영종의 부모는 어린 동생 둘과 다녔고, 그는 그대로 피신했다.

"그때는 토벌대라고 했어요. 토벌대가 온다고 하면 도망쳐서 위로 가고 가고 한 게 산에까지 가게 된 겁니다. 그때부터 숨어서 사는 겁니다. 이곳 웃뜨르, 중산간 사람들은 모두 폭도라고 했습니다. 어떻게 겨울이 지났는지도 모르겠어요."

1948년 겨울. 입은 것도 별로 없던 오영종에게 추위는 문제가 아니었다. 당장 잡히면 죽는다는, 무서운 생각밖에 들지 않았다. 토벌대를 피해 다니다 가끔 마을 사람을 만나기도 했지만 모르는 사람과도 같이 다녔다. 그러다 토벌대가 가까이 오면 모두 흩어져서 달아났다가 어두워져 토벌대가 내려가면 거기서 만난 이들과 또 같이 다녔다.

집이 불타고 산으로 피신한 지 두 달이 되어갈 무렵, 그러니까 1949년 1월 7일, 부모와 어린 동생 둘이 마을 사람 3명과 함께 2연대 군인에게 붙잡혔다. 아버지는 그날 잡혀간 주민들과 함께 총살됐다. 오영종은 뒤늦게 이 소식을 알게 되었다.

산에서 피신하는 동안 오영종은 궤로는 가지 않았다. 토벌대의 길 안내인들이 잘 알고 있기 때문에 잡힐 위험이 커보였다. 대신 가시덤불 같은 곳에서 숨어 살았다. 마을 위 한라산 쪽, 해발 489미터 높이 거린족은오름 뒤 냇가 부근에 주로 피신해 살았다. 허기는 도꼬리낭(찔레꽃) 썹(이파리)으로 채웠다. 도꼬리낭 새순이 돋던 4월 중순경 마을 인근 거린오름 뒤 냇가에서 토벌대를 만나 도망치다 총상을 당해 붙잡혔다.

"아침에는 토벌대가 다니지 않는데, 그날은 있었어요. 아마도 밤부터 있었던 것 같아요. 같이 있던 사람이 총소리가 나니까 냇가 한가운데서 큰 바위 아래 몸을 숨겼고, 나는 그 바위 위로 뛰다가 총에 맞았습니다. 뒤쪽에서 쏘아 엉치(엉덩이)로 해서 다리로 관통했습니다. 나만 붙잡힌 게 아니라 동네 사람들도 많이 붙잡혔습니다. 토벌대는 내가 피를 많이 흘리고 걷지 못하게 되자 같이 붙잡힌 친척분더러 나를 업고 가라고 하더군요."

오영종은 다른 이의 등에 업혀 토평리 위쪽 군인 주둔소까지 내려와 하룻밤 머물게 됐다. 군인들은 "이런 놈을 죽여버리지 왜 데리고 왔느냐"며 총에 맞아 걷지도 못하는 그를 장작으로 마구 두들겨 팼다. 그대로 기절해버렸다. 깨어나니 사흘이 지나 있었다. 함께 있던 이들은 오영종이 꼭 죽은 것 같았다고 했다.

며칠 뒤 서귀포 단추공장 수용소로 갔다가 2개월쯤 뒤에는 제주읍 주정공장 수용소로 넘겨졌다. 수용소는 사람들로 넘쳐났다. 그때까지도 잘 걷지 못하던 그는 수용소 한쪽에서 거의 누워서 지내야 했다.

수용소에서 징역 15년형,
죽을 고비 넘기고 7년 반 만에 고향으로

몇 개월을 그곳에서 보냈다. 1949년 7월 재판을 받았다는데 정작 오영종은 "재판을 받은 기억은 없다"고 했다. 그가 받은 재판이라는 것은 불법 군법회의였다.

"동료의 등에 업혀서 갔고, 어느 마을 아무개를 부르면 대답하는 식이었어요. 그렇게 신원을 확인한 게 전부였습니다."

재판에 관한 오영종의 기억은 이게 다였다. 그뒤 그는 대구형무소로 이송이 되었다. 300명이 한 배에 탔으나 1명이 숨져 299명이 같이 갔다. 무슨 죄로, 어떤 형을 받았는지 아무도 말해주지 않았다. 오영종만 그런 게 아니었다. 배 안에 있던 모두가 마찬가지였다. 형무소에서는 제주도 사람들을 사상범이라고 사람 취급도 하지 않았다. 징역 15년형을 받았다는 사실을 안 것도 형무소에 간 뒤였다. 오영종은 형무소에 갈 때도 제대로 걷지 못했다. 다리에서는 계속 고름이 쏟아졌다. 다른 재소자의 도움으로 겨우 치료를 받았다.

"재소자 가운데 기술이 있는 사람이 있었어요. 그 사람이 마취주사도 없이 그냥 칼로 아픈 부위를 잘라냈어요. 썩은 부위여서 그런지 별로 아프지도 않았습니다. 칼로 썩은 부위를 박박 긁어낸 뒤부터는 점차 괜찮아졌어요."

대구형무소에서 부산형무소와 마산형무소를 거쳐 서울 마포형무소에서 수감 생활을 하던 오영종은 3·1절 특사로 7년 6개월이 감형돼 1956년 2월에야 석방됐다.

형무소에서도 숱하게 죽을 고비를 넘겼다. 한국전쟁이 발발했다는 소식은 부산형무소에 있을 때 들었다. 전쟁이 터지자 다른 지역 형무소 수감자들이 부산으로 이송됐다. 부산형무소는 재소자들로 넘쳐 7~8명이 정원인 3~4평 한 방에 42명까지 몰아넣었다. 너무 좁아서 여름철에 앉지도 못한 채 지내야 했다. 얼마 지나지 않아 곧 수감자들이 총살되기 시작했다. 감방에서 차례로 조근조근 끌려가 총살됐다.

"어두워갈 때 번호를 불러서 나가면 차 소리가 납니다. 감방에서 창으로 그 모습을 봤습니다. 그렇게 나가면 돌아오지 않았습니다. 우리도 이틀 정도만 더 있었으면 죽을 거였는데, 바로 옆방에서 총살이 멈췄습니다."

총살이 멈춘 뒤 빈 방이 생겼다. 그뒤로는 그나마 앉거나 누울 수는 있게 되었다. 형무소에 있는 동안 고향에서는 오영종이 살아 있다는 것조차 몰랐다. 석방 된 뒤 고향으로 돌아오자 총 맞아 죽었다던 사람이 나타났다고 마을 사람들은 물론 가족들도 놀랐다. 어머니는 이미 돌아가신 뒤였다.

　　오영종은 4·3 당시 군법회의를 거쳐 형무소에 갇혔던 다른 수형자들과 함께 2017년 4월 재심을 청구했다. 2019년 1월 17일 국가는 그에게 무죄를 선고했다. 4·3을 겪은 수많은 오영종들은 죄가 없다.

11

대살代殺

도피한 가족 대신 죽다

대살, 대신하여 죽다

"쏜 사람들은 누구입니까?"

"중문지서의 경찰들입니다."

"가족을 쏜 사람이 경찰관이라는 말씀입니까?"

"예."

1989년 9월 24일 새벽 5시, 제13대 국회 내무위원회의 제주도청 국정감사장에서였다. 국정감사는 밤이 새도록 이어졌다. 국회의원의 질문에 증인으로 출석한 이상하의 답변을 믿지 못하겠다는 어조가 배어 있었다. 가족을 쏜 사람이 경찰관이라는 말을, 4·3에 대해 전혀 모르는 국회의원이 이해하지 못하는 것이 이상한 일도 아니었다. 밤을 새워 기다리다 증인으로 나선 이상하의 속은 타들어가는 것 같았다. 그래도 말해야 했다. 오랫동안 시달려온 긴긴 트라우마에서 이제는 벗어나고 싶었다. 이상하는 국정감사장에서 이렇게 말했다.

"저는 과거를 잊어버리려고 무척 애를 쓰고 있습니다. 그래서 어떻게 이런 증인으로 나온 기회가 되었습니다마는 사실제 심경은 좋지 않습니다."

그날의 국정감사 속기록을 보면 이상하는 전날인 9월 23일 오후 3시 12분 시작한 국정감사장에서 밤새 기다렸다. 다음 날인 9월 24일 새벽 5시 가까이 되어서야 가까스로 증인석에 설 수 있었다. 증인석에 앉아 있던 건 20분 남짓이었다. 그 순간을 위해 14

시간을 기다렸다. 한 국회의원이 국정감사장에서 사전에 약속한 말만 할 것을 요구했다. 이상하는 "진실을 말하겠다"고 답했다. 4·3으로 인해 자신과 가족들이 입은 피해를 고스란히 밝혔다. 누구도 입밖에 낼 수 없던, 철저히 금기시되던 4·3이 피해자의 입을 통해, 국정감사장에서 처음으로 세상에 드러난 순간이었다.

국정감사장에 선 4·3 증인,
"가족을 쏜 사람이 경찰이라는 말입니까?"

1948년, 중문면 회수리 이상하는 13살이었다. 12월 17일은 할아버지와 할머니 장례를 치르는 날이었다. 겨울이었지만 춥지 않은 청명한 날이었다. 오전 7시께 회수리 향사 옆 그의 집에서는 일가 친지를 비롯한 20~30여 명의 상두꾼들이 모여 있었다. 이제 막 아침식사를 끝내고 장지로 갈 채비를 하고 있었다.

마을에서 1.5킬로미터 남짓 떨어진 대포와 회수리 사이 지경에서 서당을 운영하던 이상하의 할아버지는 사흘 전 경찰에 희생됐다. 그의 형님을 비롯해 동네 형님들 몇몇이 산으로 피신을 해 있었고, 이 때문에 그의 아버지는 벌써 몇 차례나 경찰의 호출로 지서에 다녀왔던 터였다. 이상하와 16살 먹은 누나도 이미 다녀왔다.

장지로 떠나려던 그때였다. 중문지서 순경 1명과 죽창을 든 서청 회원 3~4명이 집으로 들이닥쳤다. 이상하는 그때 집으로 쳐들어온 순경의 이름을 기억한다. 그는 다짜고짜 이상하의 부모더러 '나오라'고 다그쳤다. 몇 차례나 벌써 지서에 다녀온 아버지는 아무 일도 없을 것으로 생각했다. 다른 식구들까지 다 같이 나가자고 해서 아버지는 물론 어머니와 누나, 형님의 7살 아들과 6살 딸, 그리고 이상하까지 모두 함께 나갔다.

> "사실 나나 조카들은 안 나가도 되었는데, 아버지가 고지식한 분이셨어요. 지서에 다녀오실 때 별일이 없어서 괜찮을 것으로 생각하신 것 같습니다."

장례식 준비로 분주하던 집마당에 갑자기 긴장감이 돌았다. 경찰은 가족들을 집 앞의 밭으로 내몰았고, 다른 일가 친지들에게는 구경하라고 강요했다. 그리고는 가족들에게 모두 돌아서서 앉으라고 했다. 죽음을 예감했다. 아버지는 손자를, 어머니는 손녀를 안고 앉았다. 3살 위의 누나와 중문국민학교 5학년 이상하도 같이 앉았다. 친척과 이웃 들은 이런 모습을 숨죽이며 지켜봤다. 처형의 순간이 다가왔다. 아버지는 죽기 전에 '대한민국 만세'를 부르겠다고 했다. 혹시나 살려주지 않을까 해서 그렇게 한 것 같다고 이상하는 말했다.

> "대한민국 만세!"

소용없는 일이었다. 등 뒤에서 총성이 들렸다. 이상하는 본능적으로 엎드렸다. 가족들이 쓰러졌다. 아버지가 마지막에 만세를 부른 대한민국은 이상하에게서 가족을 모두 빼앗았다.

> "국민학교 1학년 때 해방이 됐어요. 1학년이었지만 '구슈케에호'(くうしゅうけいほう)라는 말을 들으면서 연습을 했어요.

구슈케에호는 공습경보(空襲警報)라는 뜻입니다. '구슈케에호!' 라고 하면서 종을 치면 대포리 쪽으로 달려가다 엎드리는 연습을 했습니다. 그래서 그 순경이 총을 쏘는데 자동으로 탁 엎어진 것 같습니다."

총소리가 이어졌다. 가족들에게 총을 쏜 그 경찰은 다시 한 번 확인 사살을 했다. 이상하의 머리를 겨냥한 총알이 목을 비껴갔다. 총알이 땅에 박히면서 흙이 팍하고 튀어 입안으로 들어갔다. 허벅지에 총을 맞은 7살 조카는 비명과 함께 울어젖혔다. 경찰은 겁이 났는지 서청 회원들과 함께 내려갔다.

일가친지들은 우왕좌왕했다. '유서' 할아버지가 어디서 가져왔는지 담요로 재빨리 싸서 이상하를 친척 할머니집으로 데려갔다. 마을의 궂은일을 도맡아 하는 사람을 유서라고 했다. 다친 조카도 함께 갔지만, 피를 너무 많이 흘렸는지 밤새 울다 죽었다.

경찰이 떠난 뒤 할아버지와 할머니 장례를 치르려고 모여 있던 상두꾼들이 곧바로 이웃 밭에 시신들을 토롱했다. 할아버지와 할머니에 이어 아버지와 어머니, 누이와 어린 조카들까지 한 가족 5명이 한날 함께 희생됐다.

이유는 하나였다. 형님이 집에 없어 도피자 가족이 됐기 때문이었다. 토벌대는 도피자 가족이라는 이유만으로 가족들을 학살했다. 이상하 가족 외에도 이날 중문면 관내인 회수리와 중문리 신사터 등에서 이른바 도피자 가족 수십 명이 토벌대에 집단 학살당했다.

도피의 대가를 치러야 했던 가족들

가족 가운데 한 명이라도 집에 없으면 도피자 가족으로 내몰렸다. 한 번 도피자 가족으로 몰리면 반드시 그 대가를 치러야 했다. 그냥 두면 산에 있는 이들과 내통할 거라는 이유였다. 그런 가능성을 미리 차단한다는 명분이었다. 정부 보고서는 '피해 상황'을 다룬 장에서 '도피자 가족 살상'을 따로 소개하고 있다.

> "소개령에 따라 중산간 마을에서 해변 마을로 내려온 사람들이라 할지라도 가족 중 청년이 한 명이라도 사라졌다면 '도피자 가족'이라 하여 총살했다. 도피자 가족 희생에는 본래 해변 마을 주민이라고 해서 예외가 아니었다. 일부 지역에서는 주민들을 집결시킨 가운데 호적과 대조하며 도피자 가족을 찾아냈다. 이때 청년이 사라졌다는 이유로 나이 든 부모와 아내, 그리고 어린아이 등 주로 노약자들이 희생됐다. 주민들은 이를 '대살'(代殺)이라고 불렀다." _『제주4·3사건진상 조사보고서』, 391쪽.

이 때문에 중산간 마을 주민들은 해안 마을로 내려오지 않고 산속으로 더 숨어들기도 했다. 토벌대는 무장대에게 습격당하면 곧바로 반격에 나섰는데, 도피자 가족은 이때 보복의 우선 순위가 됐다. 도피자 가족 학살, 즉 대살은 마을 또는 친족 공동체의 대량 학살을 수반했다. 4·3 초기 제주도를 현지 취재한 기자들에게 제주 사람들은 절박한 심정으로 하소연했다.

> "이 동리에서 제일 딱한 것은 이발소 폐쇄로 이발을 못하여 머리가 길면 산사람이라고 야단을 받고 (중략) 호적에도 없

는 젊은 아들과 딸을 내놓으라는 데는 질색이라는 것이다. 청년들 하나 구경할 수 없고 닭 한 마리 볼 수 없는 조천, 함덕 부락은 총탄의 세례로 말미암아 정들어 살던 집을 텅텅 비워놓고 어디로인지 자취를 감추어버린 사람이 한 사람 두 사람이 아니라는 것이다." _『호남신문』, 1948. 7. 18.

아들이나 형제가 피신하면 남은 가족들은 도피자 가족이 됐고, 토벌대의 표적이 됐다. 무장대로부터 습격을 받으면 토벌대는 무장대 대신 도피자 가족을 찾아 총살을 자행했다.

1948년 11월 5일, 중문면사무소와 지서가 무장대의 습격을 받았다. 서청 회원으로 구성된 9연대 특별 중대가 중문국민학교에 주둔하고, 중문지서에는 다른 지역에서 온 경찰이 증원됐다. 면사무소와 지서가 무장대의 습격을 받은 뒤 서귀포에서 중문리로 걸어서 출동하던 9연대 군인들이 회수리에 들렀다.

군인들은 어디서 들었는지 도피자 가족의 집이라며 이상하의 형님이 살던 밖거리 안으로 수류탄을 던지고 문을 닫았다. 마침 가을철 수확했던 조를 마루에 쌓아둔 덕분으로 수류탄 위로 조짚이 쓰러졌다. 팡 하는 소리가 났지만 불이 붙지는 않았다. 이튿날 이상하의 아버지는 오해를 살까봐 자기 손으로 집을 불태워버렸다. 남아 있는 가족들의 안위를 우려한 선택이었다. 그렇게라도 가족들을 살리려고 했던 아버지였다.

일제 강점기 국민학교를 졸업하고 징병됐던 형님은 '청년 중에서도 일청년'이었다고 이상하는 기억했다. 마을 대항 체육대회가 있을 때는 달리기와 씨름 선수로 동네에서 이름을 날렸다.

모슬포에서 훈련을 받다가 해방을 맞았다. 그런 형님이 죽음을 피해 산으로 도피했고, 남은 가족들은 도피자 가족으로 끔찍한 시절을 보내야 했다.

형님은 이듬해인 1949년 3월경 귀순했다. 당시 토벌대는 '자수하면 살려준다'는 전단지를 제주도 산간 지역에 비행기로 뿌렸다. 동네 사람 2~3명과 함께 산에서 내려온 형님은 회수리 유지가 보이자 "동생을 잘 봐달라"고 말한 뒤 서귀포경찰서로 끌려간 뒤 행방불명됐다. 같은 해 8월 제주비행장에서 죽었다는 소문만 전해졌다.

기적적으로 살아남다, 평생 트라우마로 고통받다

온 가족이 절멸되는 상황에서 기적적으로 살아난 이상하를 떠맡게 된 친척은 불안했다. 열흘 정도 지난 뒤 지인을 통해 당시 지서를 책임지던 군 소위에게 "아이가 살았는데 어떻게 하면 좋겠냐"고 물었다. 소위는 이상하를 데려오도록 했다.

"내가 직접 지서에 갔어요. 가니까 그 소위가 하는 말이 '이 아이는 하늘이 살린 아이니까 군대에서 데리고 다니겠다'고 했습니다. 친척들이 그 말을 듣고 '허가만 해주면 우리가 살릴 수 있다'고 사정해서 친척집에 살게 됐어요."

친척집에 머물던 이상하는 허락을 받고 살던 집으로 돌아왔고 친척 할머니가 얼마 동안 밥을 해주셨다. 그뒤로 4·3 이전에 시집간 큰누님이 한국전쟁으로 매형이 입대하자 집으로 와 2년을 함께 살았다. 가족 제사는 그때부터 지냈다.

"처음에는 누님이 제사를 지냈어요. 하루 세 끼를 상에 올렸는데 돌아가신 분들 제사를 한꺼번에 모두 올리니 명절이나 마찬가지였어요. 그 밥을 다 먹어야 해서 한동안 새로 지은 밥을 먹을 수 없었죠."

고아가 된 뒤에도 학교는 계속 다녔다. 제주시에서 고등학교를 졸업하고 대학에 입학했다. 1957년께 한 학기를 다닌 뒤에는 다음 학기 등록금이 없었다. 일본 도쿄에 사는 친척을 찾아 밀항을 시도했다. 부산을 거쳐 일본 나가사키 현의 어느 섬에서 잡혔다. 40명이 함께 밀항했는데 일본어를 잘하는 2명만 통과됐다. 이상하는 사세보 형무소에서 8개월, 오무라 수용소에서 1년 4개월 잡혀 있다 고향으로 돌아왔다. 그 이후 만 3년 군대 생활을 하고 1962년 제대해 고향 회수리에서 인근 중문리로 옮겼다. 1970년에는 일본 도쿄에 살며 1년 동안 감귤 재배 기술을 배웠다. 그 덕분에 감귤 재배의 선구자가 됐다. 당시 양돈 기술도 배웠다. 어릴 때 가족들이 눈앞에서 처형당하는 걸 목격한 일은 이상하에게 트라우마로 남았다.

"혼자 있으면 별생각이 다 납니다. 매일 공상에 빠지니까 집중이 안 돼 공부를 못했어요. 국민학교 때는 주판도 잘하고, 계산도 잘했는데 4·3 이후에는 숫자 감각이 둔해졌어요. 지렁이는 몸이 잘려도 움직이잖아요. 사람도 총을 맞으면 숨이 팍, 하고 바로 끊어지지 않습니다. 그걸 눈으로 봤으니 어땠겠어요."

국정감사장에서 한 국회의원은 이렇게 물었다.

"사회에 대한 원망은 없습니까?"

이상하는 이렇게 답변했다.

"저는 그런 시대에 태어난 저의 운명으로 생각하고 살고 있습니다. 그래서 국가에 대한 어떤 감정이나 그런 것은 가져 보지 않았습니다."

제주 사람들에게 4·3은 그렇다. 어렸던 그들이 성장해서 가해자들에게 보복한 사례는 없다. 그들은 그 시대를 운명으로 받아들인다. 오히려 더욱 더 '애국 시민'으로 산다. 그러나 4·3을 잊지는 않았다. 잊지는 못한다.

"자손 하나만이라도 살려 달라", 그렇게 말하고 떠난 하도리의 그 부모

1949년 2월 10일 오전 10시께 구좌면 세화리 세화지서 경찰이 지서 맞은편 수용소의 주민들에게 '나오라'고 다그쳤다. 5~6명의 경찰들이 수십 명의 주민들을 인근 하도리 연두망동산으로 끌고 갔다. 이 지역 하도·종달·세화리 주민들이었다. 전날 겨울비가 억수같이 쏟아져 길은 질퍽했다. 겨울의 냉기가 온몸을 감쌌다. 연두망동산은 세화지서에서 1킬로미터 남짓밖에 떨어지지 않았지만 천리길만큼이나 멀게 느껴졌다. 하도리에 살던 15살 오수송은 아버지, 어머니와 함께 끌려갔다.

오수송의 가족도 도피자 가족이었다. 아버지와 어머니가 세화지서로 잡혀간 것은 1948년 10월 30일께다. 처음에는 하도리 공회당으로 갔다. 그날 공회당으로 내몰린 주민들은 다시 지서로 끌려갔고, 그곳에서 가혹한 고문을 당했다. 아버지와 어머니가 끌려간 보름 뒤 오수송도 세화지서로 연행됐다. 지서에 가자마자 온갖 고문을 받았다. 전기 고문부터 손가락에 나무 막대기를 끼워 짓이기는 고문을 받았다. 나무를 허벅지와 장딴지 사이에 끼우고 꿇려 앉힌 뒤 위에서 짓밟기도 했다. 15살 소년에게 서청 출신 경찰은 야만적이었다. 세화지서는 당시 성산포경찰서 소속이었다.

"잡혀가자마자 아주 세게 취조를 당했습니다. 반쯤 죽여놓죠. 형님이 어디로 도피했는지 대라는 것이었습니다. 소식을 모르는데 어떻게 답변할 수 있겠습니까. 답변을 못 하니 각종 고문으로 사람을 죽여놔요. 나만 그런 일을 당한 것이 아니고, 지서에 끌려간 사람들 대부분 처음에는 그렇게 고문을 당했습니다. 서청 출신 경찰들이 많았는데 그 사람들이 그렇게 악독하게 고문을 했어요."

오른손 중지에는 전기 고문을 받았던 흔적이 있다. 고문을 받은 뒤에는 세화지서 맞은편 수용소에 감금됐다. 말이 수용소였다. 창고로 쓰던 허름한 건물로 7~8평 정도밖에 되지 않았다. 오수송은 그곳에 수용된 인원이 46명이었다고 기억했다.

"자그마한 방에 밤이건 낮이건 사람들을 마구 집어넣으니까 말이 아니었어요. 하루 온종일 콩나물 대가리 모양으로 양손으로 무릎을 잡아 구부린 채 앉아 있어야 했어요. 경찰이 마구 집어넣었죠. 그 많은 사람을 감금하니까 빽빽이 앉아 있을 수밖에 없었어요. 말이 아니었습니다. 정말."

경찰이 오수송과 그의 부모를 비롯해 주민들을 끌고 연두망동산으로 간 1949년 2월 10일은 수용소에서 감금된 지 3개월쯤 되던 때였다. 경찰은 연두망동산에 다다르자 끌고 간 주민들을 줄지어 서도록 했다. 곧 처형이 시작될 순간이었다. 아버지는 경찰에 애원하며 울부짖었다.

"자식이 못나서 죽는 것은 좋습니다. 하지만 조상 앞에 물 한사발 떠놓을 수 있는 자손 하나만은 살려주십시오."

어머니도 '제발 아들이라도 살려달라'고 절규했다. 수용소에 있던 동안 지서에서 사환으로 심부름을 하곤 하던 오수송이었다. 평소 얼굴을 알고 지내던 경찰에게 부모의 간절한 애원이 통했는지 오수송은 지서로 돌아갈 수 있었다. 150여 미터쯤 걸어갔을 때였다. 뒤에서 총소리가 들렸다. 그 자리에 얼어붙었다. 눈물이 쏟아졌다. 그렇다고 아버지, 어머니께 달려갈 수도 없었다.

"아무런 생각도 들지 않았어요. 심장이 멈추는 줄 알았습니다. 며칠 동안 밥도 먹지 못할 정도였어요. 내 앞에서 아버지와 어머니를 포함해 많은 사람이 돌아가셨으니까요. 나이 든 사람뿐 아니라 심지어 갓난아이까지 희생됐습니다. 어느 할머니 등에 업혀 간 물애기(갓난아기)도 같이 죽었어요."

이날 수십 명이 연두망동산에서 학살됐다. 학살된 주민들은 모두 도피자 가족이었다. 오수송은 부모를 쏜 경찰들이 있는 지서에서 다시 사환 생활을 했다.

"살려만 줍서, 살려만 줍서", 애원하던 동생들

부모와 이웃 주민들을 총살한 경찰은 그날 오후 하도리에 다시 들이닥쳐 도피자 가족들을 또 잡아갔다. 어린 두 동생도 같은 장소에 끌려갔다. 어린 동생들은 경찰에 매달렸다.

"살려만 줍서", "살려만 줍서."

12살 여동생과 8살 남동생이 손이 발이 되도록 빌었다. 동네 삼촌들은 이 모습을 차마 보지 못하고 외면했다. 마음이 아프지만 어쩔 수 없었다. 막아서면 죽을 테니 나설 수 없었다. 경찰은 어리거나 애원한다고 봐주지 않았다. 오수송은 친척 할머니가 집에 남겨진 두 동생을 돌봐주는 것으로 알고 있었다. 아버지와 어머니가 희생된 이틀 뒤 세화리에서 비료 배급소를 운영하는 이모부가 동생들을 데려가려고 하도리 집을 찾았다가 그 사실을 알게 되었다고 했다.

"그때 많은 주민이 처형 장면을 목격했어요. 그분들이 이야기하는 걸 들으면 기가 막혀서 말이 나오지 않아요. 동생들이 살려달라고 경찰에 매달리는데 차마 눈 뜨고 보지 못할 지경이었다고 합니다. 그 말을 듣는 내 심정이 어땠겠습니까."

부모와 동생들 시신 수습은 엄두도 낼 수 없었다.

"친척이 있는 사람들은 모두 수습해 갔지만, 나는 정신이 없는 상태인 데다 혼자 수습할 수도 없었습니다. 이모부가 부모님과 동생들의 시신에 흙을 덮어 표시만 해뒀다가 5개월 정도 지난 뒤 밭에 묻었습니다."

경찰에게 고문당해 피신한 형님,
도피자 가족이 된 남은 식구들

3살 위 형님의 행방불명은 그의 가족을 도피자 가족으로 만들었다. 1947년 3월 1일 이후 경찰은 제주도 전역에 걸쳐 대대적인 관련자 검거령을 내렸다. 조천 만세동산에서 열린 3·1절 기념대회에 참가했던 형님은 세화지서 경찰에 붙잡혔다. 경찰은 형님에게 '책임자가 누구냐, 어떤 일을 했느냐'며 온갖 고문을 했다.

"이가 부러질 정도로 고문을 받았습니다. 몽둥이로 죽지 않을 정도로 패버리니까 병신만 안 된 것뿐이지 심하게 맞았습니다."

형님은 지서 앞 수용소에 20여 일 정도 수용되어 고문을 받다 겨우 풀려났다. 하지만 집에 있는 것이 두렵고 불안했다. 언제 어디서 경찰이 들이닥칠지 몰랐다. 1948년 5월, 집을 떠났다. 그리고 남아 있는 가족은 도피자 가족이 됐다.

"형님은 날이 따뜻해진 5월이 되자 밖에서 살았습니다. 토벌이 계속되니 집에 있다가는 잡혀 죽을 것으로 생각했어요. 잡히지 않으려고 처음에는 해안가에 있다가 조금씩 조금씩 더 들어가면서 피하다 보니 은월봉(다랑쉬오름)까지 갔습니다. 그곳에 굴이 있었습니다."

형님은 경찰을 피해 사람 눈에 띄지 않는 해안가와 들녘, 헛간 등에서 숨어 지냈다. 아버지는 형님을 다른 지역으로 보내려고 애를 썼다. 일제 강점기 동력선 운항 면허증을 가졌던 아버지는 일본에서도 배를 탔고, 30대 때는 선원들을 모집해 함경도 청진까지 가서 정어리잡이를 했다. 해방 뒤 고향에 들어온 뒤에는 풍선을 탔다. 4·3 전에는 하도리 사람들이 운영하는 동력선이 45척이나 있을 정도로 고기잡이가 성행했다.

"아버지는 그 배로 육지를 다녔어요. 시국이 점점 안 좋아지니 아버지는 어떻게든 형을 찾아 육지로 내보내려고 했어요. 그런데 경찰이 하도 포구에 배들을 다 모아놓고 구멍을 뚫어버렸어요. 배를 타고 도주할까봐 운항을 하지 못하도록 그렇게 한 것입니다. 그때는 토벌이 본격화하기 전이지요."

지서에서 사환 생활을 하던 오수송은 형님의 국민학교 동창을 만났다. 그는 형님과 함께 지내다 귀순했다고 했다.

"혹시 형님 소식을 들었습니까?"
"아, 한겨울 중산간에서 추위에 동상에 걸려 옷으로 발을 싸맨 채 숨어 지내다 세상을 떠났어."

하늘이 무너졌다. 부모님이 돌아가시고, 동생들마저 떠난 상황에서 형님의 존재는 유일한 희망이었다. 그러나 그 희망도 무너졌다. 이제 그는 완전한 고아가 되었다.

가족들을 죽인 경찰들 밑에서 사환 생활을 하던 그는 이모부의 세화리 배급소에서 2년 남짓 살면서 가끔 고향집에 들렀다. 텅 빈 집으로 돌아오는 길은 허공을 걷는 것과 같았다. 형님이 언제 세상을 떠났는지 알 수 없었다. 형님이 숨진 장소를 듣긴 했지만 경찰의 허가 없이는 다니지 못하던 때라 시신을 수습할 수도 없었다. 부모가 돌아가신 날 형님과 동생 둘의 제사를 함께 모신다.

"처음에는 이모가 제물을 차려주면 그걸 집에 갖고 와서 그대로 펼쳐놓았어요. 제사 방법도 몰라서 낭푼이(양푼)에 밥을 놓고 수저만 꽂아 잔을 올리고 제를 지내다가 결혼한 다음부터 정식으로 제사를 모시고 있습니다."

식구가 사라진 집은 넓고 허전했다. 외로움과 쓸쓸함이 물밀듯이 밀려왔다. 말로 표현할 수 없는 심정이었다. 살아갈 날들도 막막했다. 취직할 엄두도 내지 못했다.

"4·3 이야기만 나오면 마음이 괴로웠습니다. 폭도 가족이라는 말을 들으면서 자랐지요. 아무도 없으니 얼마나 서럽겠습니까. 연두망동산을 지날 때마다 당시 기억이 떠올라 외면하고 싶다가도 고개를 숙이게 됩니다. 연두망동산만 쳐다보면 마음이 쓰리지요."

도피자 가족 학살, 국가의 폭력

도피자 가족에 대한 학살은 곳곳에서 자행됐다. 정부 보고서는 도피자 가족 학살에 대한 여러 사례를 소개하고 있다. 제주읍 외도지서의 서청 출신 경찰의 학살극은 '반인륜적 행위'라는 말이 사치스러울 정도다. 광령리 출신으로 소개된 뒤 외도지서 특공대원으로 활동한 고치돈은 이렇게 증언했다.

"내가 외도지서 특공대 생활을 할 때 서청 출신 경찰 이윤도의 학살극은 도저히 잊을 수 없습니다. 그날 지서에서는 소위 도피자 가족을 지서로 끌고 가 모진 고문을 했습니다. 그들이 총살터로 끌려갈 적엔 이미 기진맥진해서 제대로 걷지도 못 할 지경이 됐지요. 이윤도는 특공대원에게 그들을 찌르라고 강요하다가 스스로 칼을 꺼내더니 한 명씩 등을 찔렀습니다. 그들은 눈이 튀어나오며 꼬꾸라져 죽었습니다. 그때 약 80명이 희생됐는데 여자가 더 많았지요. 여자들 중에는 젖먹이 아기를 안고 있는 사람도 있었습니다. 이윤도는 젖먹이가 죽은 엄마 앞에서 바둥거리자 칼로 아기를 찔러 위로 치켜들며 위세를 보였습니다. 도평리 아기들이 그때 죽었지요. 그는 인간이 아니었습니다. 그 꼴을 보니 며칠간 밥도 못 먹었습니다."

_『제주4·3사건진상조사보고서』, 271~272쪽.

조천면 조천리 부성방은 자신의 피신으로 어머니와 어린 자식 등 가족과 친척 12명을 잃었다. 1948년 12월 13일 대정면 상모리와 하모리 주민 48명은 상모리의 이교동 향사 앞 밭에서 도피자 가족으로 몰려 군인들에게 총살됐다. 군인들은 주민들로 하여금 이 총살 장면을 목격하도록 했다.

1948년 12월 22일에는 표선면 표선리 표선국민학교에 수용됐던 가시리 주민 가운데 76명이 집단 학살됐다. 군인들은 주민들을 운동장에 모이게 한 뒤 호적과 대조하면서 가족 중 한 명이라도 없으면 도피자 가족으로 몰아 인근 버들못으로 끌고 가 총살했다.

도피자 가족에 대한 학살은 무차별적인 국가 폭력이었다. 무장대와의 연계를 차단한다는 이유로, 빨갱이라며 그 가족을 학살해 절멸하는 행위는 제노사이드와 다를 바 없었다.

제주4·3평화공원에 있는 오수송의 형님 표석에는 이렇게 적혀 있다.

'1949년 3월 28일 이후 제주 지역에서 행불.'

12

여성들

침묵 넘어 세상 밖으로

침묵 넘어 진실은 세상 밖으로

폭력이 아니라 만행이었다. 국가 기구의 이름으로 자행된 만행 앞에서 그들은 피할 곳이 없었다. 여성들은 폭력에 그대로 노출됐다. 제주 여성들에게 가해진 폭력은 상상을 초월하는 것이었다. 부모와 형제자매의 희생, 마을의 해체도 고통스럽지만, 여성들이 겪은 개인적 고통은 가늠할 수 없다. 그 고통은 산 자들에게 고스란히 트라우마로 남았다. 오랜 시간 여성들은 자신이 겪은 일을 드러내는 데 신중했고, 대부분 침묵했다. 혈연과 지연으로 얽힌 지역 사회에서 여성들의 발언은 자칫 자신은 물론 자식과 친인척 들에게 영향을 끼치기 때문이다. 비극의 실상은 침묵 속으로 가라앉는 듯했다. 그러나 언제까지 가해자들의 만행이 가려질 수는 없었다. 경험자와 목격자 들의 입을 통해 여성 폭력의 진실이 조금씩 세상 밖으로 알려지기 시작했다.

"그때가 한라산에 눈이 조금 희끗하게 온 때니까 겨울인데, 한 11월쯤 될 겁니다. 남자는 없고, 여자! 남자들은 미리 도망가버리니까 없고, 여자들이었습니다. 여자들은 나이가 30살에서 40살 사이였습니다. 여자들을 희롱한 건 군인들은 안하고, 경찰들이 장난하데요. 아이고, 경찰관들, 그때 어떻게 나쁜 짓들 했느냐 하면, 그런 여자들은 상하, 그냥 옷을 싹 벗겨요. 완전히! 완전히 벗겨서 막 희롱하기도 했습니다. 경찰들이. 토벌대로 내려온 아이들 있잖아요. 서북청년 그것들이. 아이! 그거, 사람이 할 짓, 안할 짓들을 하니!"

1948년 11월 민보단원으로 남원면 중산간에 군·경과 함께 토벌에 나섰던 고길창은 자신이 본 것을 이렇게 전했다.

일제 강점기, 대부분의 사람들은 공출이라는 말을 듣기만 해도 떨어야 했다. 해방 뒤 미군정은 전국적으로 식량난이 심각해지자 일제가 실시했던 미곡 수집 체제인 공출 제도를 부활했다. 제주에서는 '성출'(誠出)이라는 이름으로 이루어졌다. 당연히 관에 대한 민심은 악화됐다. 그런데 이 공출이라는 말이 4·3 당시 더 끔찍한 의미가 되어 등장했다.

일본 도쿄에서 만난 한 재일동포는 4·3이 처음 시작되었을 때 14살이었다. 경찰지서 보초에 동원되기도 했고, 아버지와 어머니가 끌려가 고문당하는 소리도 들었다. 그는 한국전쟁이 막바지에 이른 1953년 2월 일본으로 밀항했다.

"그때 백골대라는 토벌대가 파견됐어요. 그놈들이 주둔하면서 처녀 공출을 시켰습니다. 구장(이장)에게 처녀 공출을 시키고, 소나 돼지를 공출시켰어요. 이 때문에 처녀들이 노인처럼 변장해서 다녔습니다."

토벌대의 눈에 띄게 하지 않도록 부모들은 딸들에게 허름한 옷을 입히거나 일부러 산발하거나 미친 사람처럼 보이게 했다. 공출된 처녀들은 그들의 제물이 됐다. 소개령에 따라 중산간 마을에서 내려와 공회당에 수용된 여성들이 밤이 되면 이들의 희생양이 됐다. 일제 강점기 구좌면 해녀 투쟁의 주역 가운데 한 명이던 김옥련은 1948년 38살이었다. 죽기 일보 직전에 살아나온 그녀는 이렇게 말했다.

"마을에 주둔한 군인이나 경찰이 처녀들을 보내라고 합니다. 재산이 좀 있는 집안은 괜찮았지만, 아무것도 없는 집안은 어쩔 수 없었어요. 그런 집안의 처녀들이 끌려가게 되지요."

또 다른 재일동포는 강제 결혼을 당한 여성의 사례를 전하기도 했다.

"서청 회원들이 여자들에게 몹쓸 짓을 많이 했고, 취하기도 했어요. 내가 아는 언니도 그렇게 사는 사람도 있지요."

1949년 2월 24일 서청 출신인 삼양지서 주임 정용철이 저지른 만행은 끔찍하다. 대한청년단 분대장을 맡았던 주민은 당시 이런 목격담을 전했다.

"하루는 아침에 정기 보고를 하러 지서에 갔더니, 남편이 입산했다는 이유로 젊은 여자 1명이 끌려와 있었습니다. 그런데 정 주임은 웬일인지 총구를 난로 속에 넣고 있더군요. 그러고는 젊은 여자를 홀딱 벗겼어요. 임신한 상태라 배와 가슴이 나와 있었습니다. 정 주임은 시뻘겋게 달궈진 총구를 그녀의 몸 아래 속으로 찔러 넣었습니다. 차마 눈 뜨고 볼 수 없는 광경이었습니다. 정 주임은 그 짓을 하다가 지서 옆 밭에서 머리에 휘발유를 뿌려 태워 죽였습니다. 우리에게 시신 위로 흙을 덮으라고 했는데 아직 덜 죽어 있던 상태라 흙이 들썩들썩 했습니다. 정 주임 그놈은 오래 살지도 못했다고 합니다." _『제주 4·3사건진상 조사보고서』, 419쪽.

어느 누구도 총을 든 이들의 만행을 말릴 수 없었다. 4·3 때 아버지를 따라 목포에서 살다가 1951년 고향 구좌면으로 간 한 재일동포 여성은 그때 들은 이야기를 이렇게 전했다.

> "가장 큰 충격은 2년 후배의 어머니가 어느 밭에서 죽을 때였습니다. 서청원들이 주민들한테 그 어머니를 죽이라고 했습니다. 어머니는 눈을 가린 상태였습니다. 그런데 어떻게 죽일 수 있겠습니까? 주민들이 주저하자 서청원들이 주민들을 죽이겠다고 위협했어요. 주민들은 어쩔 수 없이 그 어머니한테 '용서해줍서' 하면서 마구 죽창을 찔렀다고 합니다. 너무나 끔찍해 몸서리쳤습니다. 마을 사람들 모두가 쉬쉬했어요. 누가 그 얘기를 할 수 있겠습니까?"

비학동산의 비극, 그 여인

1948년 12월 10일 오전, 여러 대의 트럭이 동쪽에서 먼지를 일으키며 신작로(일주도로)를 따라 제주 서부 지역 애월면 하귀마을을 지나 한라산 쪽으로 향했다. 하귀 개수동에 내린 토벌대는 마을을 포위하고 주민들을 폭낭(팽나무)이 있는 비학동산으로 내몰았다. 마을 사람들은 비학동산을 비애기동산이라고도 불렀다.

7살 김용렬의 집에서는 어머니가 아침밥을 먹는 둥 마는 둥하더니 "혼저 글라. 혼저 글라(빨리 가자). 오랜 허난 제기 안 가민 두드려분다"(오라고 하는데 빨리 안 가면 때린다)며 어린 자녀들을 재촉했다. 어머니는 갓난 막내 여동생은 업고, 3살 남동생은 목말을 태운 뒤 용렬과 5살 여동생의 손을 잡고 집을 나섰다.

청명한 날이었다. 먼저 간 주민들은 두려움 속에 앉아 있었다. 경찰은 팽나무를 등지고 앉으라고 한 뒤 어머니 손을 뒤로 묶었다. 김용렬과 동생들도 옆이나 앞으로 앉았다. 토벌대는 도피자 가족으로 지목된 사람들을 처형하려고 줄줄이 베줄로 묶었다. 토벌대는 주민들을 향해 "잘 보라"고 윽박질렀다. 베줄에 묶였던 사람들이 줄을 풀고 나가면 기관총이 불을 뿜었다.

"기관총이라는 게 '따다닥' 소리 나는 겁디다. '따다닥' 허민 탁 박아정 죽어부는 거라."

시신들은 길 건너 밭으로 내던져졌다. 이날 10대에서 70대에 이르는 남녀노소 20명 이상이 집단 학살됐다. 겁에 질려 발발 떠는 동생들의 코에서는 피가 '좔좔' 쏟아졌다. 그 다음, 이번에는 말로 표현할 수 없는 더 충격적인 만행이 자행됐다. 토벌대는 팽나무를 "잘 보라"고 소리쳤다. 두려움에 떠는 주민들의 눈이 팽나무를 향했다. 팽나무 앞에는 임신 8개월 정도 되는 여인이 온몸을 떨며 웅크리고 있었다. 토벌대는 임신부를 발가벗기고 쉐얏베(소 등에 짐을 실을 때 동여 묶는 꼬아진 밧줄)를 양쪽 겨드랑이에 묶어 팽나무에 매달아 잡아당겼다. 2~3명의 토벌대는 철창으로 그 여성을 찔렀다. 토벌대는 "집에서 늦게 나왔다. 제대로 보지 않으면 너희들도 이렇게 죽인다"며 만행을 저지른 것으로 알려졌다. 김용렬은 밧줄을 잡아당기는 것만 보고 외면했다. 어린 나이에도 더는 볼 수 없었다.

"돼지를 나무에 달아매듯 묶어서 잡아당기니까 위로 올라갔어요. 비명은커녕 주민들은 아무런 말도 하지 못하고 움직이지도 못했습니다."

도피자 가족으로 지목된 집들을 불태웠다. 김용렬의 집도 불에 탔다. 이들 가족은 2킬로미터 남짓 떨어진 해안 마을인 가문동 친척집으로 갔다. 이름도 없는 갓난 여동생은 제대로 먹지 못해 숨졌다. 앞서 12월 5일, 외도지서에서 땔감용 나무를 구하러 나오라는 말에 도시락을 들고 나간 아버지는 12월 9일 군법회의에서 무기징역형을 받고 목포형무소에 수감됐다가 행방불명됐다. 아버지는 "육지 형무소로 간다"며 인편에 입고 갔던 갈적삼(감물 들인 옷)을 보내왔다. 어머니는 옷을 방 안에 걸어놓고, "아버지 영혼이라도 배고프지 않게 해야 한다"며 매일 식사 때면 아버지 몫의 밥을 떠서 똑같이 밥상에 올렸다.

형무소 가는 품 안에서 아기를 잃은 어머니

자식을 먼저 보낸 이가 무슨 말을 할 수 있을까. 그것도 품 안에서 굶어죽었다면. 산간 지역과 인접한 서귀읍 서홍리에 살던 26살 오계춘은 아기와 함께 형무소로 가다 아기를 잃었다. 품에 안았던 아기의 죽음은 평생을 따라다녔다. 2017년 만난 그녀는 아기의 죽음에 대해 여전히 "마음이 벌러진다"(깨진다)고 했다. 1948년 11월 중순, 오계춘은 도피한 남편을 찾아내라는 토벌대를 피해 낮에는 산에 숨었다가 밤에는 친척집에 내려와 검질(김)을 깐 부엌에 누웠다. 그리고 다시 날이 밝으면 산으로 올라갔다. 이런 하루하루를 되풀이하고 있었다. 오계춘에게는 생후 10개월 된 아들이 있었다. 그날도 그렇게 도망을 다니다 길가에서 경찰에 잡히고 말았다. 경찰은 그녀에게 차에 오르라고 했다. 왜 끌려가야 하는지도 몰랐지만, 아기를 업은 채로 차에 올랐다.

"서귀포경찰서에 가서 이틀 사니까 밖으로 나오라고 해요. 짐차(트럭)에 오르라고 해서 아기를 안고 올랐더니 제주읍으로 싣고 갑디다. 제주경찰서 감옥(유치장)에 담아놓으니 사람이 너무 많아 아기를 안고 발을 뻗을 수가 없었어요. 무릎을 오그리고 앉아 그 위에 아기를 안고 꼭 한 달을 살았습니다."

그녀는 그해 12월 제주에서 열린 군사재판에서 징역 1년을 선고받았다. 그때의 상황을 그녀는 자세하게 풀어냈다.

"감옥에서 나가니까 재판받아서 징역 간다고 하는 겁니다. 아이고 참! 그게 무슨 말입니까. 재판소에 가자 아무개는 (징역) 5년, 아무개는 10년, 나머지는 1년 합디다. 내 이름은 거느리지 않은 걸로 아는데 1년이라고 하니까 '1년 살건가?' 했습니다. 감옥에서 한 달을 살면서 굶으니까 아기가 울 생각도 않고 죽어갈 게 아닙니까? 아기가 배에서 죽습디다."

육지 형무소로 가기 위해 징역형을 받은 제주 사람들과 함께 목포행 배에 탔다. 얼마 지나지 않아 오계춘의 품에 있던 아기가 숨을 쉬지 않았다. 아기를 안고 통곡하고 통곡했다. 같이 배에 탔던 여성들은 안타까운 마음으로 오계춘과 품 안의 아기를 번갈아 바라봤다. 하지만 모두가 형무소로 끌려가는 처지. 달리 도와

줄 도리가 없었다. 날이 희끄무레하게 밝아가고 있었다. 목포항에 도착했다. 그녀는 죽은 아기를 안고 내렸다.

"우리를 인솔하는 경찰관에게 죽은 아기를 어떻게 하느냐고 물었습니다. 업어서 내리라고 합디다. 아기를 안고 내린 다음에 다시 '이젠 어떡합니까?'하고 경찰관에게 또 물었어요. 경찰서로 갔습니다. 인솔 경찰이 경찰서 마당에 부리라고 해요. 부리면 묻어준다고. 안 부릴 수가 없잖아요. 아기를 부리고, 같이 간 사람들과 전주라는 곳을 갔습니다."

죽은 아기를 뒤로 하고 아침에 탄 기차가 전주에 도착하자 어슬어슬해질 무렵이 됐다. 머릿속에는 온통 아기로 가득찼다. 어디로 가는 지도 모른 채 전주형무소로 들어갔다.

"형무소 방에 들어가자 아기를 데리고 있는 사람에게는 헐어빠진 알루미늄 사발에 죽을 한 그릇씩 주었습니다. 차라리 며칠 전에라도 형무소에 들어와서 죽이라도 먹어보고, 쌀 몇 방울이라도 먹어보고 죽었으면 두루(덜) 억울하지만, 번찍(완전히) 굶어죽었다고 생각하면 말이 나오지 않았습니다."

그녀의 가슴이 무너지고 또 무너졌다.

"아기가 굶어죽은 걸 생각하니 1년 간은 말할 생각도, 웃을 생각도 없고, 아주 병신이 돼버렸어요. 버버리(벙어리). 그 배고파 죽은 아기를 생각하니. 가슴이 벌러질거 아닙니까?"

전주형무소에서 이듬해 봄이 되자 안동형무소로 이감됐다. 징역 1년을 선고받았던 그녀는 2개월 감형으로 1949년 8월 말 석방됐다. 석방된 뒤에도 그녀는 배고파 죽은 아기를 생각할 때마다 가슴이 '벌러지게 아팠다.'

입산부가 보고 겪은 패륜과 가혹의 현장

제주읍 오라리 연미마을이 고향인 18살 새댁 문순선은 19살 남편과 함께 밖거리에, 시어머니는 안거리에 살았다. 1949년 9월 어느 날, 늦더위가 한풀 꺾인 초가을이었다.

"새벽 어스름녘이었어요. 동쪽 밭에서 총소리가 나고, 불이 벌겋게 타올랐습니다. 사람들 우는 소리도 나고. 시어머니가 밖거리로 뛰어와서 우리한테 대나무밭 속에 가서 숨으라고 했어요. 집 주변은 대나무가 많았거든요. 남편은 그곳에 숨었고, 나는 부엌 옆 자그마한 고팡에 숨어 있었습니다. 시어머니가 고팡은 찾지 못할 것이라며 그곳에 숨으라고 했지요."

얼마 안 가 대동청년(대청) 단원들의 거친 목소리가 들렸다. 그들은 집안을 헤집어놓으며 시어머니를 윽박질렀다.

"서방 어느 산에 보냈나?, 어디 있느냐?"
"일본 간 지 2년이 넘었습니다. 동네 사람들이 다 압니다."
"거짓말하지마!"
"왜 거짓말을 합니까? 산에는 왜 보냅니까?"

시어머니는 남편이 없는 이유를 설명하려고 애썼다. 실제로 시아버지는 4·3이 일어나기 전 아들과 며느리의 결혼식 옷감을 구한다며 일제 강점기에 살았던 오사카에 간 때였다. 집 밖으로 나가던 이들이 다시 돌아와 고팡을 열고 총으로 이곳저곳을 쑤셨다. 결국 문순선은 붙잡히고 말았다. "잘못했다, 살려달라"고 애원했지만 시어머니와 함께 연미마을 공회당으로 끌려갔다. 문순선은 그곳에서 목격한 대청 단원들의 패륜적 행동을 지금도 잊을 수가 없다. 공회당에는 마을 주민들이 나와 있었다.

"그때 공회당 마당으로 들어가면서 봤습니다. 나이 든 할머니들을 엎드리게 하고, 할아버지들을 말 타듯이 올라타게 한 뒤 마당을 빙빙 돌고 있었습니다. 여러 사람이 그렇게 하고 있었어요. 그게 인간이 할 짓입니까?"

이날의 장면은 당시 공회당에 붙들려온 주민들의 머릿속에 박혔다. 문순선과 시어머니를 끌고 간 대청 단원들은 문순선을 공회당 한쪽에 쌓아놓은 목재 더미로 밀어 넘어뜨리더니 문순선의 몸 위에 나무토막 2개를 올려놓은 뒤 양쪽에서 밟으며 "서방 어디 갔느냐"며 추궁했다. 문순선은 임신 초기였다. 임신부인 며느리가 다칠까봐 시어머니가 눈물로 호소했다. 그러나 대청 단원들은 시어머니의 뺨을 때리며 모진 짓을 계속했다.

"공회당 마당에는 집을 뜯어다가 쌓아놓은 나무들이 있었습니다. 청년들이 갑자기 나를 그쪽으로 밀치니까 쓰러졌어요. 그랬더니 나무토막을 내 배 위에 올려놔서 마구 밟아요. 사람 위에 올라서서 자근자근 밟는 겁니다. 임신할 때였는데 나무토막을 올려놓고 그 위에서 남자들이 밟아봐요. 숨이 끊어질 것 같았습니다."

고문은 경찰이 오면서 멈췄다. 경찰은 문순선을 포함해 여자 2명과 남자 2명의 손을 묶고 제주경찰서로 끌고 갔다. 닷새 만에 풀려났지만 무서워서 집에 맘놓고 머물 수가 없었다. 얼마 뒤 경찰과 대청 단원들이 동네에 불을 질렀다.

남편 잃고 청상이 된 그녀,
토벌대를 피해 산으로, 수용소로

1948년 12월경으로 기억한다. 집이 불타자 시어머니와 그 자녀들, 문순선과 남편은 우영팟(텃밭)과 냇가 등을 전전하다 한라산 중턱 열안지오름 쪽으로 몸을 피했다. 토벌대가 올라오고, 함께 숨어 지내던 이들이 죽어갔다. 시어머니는 문순선의 남편에게 "우리 데리고 다니다 너까지 죽는다. 아무 데라도 가서 숨어 살라"고 했다. 그것이 마지막이었다. 그뒤로 남편은 행방불명이었다. 나중에야 남편이 1949년 10월 트럭에 실려 제주비행장으로 끌려가는 모습을 봤다는 소식을 들었다. 열아홉에 청상이 됐다. 문순선이 남편과 함께 보낸 기간은 1년 남짓이었다.

한라산에 눈이 내렸다. '토벌대가 포위했다'는 말이 들리면 정신없이 달아났다. 시어머니는 "집안 식구들 걱정 말고, 너라도 살아야 한다"고 했다. 시어머니는 4살 난 시동생을 업었다. 6살 시누이는 눈 쌓인 산길을 잘 걷지 못했다.

"어머니만 가세요. 난 그냥 여기서 자겠어요."

문순선은 쓰러져 자겠다는 어린 시누이를 임신한 몸으로 업고, 7살 시동생의 손을 잡고 산에 올랐다. 토벌대가 오면 덤불 속에 엎어져 위기를 넘겼다. 먹을 것이 없어 며칠을 굶어도 무서움 때문에 배고픔도 느끼지 못했다. 그렇게 산속에서 스무 날을 보냈다. 귀순하면 살려준다는 소문이 돌았다.

"죽이면 죽더라도 아래로 내려가자. 더는 이렇게 못 살겠다."

그렇게 귀순한 것이 1949년 1월경이었다. 처음 간 곳은 제주읍 서문통의 학교 건물이었다.

"대청 단원들이 남자들을 불러내 옷을 모두 벗긴 뒤 손을 들고 걷게 하고는 몽둥이로 후려쳤어요. 신음이 끊이질 않아 한시도 살지 못 할 것 같았습니다. 그 사람들은 '내려오면 살려준다'는 말을 믿고 내려온 사람들이었지요. 우리도 저렇게 당할까봐 겁을 먹고 있었는데, 그렇게 하지는 않았습니다."

수용소에서 출산한 며느리,
이름이 바뀐 탓에 육지로 끌려간 시어머니

보름 남짓 학교 건물에 갇혀 있다가 주정공장 수용소로 옮겨졌다. 조사를 받긴 했지만, 취조는 심하지 않았다. 그러나 작은 방 한 칸에 수십 명씩 몰아넣은 수용소 환경은 열악했다. 낮에는 사람들끼리 붙어 앉아야 했고, 잠잘 때는 발도 뻗지 못했다. 1949년 7월 1일, 문순선은 한밤중에 아들을 낳았다. 산모가 아기를 낳는 데도 방 안의 수용자들은 몰랐다.

> "시어머니가 같은 방에 있던 아는 아주머니를 가까이 불렀어요. 그 아주머니가 내 허리를 '폭' 하고 감싸 안으니까 아기가 나왔습니다. 오래 아팠으면 같은 방 사람들이 다 깼을 텐데 다행이었지요."

아기를 낳자 시어머니는 입고 있던 몸뻬(일바지)를 벗어 산모와 아기를 감쌌다. 미역국은커녕 물 한모금 마시기도 어려웠다.

주정공장 수용소에서 한 달 남짓 지났을 때였다. 수용소 관계자가 시어머니 이름을 부르면서 "육지로 가게 됐다"는 말을 전했다. 기가 막힌 시어머니가 "내가 무슨 일을 했다고 육지까지 보내느냐"고 하소연했지만 소용이 없었다. 시어머니는 6살 시누이와 7살 시동생을 놔두고, 4살 난 어린 시동생만 데리고 전주형무소로 이송됐다. 국가기록원에 소장된 시어머니의 군법회의 판결 날짜는 1949년 7월 7일로 되어 있다. 그런데 얼마 뒤 형무소장이 시어머니를 불렀다.

> "이름이 바뀌어 잘못 왔다. 3년형 정도 받았으면 바로잡아 돌려보낼 텐데, 10개월만 받았으니, 여기서 수양이나 하고 가라."

시어머니는 망연자실했다. 보내달라고 했지만, 보내주지 않았다. 그곳에서 시동생을 홍역으로 잃었다. 석방된 뒤 시어머니는 이런 사정을 전하며 이름이 바뀌어 잘못 왔다는 말을 들었을 때 '육신이 털렸다'고 했다.

　문순선은 시어머니가 육지 형무소로 이송된 뒤 주정공장에서 낳은 핏덩이를 안고 고향으로 돌아왔다. 고향집은 폐허였다. 오라리 외삼촌댁 방 한 칸에서 살았다. 오라리 친척집에 맡겨진 7살 시동생은 어느 날 쑥 캐러 다녀오는 길에 숨지고 말았다.

　고향으로 돌아온 시어머니는 큰아들과 7살 아들이 죽은 사실을 알게 됐다. 둘째 아들은 시내 친척집에 살아 화를 면했다. 아들 넷 가운데 셋을 잃은 시어머니와 문순선은 그뒤로 억척스럽게 일했다. 마을에서 몇 킬로미터 떨어진 곳에서 땔감을 해다가 내다 팔았다. 돈을 모아 밭을 사고 집을 지었다.

12살 소녀, 고문을 당하다

　"고팡에 있는 곡식을 먹으려고 쥐들이 들락거리잖아. 그걸 본 고양이가 내 등을 밟고 '파다닥' 하면서 쫓아. 전기도 안 들어오는 고팡에 있는 것도 겁이 났지만, 내 몸 위로 쥐와 고양이가 뛰어다니는 게 더 무서웠어. 혼자 웅크리고 바들바들 떨었지."

　1948년 12살 소녀였던 김숙희는 어린 나이에 경험한 공포스러운 고문의 기억을 떨쳐내지 못한다. 17살 된 작은오빠를 찾아내라며 집을 포위한 군인들은 작은언니는 인근 법환지서로, 그녀는 강정국민학교로 끌고 갔다. 그녀는 학교 앞 초가의 고팡에 갇혔다. 작은 초가의 안방에는 서청 회원으로 구성된 군인들이

묵고 있었고, 다른 방은 고문실이나 마찬가지였다. 이들은 "오빠를 숨겨두고 너희 자매가 음식을 갖다주는 것을 본 사람이 있다"며 그녀에게 모진 고통을 가했다.

"두꺼운 끈으로 다리와 허리, 가슴과 팔을 결박하고선 문짝에 다시 묶어. 그러고는 거꾸로 세워놓고 바닥에 콱콱 찍어. 머리가 어떻게 되겠어?"

그들은 주전자에 담아온 물을 코와 입으로 들이부었다. 고문하고 희롱하며 웃어댔다.

"물을 들이마시다보면, 이제 죽는구나 싶을 만큼 숨이 막혀. 바른말하라며 쇠꼬챙이를 이 사이에 집어넣어 강제로 입을 벌리게 해. 그때부터 오랫동안 이 2개 없이 살았어. 물을 들이켜 배가 차오르면 배를 콱콱 눌러. '컥' 하고 숨이 넘어가지. 그 다음에는 양동이에 물을 길어다 와락 끼얹어. 그러면 '추물락' 하며(깜짝 놀라) 깨어났어."

군인들은 어린 소녀의 몸에 전기 고문까지 했다.

"그것도 좋아. 댓가지에 쇠붙이를 매달아서 다리를 콱콱 찔렀어. 그러면 '찌르륵 찌르륵' 했어. 다리에 고름이 좔좔 흘렀지. 가슴과 어깨도 찔러서 부풀어 오르고 말이야."

12살 소녀의 겨울은 얼어붙었다. 고문에 늘어진 그녀가 찬 바람이 쌩쌩 들어오는 고팡 틈새로 바라본 바깥은 온통 하얀 눈에 덮여 있었다. 추위는 더욱 고통스럽게 했다.

"덮을 걸 하나 줬나? 물고문하면 그 옷이 다 젖은 채 그대로 놔뒀어."

고문하는 이들은 추운 겨울에도 젖은 홑옷 차림으로 방치했다. 먹을 것이라곤 하루에 한 번씩 던져주는 어린아이 손바닥만 한 밥 한 덩어리가 전부였다. 법환지서에 끌려간 3살 위 언니의 고통도 컸다. 모질게 고문받았다. 그러나 언니는 동생에게 말을 꺼내지 않았다. 언니는 법환지서에서, 그녀는 고팡에서 한 달을 살았다. 그녀는 "어떤 사람이 우리 자매가 오빠를 숨겨두고 먹을 것을 갖다주고 있다며 거짓 고자질하는 바람에 그 고문을 당했다"고 했다. 군인들에게 고자질한 사람과의 대면을 요구했다. 군인들은 그 사람을 초가로 불렀다. 그녀는 그에게 달려들어 "오빠가 보고 싶다. 어디 있느냐. 알려달라"고 울부짖었다. 군인들은 "아이가 거짓말하는 것 같지 않다. 사실대로 말하라"며 때리자 그는 "잘못 본 것 같다"고 말을 바꿨다고 한다. 얼마 뒤 자매는 풀려나 집으로 돌아왔다.

며칠이 지난 1948년 12월 16일, 서청 군인들은 마을 주민들을 학교 서쪽 매모루동산으로 끌고 갔다. 자매와 자매들의 어머니도 거기 있었다. 그때 한 군인이 다가오더니 "아이들은 죄가 없다. 너무 하는 것 아닌가"며 자매의 손을 잡고 나오게 했다. 그렇게 자매는 죽음의 문턱에서 살아남았다. 하지만 어머니와는 그날이 마지막이었다.

"폭도 가족이라며 사람들을 세웠어. 똑바로 눈 뜨고 보라면서 총을 쏘는 거야. 우리 눈앞에서 어머니가 돌아가셨어."

그녀는 20살 때 동네 청년과 결혼해 억척스럽게 살았다. 17살 때 배운 물질로 거둔 해산물을 등에 지고 시장에 내다 팔았다. 채소도 팔고 달걀도 팔았다. 안 해본 일이 없다. 훗날 집도 지었다. 그러나 고문의 후유증으로 물에 들면 온몸이 쑤시고 경련이 일어났다. 고문의 고통과 기억은 평생을 따라다녔다.

여성들, 살아남은 자들의 살아남기

거대한 벽이었다. 4·3이 끝나 절망의 빛으로부터 빠져나오는가 했더니 서러움과 근심, 두려움과 불안의 나날이 시작됐다. 그래도 살아남아야 했다. 눈앞에서 벌어진 학살, 행방불명되거나 끌려간 부모와 형제자매들을 애도하거나 찾아 나서는 것은 다음 일이었다. 살아남은 자들의 살아남기는 절박했다. 생존은 투쟁이었다. 자신과 살아남은 가족을 위한 그들의 투쟁은 생애 내내 이어졌다. 삶을 개척해야 했다. 그들의 삶은 살아남기 위한 몸부림이었다.

4·3은 여성들의 노동을 근본적으로 바꿔놓았다. 폐허가 된 집터에서 당장 먹고 사는 것부터 큰일이었다. 소개지에서의 생활은 쇠막이나 움막에 기거할 정도로 비참했다. 10대 여성들도 온종일 일을 해야 했다. 어리다고 봐줄 여유란 없었다. 산에서 소나무를 베어 등짐을 지고 날랐다. 그 나무로 기둥을 세웠다. 억새로 얼기설기 지붕을 덮었다. 움막을 만드는 일이 힘에 부치면 친척

이나 동네 삼촌들에게 도움을 청했다. 주변에 널린 돌을 힘겹게 옮겨 쌓아 벽을 삼았다. 바닥에는 김이나 보릿짚을 깔았다. 구멍 하나에 가마니를 달아매면 그것이 출입문이 되었다. 그러다 제삿날 억새에 불이 붙기라도 하면 모든 걸 태워버렸다. 그럼 또 다시 처음부터 시작해야 했다. 그렇게 얼기설기 만든 집에 한 가족이 살기도 했고, 친척들과 함께 살기도 했다. 비가 오면 바닥이 고스란히 젖었고, 겨울의 냉기는 움막 안으로 스며들었다. 옷을 갈아입으려고 해도 갈아입을 옷이 없어 빨래한 옷이 마를 동안 집 밖에 나오지 못했다. 그렇게 살았다.

굶주림, 먹을 수 있다면 무엇이든

먹을 게 없었다. 초토화가 한창 진행된 1948~1949년 겨울, 굶주림과 추위로 어린 생명들이 먼저 스러져갔다. 안덕면 무등이왓 주변에서 피신 생활을 하던 홍춘호의 가족 가운데 남동생 3명이 굶주림으로 세상을 떴다. 어머니는 그 이후 평생 다른 집 아이들을 쳐다보지 않았다. 아들 3형제를 낳고 기뻐했던 4대 독자 아버지는 굶어죽은 자식들을 자기 손으로 묻었다.

먹을 것이라면 못 먹을 것이 없었다. 썩은 감자가루, 보리채, 넓패 등 뭐든지 먹고 버텼다. 일제 강점기 일본에서 유복하게 살았던 15살 정봉영의 증언은 생존 투쟁 그 자체다.

"(토벌대가 사용했던) 사람을 죽였던 칼로 무도 썰고, 감자도 썰고, 밥을 지어먹을 정도로 막막하게 살았어. 3년 동안 제대로 농사도 못 지었으니까. 보리껍데기 사다가 사카린 넣고 소금 조금 넣고 물 넣고 끓여. 돼지나 먹는 보리채 끓인 물을 먹는 거야. 5살 동생이 똥이 안 나온다고 막 울어. 삼시 보리껍데기에 사카린 넣고 끓인 물만 먹으니까 똥을 못 누는 거라. 동생을 엎드리게 한 다음에 나무 코쟁이 꺾어서 항문에서 똥을 파냈어. 바다에서 넘패(넓패)를 뜯어다 먹고 산에서 고사리 꺾어다 먹고, 쑥 같은 거 해다가 삶아서 죽 쒀서 먹고, 뭘 제대로 먹고 산 게 아니지. 그냥 굶은 거야, 굶은 거."

좁쌀 나물죽을 끓여 먹으려고 하면 남들이 웃을까봐 사람들이 없을 때를 기다려 몰래 먹기도 했다.

제주읍 아라리 김을생은 거로마을로 소개된 뒤 막내 남동생한테는 미국에서 배급받은 강냉이가루에 끓는 물을 넣어서 만든 범벅을 줬지만, 자신은 여동생들과 함께 썩은 감자를 썰어 만든 쓴 감자가루를 사다가 돌레떡(도래떡)을 만들어 먹었다.

"썩은 감자가루를 사다가 돌레떡처럼 만들어 물에 삶아. 그거 하나 입에 넣으면 칼칼 쓴 게 말도 못해. 살려고 하니깐 한두 개 먹지. 그렇지 않으면 먹지를 못해. 거로 3구통 살 때는 남의 일만 하면서 살았주. 먹을 거 제대로 먹었으면 키도 클 텐데 그렇지 못했지."

봉개리의 송순자도 마찬가지였다.

"조 눌이 밖에 있었는데 조짚을 뽑아다가 가마니 깔아서 조를 훑었어. 내가 발로 비벼가면 2살 동생이 옷도 안 입은 채로 꼬물락 꼬물락 같이 비벼. 생각하면 마음이 아파. 그 조로 범벅을 해. 지금은 개나 먹는 거지. 입안이 다 찔려. 까락까락. 막내 남동생도 배 고프니까 먹지. 그 막내는 배가 뽈록하고 다리는 가늘었어. 아프리카 배고픈 아이들처럼."

식모로, 농사로, 물질로, 군대로, 그렇게 꾸린 생

살아야 했다. 생존을 위한 노동은 기본이었고, 집안을 책임지는 가장의 역할도 해야 했다. 남자들이 없는 집에서 여성은 남성의 몫까지 책임졌다. 생선, 땔감, 미역 등 거래가 될 것 같은 물건은 무엇이든지 닥치는 대로 구하고 팔아 생계를 유지했다.

"사태 나기 전에는 농사만 짓고 살았는데, 사태가 끝나니까 아무것도 없었다."

구좌면 송당리에 살던 22살 채계추는 참나무를 베어다 숯을 구워 팔아 생계를 유지했다. 온 식구가 송당리에서 소 구르마(달구지)에 숯을 싣고 수산리, 종달리까지 가서 감자나 소금으로 교환하고 생계를 이었다. 농사일이 끝난 뒤 집에 돌아오면 불을 땔 밥솥을 안치고 아기 젖을 먹인 다음에야 몸을 닦을 수 있었다. 자녀 7명을 키우기 위해서는 쉴 수가 없었다. 시어머니가 물려준 소 1마리가 살림의 밑천이 됐다. 소 2마리를 팔아 약 3만 3천 제곱미터(1만 평)의 밭을 샀다.

제주읍 중산간 마을 용강에 살던 송순자는 어머니의 고생을 덜기 위해 동생과 함께 고아원에 가기도 했다. 어머니가 없을 때는 가장 역할을 했다. 10살 때 4·3을 만난 송순자는 16살 때부터 3년 동안 서울에서 식모 생활을 했다. 가장이 은행 지점장이었던 그 집안이 갑자기 망했다. 송순자는 오히려 그들을 위로했다.

"살암시민 좋은 일이 올 거우다. 지금 당분간은 고생이지만 살암시민 좋은 때가 올거우다."

송순자는 제주에 돌아온 뒤에는 사깡(미장)일, 김매기, 멸치 장사 등 닥치는 대로 일했다. 21살에 양복점에서 바느질을 배우기 시작한 송순자는 주인의 꾸지람에 경쟁심이 불타올랐다.

"일본말로 자꾸 내가 잘 못한다고 하는 거라. 그땐 '내가 너네를 꼭 이기고 말겠다'고 다짐했어. 20살에 이를 갈았어."

송순자는 21살 되던 해에 완전한 기술자가 됐다. 해안 마을에서는 물질이 생존의 자산이 됐다. 추운 겨울에도 속곳 하나 입고 물질을 하며 생계를 이어가야 했다. 미역은 말려 제주 시내에 나가 팔아 쌀을 사서 오거나, 물건을 팔지 못하면 다른 물건과 바꿔오기도 했다. 육지로 나가는 출가 물질은 고향에 두고 온 아이들이 눈에 어른거려 눈물로 세월을 보내야 하지만 대신 돈을 모을 수 있었다. 해녀들은 물때가 아닌 날에는 농사일을 다녔다. 겨울철 물질은 살이 끊어질 정도로 힘들었지만, 죽을락 살락 물질을 해 재산을 모으고 집터를 샀다.

정봉영에게 남성들의 전유물로 여겨지던 군 입대는 4·3의 굴레에서 벗어나기 위한 탈출구였다. 군대에서 5년만 봉사하면 타자수로 취직할 수 있고, '빨갱이 가족'이라는 굴레에서 벗어날 수 있다고 했다. 19살이던 1952년 군에 자원 입대했다. 제주도에서 함께 간 여성만 60명이었다. 출정식은 제주읍 관덕정 마당에서 이루어졌다. 그곳은 정봉영에게 복잡한 기억의 장소다.

"아버지가 잡혀가서 매 맞고 형무소로 보내지고, 바다에 던져졌던 그 관덕정 마당에서 나는 도지사와 주민들의 박수와 환호를 받으며 출정식을 한 거야."

아버지는 경찰에 끌려간 뒤 1948년 12월, 징역 1년형을 선고받고 목포형무소에서 수감 생활을 했다. 그리고 한국전쟁 직후인 1950년 7월 예비검속돼 희생됐다. 아버지가 고문받고 형무소로 끌려간 그곳에서 정봉영은 사람들의 환송을 받으며 군에 입대했다. 산지 부두에서 우는 어머니를 뒤로 하고 논산훈련소로 가는 길, 제주 여성들은 소와 말을 싣는 화물열차에 실렸다. 만만치 않은 군생활의 전조였다. 아버지의 '빨간 줄' 때문에 훈련소 시절부터 특무대에 불려가 구타를 당하고 조사를 받았다.

"한국말도 졸바로 못하는데 특무대에 끌려가노니 무서워서 대답을 졸바로 할 수가 있겠어? 바로 귓방망이를 내갈겼어. 한 대 맞으니까 눈알이 쏙 빠지는 것 같애. 그래도 차렷 자세로 가만히 서 있었지."

특무대 군인이 칠판에 한자로 '애'(愛) '국'(國)이라고 쓰자,

"아, 나라를 사랑해서 왔느냐"고 묻는 것으로 보고, '예'라고 대답했다. 정봉영에게 국가란 무엇인가. '나라 사랑'은 그의 관심 밖이었다.

> "솔직히 나라 사랑이 뭔지 나는 그런 거 몰라. 일본에서도 조센진이라고 무시는 당했지만 사람을 함부로 죽이진 않았거든. 어른도 죽이고 아기도 죽이고 총 쏘아 죽이고 죽창으로 칼로 찔러 죽이고, 돌로 쳐서 죽여버리는데 나라 사랑이란 게 있을 수가 있어?"

정봉영에게 군대는 '빨간 줄'에서 벗어나게 해줄 확실한 길이었다. 그것이 전부였다.

"살암시난 살앗주"

> "내가 글을 알면 소설 책 한 권은 쓸 거야."

4·3을 겪은 여성들을 인터뷰하면 대부분 이렇게 말한다. 그 말은 배움에의 열망이 꺾였다는 뜻이다. 잿더미가 된 가정을 일으키고, 하루 먹고 하루 살아가기 위해, 무엇보다 생존이 절박했다. 그렇게 기회를 놓쳐 버린 배움에 대한 여성들의 열망은 한이 됐고, 그녀들은 이를 극복하기 위해 자신과 자녀들을 가르치고 배우는 데 열심이었다. 배움에의 미련은 주체적 삶을 사는 계기가 됐다. 학교 문턱을 드나든 적이 없는 송순자의 한글 깨치기

는 억척스러웠다.

"난 봉근(주운) 글이라. 목욕탕 갔다 올 때마다 그 건물에 써진 거 보면서 '목욕탕'이구나 하고 익힌 것이 글 배우기의 시초야. 대한민국 일주를 했는데 처음 가면 난 집중적으로 간판을 딱 눈에 익혀. 그렇게 눈에 표시를 하고 찾아가서 간판을 보면서 글을 익혔어. 간판도 보고 몸부림을 치니까 20살 넘어가면서 한글 해독이 됐어."

실제 나이보다 2살 어리게 호적에 올라간 하귀 학원동 김용렬은 동네 언니들이 야학에 공부하러 다닐 때 쫓아다니고, 학교를 찾아가 다니게 해달라고 떼를 썼다. 어머니는 일을 하라며 학교를 다니지 못 하게 했지만, 배움에의 열정은 컸다. 학교에 다니기 시작한 건 김용렬의 나이 13살 때였다. 4살 아래 동생들하고 같이 학교를 다녔다. 배울 수만 있으면 무슨 일이라도 할 수 있었다. 하지만 국민학교 4학년을 끝내지 못한 채 친척집 아기업개로 갔다. 다른 일은 시키지 않고 집만 보는 일이라 공부를 할 수 있다는 말에 15살에 갔지만, 공부는 할 수 없었다. 김용렬의 나이 16살, 이번에는 친구가 다니는 부산의 메리야스 공장에 취직했다. 공부가 한이 되었다.

"부산에 있을 때 돈도 더 많이 준다고 오라고 했지만 무엇보다 공부를 하고 싶었어요. 거기 가서 보니까 공부하지 않은 사람이 천지였어요. 사장님이 오후 3~4시 돼서 일이 끝나면 공부를 가르쳐주기 시작했어요. 백노지(흰종이)를 많이 사다 두고 실컷 갖다가 쓰라고 하고 시험도 봤어요. 주산도 공장에서 배웠습니다."

4·3을 경험한 여성들의 삶은 신산했다. 모두가 겪었던 고통 위에 어린 소녀로서, 여성으로서 겪었던 고통은 처절했다. 그런 고통 속에서도 이들은 삶을 살았고, 가족과 마을을 일궜다. 시간의 고문에서 달아나기 위한 필사적인 투쟁이었다.

'살암시민 살아진다.'
'살암시난 살앗주.'

4·3 이후 모든 것을 집어삼킨 거대한 벽 앞에 내던져진 여성들이 살아야만 하는 잡초 같은 스스로를 버티게 한 말이다. 강인한 생명력이 담겨 있는 말이다. 광기의 시대와 질풍노도의 시대를 살아낸 여성들은 자신들의 삶을 개척하고 가족의 생계를 꾸리며, 스스로 생존 의지를 체득했다. 아무것도 남아 있지 않은 빈터를 딛고 막막한 미래를 향해 길을 찾기보다 길을 만들며 온 그들이 지금 여기에 있다. 제주의 오늘은 그들이 만든 길 위에 있다.

13

정명正名

·

우리 이름 불러줄 자
누구인가

4·3을 바라보는 서로 다른 시각들

제주시 봉개동 제주4·3평화기념관. 어두침침한 제1관 '역사의 동굴'에 들어서면 새소리가 잠깐 들리고 양 옆에는 깨진 허벅(물을 길어 나르는 동이)과 항아리들이 놓여 있다. 천장에서 한 방울씩 뚝뚝 떨어지는 듯 들리는 물방울 소리를 들으며 걸어가면 마치 어두운 동굴 안으로 들어가는 듯하다. 그 동굴의 끝 지점에 하얀 대리석 비석이 누워 있다. 비석은 천장의 원통형 기둥을 통해 쏟아지는 햇빛을 받아 빛난다. 비석의 표면에는 아무런 글자도 새겨지지 않았다. '백비'다. 설명문에는 이렇게 적혀 있다.

'4·3 백비, 이름 짓지 못한 역사'

4·3은 보는 시각에 따라 다양한 입장으로 나뉜다. 그래서일까. 아직 정식 이름조차 갖지 못했다. 정부가 진상을 조사해 보고서를 내고, 대한민국 대통령이 사과까지 한 '사건'에 대해 이처럼 다양한 입장을 보이는 사례가 또 있을까. 이런 입장의 차이는 '명칭'을 놓고도 선명하다. 4·3에 대한 시각은 대체적으로 4가지로 들 수 있다.

첫째, 폭동으로 바라보는 시각이다. 진상 규명과 명예 회복이 상당 부분 이루어진 오늘날, 폭동론은 많이 퇴색하긴 했지만 여전히 폭동이라고 말하는 자들이 있다. 이들은 4·3이 1948년 4월 3일을 기해 남로당 세력이나 북한의 지령에 따라 대한민국 정부 수립을 방해하기 위해 일으킨 폭동이며, 당시 참여했던 이들이 북한의 정권 수립에 동조했다고 주장한다. 이에 따라 정부의 진압은 정당했으며, 진압 과정에서 일부 무고한 양민의 희생은 어쩔 수 없었다는 입장을 드러낸다. 대량 학살과 방화, 초토화 등 반인륜적 범죄 행위들은 진압 과정에서의 사소한 잘못으로 치부해 버린다. 그런 반면 무장대에 의한 살인과 방화를 집중해서 강조한다.

둘째, 항쟁론이다. 1987년 민주화 운동 이후 진상 규명과 명예 회복 운동이 전개되면서 대학생과 지식인 집단, 시민 사회 영역은 기존의 폭동론이야말로 반공 이데올로기에 사로잡힌 세력들이 진상을 왜곡해온 것이라며 항쟁론을 내세웠다. 항쟁론은 이전 시기의 폭동론에 대한 반격이자 방어적 성격을 띠었으며, 폭동론에 대한 인식의 전환이기도 했다. 1980년대 후반 이후 문화예술 운동은 항쟁론에 초점을 맞춰왔다.

'원인 없는 결과가 없다'는 말처럼, 4·3 무장봉기의 발발 원인에 더 무게를 두는 시각이다. 실제 1947년 3·1사건과 3·10민·관 총파업 이후 1948년 4·3 무장봉기가 발발할 때까지 제주 사회의 분노는 외부에서 들어온 경찰의 제주 섬 사람에 대한 대대적인 검거와 고문, 서청 등 우익 단체의 약탈과 탄압 등으로 한계점에 이르렀다. 4·3은 이러한 외부 세력의 탄압에 맞서 일어난 항쟁이었다는 것이다. 이들은 무장대의 학살과 방화에 대한 비판은 있는 그대로 받아들여야 하지만, 이것으로 항쟁의 명분이 약화되어서는 안 된다는 입장이다. 또 한반도 분단을 영속화하는 5·10 단독선거를 반대한 '분단 반대 운동'이자 '통일 운동'이라고 주장한다.

셋째, 희생자론이다. 이러한 시각은 4·3 담론의 큰 부분이다. 4·3을 다룬 소설과 언론의 4·3 연재나 방송사의 다큐멘터리 등 여러 저작물과 보도들은 제주 사람들의 희생과 수난사적 관점에 무게 중심을 두고 있다. 4·3의 비극성은 제주 사람들이 당한 엄청난 규모의 희생과 수난으로 환기된다. 4·3 이후 살아남은 자들이 겪어야 했던 연좌제와 트라우마 역시 같은 방식으로 소환된다. 오랜 시간 진상 규명과 명예 회복 운동은 이러한 희생자론을 바탕으로 전개됐다. 이는 평화와 인권, 화해와 상생의 화두를 던짐으로써 정부의 진상 규명과 명예 회복, 사과를 끌어내는 데 기여했다.

넷째, 사건론이다. 이들은 '4·3사건' 또는 기호로서의 '4·3'을 말한다. 4·3의 전개 과정에서 일어난 사건들에 관심을 둔 이들은 '4·3사건' 또는 '4·3'이라고 부르는 것도 한 방법이라고 한다. 4·3특별법과 정부 보고서도 '4·3사건'이라고 하고 있다. '사건'이라고 해서 '4·3'의 의미가 퇴색하는 건 아니라는 뜻이다. 이들은 4월 3일 무장봉기에 이르기까지 항쟁적 측면은 존재하지만, 사건의 전개 과정에서 있었던 무장대의 민간인 살상 등의 과오 또한 있는 그대로 받아들여야 한다는 입장이다. 절충적 입장으로 '4·3사건' 또는 '4·3'이라고 해서 4·3의 항쟁적 측면이 감춰지는 것은 아니라고 한다.

이름 짓지 못한 역사

정부 보고서가 2003년 10월 확정되고, 같은 달에 노무현 전 대통령이 사과한 데 이어 2014년 국가추념일로 지정됐지만, 여전히 4·3은 '이름 짓지 못한 역사'로 남아 있다. 왜 4·3을 '이름 짓지 못한 역사'라고 하는가. 정부 보고서에서 고건 전 국무총리는 서문에 이렇게 밝혔다.

"보고서는 사건의 진상 규명과 희생자·유족들의 명예 회복에 중점을 두어 작성되었으며, 4·3사건 전체에 대한 성격이나 역사적 평가를 내리지 않았다. 이는 후세 사가들의 몫이라고 생각한다."

대한민국 정부가 정부 수립 이후 자신의 과오를 드러내는 최초의 과거사 진상 보고서를 내면서 사건에 대한 성격이나 역사적 평가를 하지 않은 것이다. 그리고 이를 후대 역사가들의 과제로 남겼다. 이런 까닭으로 '정명'(正名)의 문제가 제기될 수밖에 없다. 4·3의 명칭을 바르게 확립하기 위해서는 무엇보다 그 역사적 성격을 제대로 이해하는 것이 필요하다.

4·3은 특별법 제정으로 제도화됐지만 당시 제주 사람들은 국가 폭력의 희생자 또는 피해자라는 프레임에 갇혀 있다. 그러나 그것이 전부일까. 그 당시 제주 사람들은 해방 공간 국민 국가 건설 과정에서 역사의 주체로서 통일 국가 건설에 참여하려는 의지가 있었고, 섬 지역 특유의 공동체 의식과 외부의 침탈에 맞서는 응전의 의식도 존재했다. 때문에 당시 희생자들을 '아무것도 모르는 무지렁이'로, 그저 영문도 모른 채 '무고하게 희생당한' 불쌍한 피해자로만 바라보는 것은 오히려 4·3의 의미를 축소하는 일일 수 있다.

역사학자들은 한 사건의 역사적 성격을 규정하기 위해서는 사건의 배경과 원인을 고려해야 한다고 한다. 4·3은 냉전과 분단이라는 외적 조건과, 외부 세력의 탄압에 맞서 저항한 제주 섬 공동체의 내적 조건이 맞물려 일어났다. 제2차 세계대전 종전 이후 유럽에서 시작한 냉전이 아시아로 확대되면서 전 세계적으로 냉전 체제가 형성되는 과정에 있었다. 해방이 찾아온 한반도의 이남과 이북에는 미군과 소련군이 점령함으로써 냉전은 더 일찍 찾아왔다. 유엔 결의를 통한 남한에서의 5·10 단독선거는 분단으로 가는 길이었고, 이에 반대하는 목소리가 분출됐다. 남과 북은 상호 적대감이 고조되면서 자신들만의 국가 건설을 추진했다. 현대사 연구가 서중석 교수는 이렇게 언급한 바 있다.

> "4·3의 발발 원인이 매우 중요하다. 정부 보고서에도 있지만, 특히 3·1절 기념대회 이후 제주도에 몰아닥친 육지 사람들의 횡포나 미군정의 실정, 해방된 지 2~3년이 지났지만 통일독립국가를 이루지 못한 데 대한 암담함, 이런 것들이 결국은 4·3으로 폭발한 것이다. 서북청년단 등에게 당했다는 강한 피해의식 등도 작용했다. 그런 면에서 항쟁적인 성격을 갖고 있다. 또 4·3은 다른 사건과 달리 매우 오래 지속됐다. 항쟁적인 성격이 강하게 들어 있지 않으면 그렇게 오래가지 못한다."

탄압에 맞선 저항의 역사 그리고 4·3

앞서 언급한 바와 같이 제주 섬 공동체의 내적 조건도 무시할 수 없다. 경찰과 서청 등 외부 세력의 탄압과 유린에 맞서 가족과 마을, 섬 공동체를 지키기 위한 적극적이고 집단적, 조직적 항의와 투쟁이 전개됐다. 4·3의 내적 추동력은 변방의 섬이라는 지리적으로 고립된 조건 하에서 형성된 제주 사람들의 고유한 생활력과 외부로부터의 부당한 압박이 가해질 때 일어섰던 공동체적 저항의식이었다. 외부 세력의 침탈에 맞선 제주 섬 사람의 집단적 방위는 멀리 고려 시대까지 거슬러 올라가지 않더라도 얼마든지 찾을 수 있다. 20세기 초 일어난 이재수의 난부터 일제 강점기인 1930년대 제주도 안팎에서 벌어졌던 민족해방 운동, 해녀 투쟁 등 몇 가지 사례만으로도 제주 사람들이 외부의 억압과 침탈에 맞서온 역사를 가늠할 수 있다.

　4·3 시기 언론 보도는 제주도의 저항의 역사성을 살펴보는 단서이다. 언론은 무장봉기의 연원을 1898년 중앙에서 파견된 목사의 탐학에 저항해 일어난 방성칠의 난, 그리고 3년 뒤인 1901년에 일어난 이재수의 난과 일제 강점기 민족해방 운동으로 거슬러 올라가 분석했다.

　　"파견되는 관료의 탄압에 일정한 한계를 넘을 때에는 도민 총단결에 의한 통렬한 반격을 받게 되었던 것이니 이조 말년에 이 섬에서 발발한 이재수의 난이나 방성칠의 일규(一揆)는 그 치열한 투쟁력과 철저한 방법에 있어서 심히 교훈적이었던 것이다. 일제 시대에 들어서도 도민들의 투쟁력은 계속 발휘되어서 3·1운동의 치열은 물론 후년의 유명한 해녀폭동사건은 철옹 같은 일제 지배 하에서 대규모의 시위 운동을 감행하고 수백의 희생자를 내었던 것이다. (중략) 김명식이와 같은 전국적인 인물이 이곳에서 낳고 학생 운동의 전성기에는 제주도 출신 학생은 서울의 공립 각 중학교에서 무조건 거부를 당할 만큼 학생 운동의 중핵부에는 항상 제주도 출신 학도들이 맹렬하게 활용하였던 것이다. 더욱이나 제주도-대판 간의 특수한 연락은 제주도인의 문화 수준을 일반적으로 인상 (중략) 이리하여 순박 강인한 도민의 생활력과 면면전승의 혁명적 전통은 이곳 인민들의 신념과 기질을 강조한 단색으로 광범하게 채색하기에 이른 것이다."_**『독립신보』**, 1948. 4. 28.

기자 부재민이 쓴 이 기사는 제주 사람들이 왜 집단적, 조직적으로 외부 세력에 맞서 4·3 무장봉기를 결행했는지를 제주도의 역사적 사건의 고찰을 통해 밝히고 있다. 그는 무장봉기를 1898년 방성칠의 난과 1901년 이재수의 난에서 투쟁력과 방법을 모색하고, 제주도의 3·1운동과 일제 강점기 대규모 시위 운동으로 번진 해녀 투쟁의 연장선에서 보았다. 중앙 정부에서 파견되는 관료의 탄압이 임계점을 넘으면 제주민들의 저항이 있었다는 것이다.

실제로, 방성칠의 난은 방성칠의 주도로 대정면 중면 광청리 일대 수백여 명의 화전민들이 중앙 정부에서 파견된 제주 목사의 가혹한 징세의 폐단을 혁파하기 위해 일어났던 민란이다.

이재수의 난은 일부 천주교도의 횡포와 그들을 앞세운 중앙 정부에서 파견된 봉세관(세금을 징수하는 관리)의 조세 수탈에 저항해 일어난 대규모 민란이다. 민군은 천주교인 250여 명을 살해했다. 이에 맞서 중앙 정부는 100여 명의 병력과 궁내부 고문관인 미국인 샌즈를 급파했고, 프랑스 군함 2척과 일본 군함도 출동하는 등 국제적인 사건의 성격을 띠었다. 모두 외부 세력의 탄압에 맞선 저항이라는 시각이 존재한다. 또한 기사는 일제 강점기 사회주의 사상가로 명망이 높았던 김명식을 언급하며 제주도 출신 학생들은 서울의 중학교에서 입학을 거부당할 만큼 학생 운동의 중심에 제주도 출신들이 많았음을 언급하고 있다.

이재수의 난은 4·3 무장봉기 발발 47년 전에 일어났다. 4·3

당시 제주 사람들 가운데는 방성칠의 난과 이재수의 난, 그리고 일제 강점기 여러 항일 운동을 직접 경험하거나 목격한 이들이 있었다.

『대한일보』 기자 이지웅도 부재민의 인식과 유사하다. 제주 사람들은 외래 세력에 맞서 도민의 혁명적 반대 투쟁으로 그 세력을 저지하고, 일제 강점기 일제에 대한 반항의 표출, 평화가 유린될 때 죽음을 돌아보지 않는(사불고) 투쟁력을 갖고 있다고 언급했다.

> "지금으로부터 39년 전의 한말에 불국으로부터 천주교란 종교가 세계에 전파될 때 제주도에도 어떤 근거를 두고 세력을 부식하려 하였으나 이제수(원문 그대로)라는 본도 출신 인물이 영웅적 존재로 전 도민을 총동원하여 이 외래 세력에 대한 반대 투쟁이 전개되자 가장 투쟁력이 강하고 민족애에 넘치는 도민의 혁명적인 혈투는 기어코 그 세력을 무난히 분쇄하였다는 것으로나 제주 도민은 왜정에 대한 반항이 노골적으로 각 방면에 표현되어 대부분의 도민이 왜정 하의 사상범이 없다는 것이 본도의 정신을 웅변으로 증개(證改)하고 있는 것이고 또한 도민의 역사적으로 불가피한 정부에 대한 반감(한국 시대 피유형자 다수)으로 자유가 구속되고 평화가 유린될 때의 사불고(死不顧)하는 폭기성(暴起性)을 잊어서는 안된다." _『대한일보』, 1948. 6. 3.

부재민의 기사는 같은 해 7월 제주도 현지 취재에 나선 『호남신문』 기자 김상화의 기사에서도 비슷하게 반복된다.

"혁명의 선구적 교훈을 남긴 이조 말엽 제수(濟守)의 일규(一揆)는 관의 도민 억압에 대한 통렬한 반항이었음은 말할 것도 없거니와 이보다 수백 년 앞에도 목관(牧官)의 도민에 대한 과중한 억압에 분발한 도민은 방성칠을 선두로 철두철미 반항하여 행정의 시정을 기하였다는 역사와 일제 시의 3·1독립 운동의 투쟁, 유명한 해녀 폭동 사건, 이밖에 허다한 학생 운동 사건 등은 수많은 청년층에 애국심과 전진적 사상을 널리 파급시키게 하였다." _『호남신문』, 1948. 7. 21.

4·3 무장봉기 당시 중장년층은 1930년대 일제에 맞선 제주 사람들의 저항 기억을 강렬하게 갖고 있었다. 1930년대는 '우리들은 우리 배로'라는 기치를 내건 제주와 오사카 간 항로에 여객선을 띄운 동아통항조합 운동(1930)을 비롯해 농업학교 학생들의 '동맹휴학 사건'(1931)과 구좌읍 세화리를 중심으로 제주 동부 지역 해녀들이 봉기한 해녀 투쟁(1932) 등 일제 식민지 통치에 맞서는 조직적인 투쟁이 전개될 정도로 항일 운동의 전성 시대였다.

1947년 제주도 민전 간부였던 고창무는 4·19 혁명 직후 일어났던 4·3 진상 규명 요구와 관련해 언론 기고문에서 제주도의 역사적 저항의 전통을 강조한다.

"제주 도민은 이조 시대에는 선참후계(先斬後啓)의 특권을 장악한 목사(牧使)의 전횡에, 일제 시대에는 군수와 경찰서장과 검사의 직권을 한 손에 잡고 갖은 횡포를 다하던 도사(島司)의 억압에 시달려 관의 명령이라면 무조건 복종하여야 한다는 체념과 생사의 판가름을 하여야 할 궁지에 처하면 물불을 가리지 않고 맹진하는 성격, 이와 같은 도민의 이율배반의 심성은 방가 난, 이재수란, 일제 시대의 해녀 사건 등이 이를 여실히 증명하고 있다.”_『조선일보』, 1960. 7. 16.

제주 사람들의 항거는 이런 제주도의 저항의 역사 위에 맥락을 같이 한다.

섬 공동체, 그것이 갖는 특별한 의미

2017년 12월 일본 도쿄에서의 일이다. 4·3을 피해 일본으로 밀항한 뒤 고향을 밟지 못한 채 평생 고향을 그리워 하다 눈을 감은 한 재일동포의 2세를 만났다.

“선생님은 대한민국이 가깝다고 여깁니까? 아니면 제주도를 대한민국이라는 국가보다 우위에 두고 생각합니까?”
“어떻게 말하면, 대한민국 사람이라기보다 제주도 사람이라는 것이 맞는 것 같습니다.”

그는 망설임 없이 답변했다. 나는 다시 물었다.

“섬 공동체에 대한 의식이 강해서인가요?”
“예. 어릴 때부터 (아버지의 고향 출신 재일동포로 구성된) 마을 친목회도 있었고, 제주도에 가본 적이 없어도 제주도 사람이라는, 제주도 출신이라는 의식 속에서 자랐기 때문에 그런 것 같습니다.”

일본 사회에서 제주도 출신 재일동포들은 고향 사람들끼리 만나 친목회를 구성하고, 정기적으로 만나 고향의 안부를 묻는다. 일제 강점기 생계를 위해 일본으로 건너가 그대로 눌러앉았거나, 4·3을 피해 밀항한 제주 출신들은 그 나라 안에서 자신들만의 사회를 만들었다. '제주도'에 대한 그들의 애정과 관심은 언제나 '대한민국'보다 우위에 있다. 4·3 당시 고향을 떠난 그들에게 부모 형제 친구들이 죽어간 제주도는 지긋지긋했고, 낯선 땅에서 자리를 잡을 때까지 간난과 신고의 세월을 겪어야 했다. 그러나 그럼에도 그들은 고향의 사람들이 폐허 위에서 살아보겠다며 몸부림친다는 소식이 들릴 때면 어렵게 모은 돈을 기꺼이 내놓았다. 감귤 묘목 보내기 운동부터 제주도의 수많은 수도와 전기 가설, 마을 안길 포장은 그들의 그런 마음에 빚졌다.

이와 함께 언론은 지리적으로 육지로부터 고립된, 제주 섬 공동체의 태생적 환경과 단결력을 주목했다. 강고한 단결력과 생활력이 외부 세력의 탄압에 맞선 제주 사람들의 저항력을 추동시켰다는 것이다. 앞서 언급한 『독립신보』 기사의 다른 내용 일부를 인용한다.

"오랜 세기를 통하여 본토에서 격리된 이 거대한 고도(孤島)에는 강인한 생활력과 용감한 기질을 가진 제주도인들의 고립적이면서 굳게 단결된 생활이 건설되었으며, (중략) 특권 계급이나 반역분자의 발호가 강하지 못하고 인민이 전체로서 잘 단결되고 비교적 계몽된 진보적 사상의 영향이 있는 곳, 과거에 혁명적 전통이 강렬한 지대, 이러한 곳 인민들의 정당하고도 자연스러운 동향이 '빨갱이'니 '좌익'이니 하는 낙인받게 된

다는 사실을 제주도의 사례가 증명한다는 것이다."_『독립신보』,
1948. 4. 29.

이 기사는 제주도가 특권 계급이 없고, 단결력이 강하며
진보적 사상의 영향과 혁명의 역사적 전통 때문에 '빨갱이섬'으
로 낙인찍혔다고 짚고 있다. 『호남신문』 기자 김상화도 섬 공동
체의 단결력과 생활 환경을 주목했다.

　"이 섬의 단결력이 강한 것도 결코 우연한 것이 아니라 천
연적으로 생활 환경과 인심 생활 습속 감정이 동일하기 때문
이며 이를 무시하고 타도에서 들어간 일부 인사의 처사가 모
모 청년 단체원들의 처사가 틀맺어 도민으로 하여금 불만을
갖게 하였던 것이다. 무자비하던 일제의 탄압도 이 도민에게
는 완화 정책을 안 쓰면 아니되게 하였던 것이니 도민의 독특
한 생활에 대한 강한 투쟁력과 환경을 여실히 파악하는 시정
만이 현 단계의 유일한 수습책일 것이다. 또한 모모 사설 단체
원들의 불순한 정치적 모략은 몽매하고 순박한 양민까지도
'빨갱이'라는 낙인을 덮어씌우고 있다고 모 당국자도 말하고
있다."_『호남신문』, 1948. 7. 21.

그는 이러한 섬 공동체의 투쟁력과 환경을 파악하는 것만
이 사태의 확산을 막고 수습하는 길이 될 것이라고 평가했다. 제
주도 전역을 마비시킨 3·10민·관 총파업 이후 제주도 취재에 나
선 『경향신문』 기자 이선구는 제주도 섬 공동체의 특성과 단결력
에 대해 이렇게 말했다.

"속칭 30만 주민이라고 하는 섬 사람들은 제주도 특유한 지방색과 더불어 서로가 친밀하게 가족적인 우의 가운데 굳게 결합되어 그들이 얼마나 뜨거운 향토애를 가졌느냐는 것은 말을 몇 마디 주고받는 동안에 곧 발견할 수가 있는 것이다. 섬을 중심으로 바다를 비롯한 온갖 환경의 악조건과 싸우며, 대외 침로(侵擄)와 말없는 가운데 공동투쟁을 하며 위대한 생활력으로 고도(孤島)를 지켜온 그들에게 거의 지방색에 가까운 이 특성은 오히려 당연한 것이리라. 따라서 그들은 해방 이후에도 육지의 영리한 무리들처럼 천박한 분열이라는 것을 모르고 오직 제주 섬의 행복을 위하여 착한 형과 혹은 현명한 아들이 하자는 대로 모두 한 가지 이념 아래 손쉽게 엉킨 것이다. 그들 가운데는 특권 계급이라는 것이 없다." _『경향신문』, 1947. 4. 2.

언론은 한결같이 제주 사회의 특징으로 빈부의 차가 없고 특권 계급이 없는 것을 꼽았다. 기자 이지웅은 "고래로 소유력이 균등하여 부의 차가 없고 권력의 행사가 없는 것이 본도 정치 경제 양면으로 보는 특색이다"며 "풍토상으로 가져오는 도민의 사나운 성품은 지리상으로 오는 극히 농후한 애족애향의 정신과 더불어 단결이라면 상상 이외의 위력을 발휘하는 것이다"(『대한일보』, 1948. 6. 3)라고 할 정도였다. 그는 제주 사람들의 강압에 대한 폭발력과 단결력을 이렇게 분석했다.

"강압에 대한 폭발이란 우주의 원칙임에도 불구하고 강자는 소시민적 도민을 폭압하고 선량한 자들도 지들의 사감에 의하여 공산주의자(파괴주의)로 몰아치는 처사는 악질 매국노들의 선동으로 인하여 마치 왜정이 자가 정책에 공명치 않는 자는 불령선인 내지 '악질사상범'으로 처벌하던 예(例) 이상의 반감을 주었다. 이리하여 도민의 불안과 관헌에 대한 반감 내지 공포심은 복구할 수 없는 지경에 이르렀다. 그리하여 도민은 자신들을 보호하기 위하는 동기에서 공산 매국노의 모략에 이용되어 맹렬한 단결력과 사나운 성품의 전력을 기울여 관헌에 대한 반항의 태세를 갖추게 되었다." _『대한일보』, 1948. 6. 4.

이런 인식은 언론인들만 가진 게 아니라 서울에서 재판을 위해 파견된 검찰 관계자까지 유사했다. 당시 제주에 파견됐던 박근영 서울지방검찰청 검찰관은 서울로 돌아간 뒤 이렇게 말했다.

"제주도는 육지와 멀 뿐더러 생활 조건이 극히 나쁘기 때문에 단결력이 굳고 배타심이 극히 강한 곳인데, 이러한 곳에 8·15 이후 경찰관을 전부 타도 사람으로 임명하였을 뿐 아니라 그들은 언어 풍속이 다른 제주 섬 사람의 풍정을 인식치 못하고 매양 육지에서 하던 행동을 그냥 계속하였기 때문에 경찰과 민중이 대립하였다" _『서울신문』, 1948. 6. 15.

1947년 3·1사건과 3·10민·관 총파업, 그리고 1948년의 4·3 무장봉기의 저변에는 이러한 제주 사람들의 강고한 단결력이 있었다.

4·3, 정명正名과 정명定名

4·3 정명 문제는 2008년 4·3 60주년 때부터 조금씩 제기됐고, 70주년에 본격화됐다. 제주4·3 제70주년 범국민위원회가 2018년 4·3 70주년을 맞아 '4·3에 정의를, 역사에 정명을'이란 구호를 내걸면서 정명 문제가 본격 제기된 것이다. 그러나 4·3 정명 문제는 발생 초기부터 꾸준히 제기되어온 것으로 봐야 한다. 사건 발생 이후 약 40여 년 동안 줄곧 '폭동론'이 한국 사회의 4·3 지배 담론이었지만, 이에 대한 대항 기억들이 확대 재생산, 발전하면서 시각과 입장 차이에 따라 다양한 이름으로 불려 왔다.

이제 4·3 정명은 시대적 과제가 됐다. 그러나 논의 진척은 느리다. 정명은 단기간에 결정할 수 없는 일이기 때문이다. 내적으로는 4·3이 가진 사건 자체의 장기성과 복잡성이 존재하기 때문이며, 외적으로는 남북 분단이라는 현실이 존재하기 때문이다. 하지만 이러한 정명 운동이 시간이 오래 걸린다고 해서, 무장대의 과오가 있다고 해서, 역사적 대의를 가지고 싸웠던 부분을 덮어버릴 수는 없다. 이런 점에서 서중석 교수는 4·3의 '항쟁적' 측면을 강조한다.

"'4·3사건'이라고 이름 붙이는 것만으로는 4·3을 온전하게 이해할 수 없다. 그동안 정치적인 이유로 4·3의 항쟁적인 면을 부각하기 어려웠고, 그냥 4·3특별법에 있는 대로 하자는 식으로 적당히 넘어온 측면이 있다. 정명을 찾기 위한 적극적인 노력이 있었다고 보기는 어렵다."

사회학자 김영범 교수는 2019년 4·3 정명 문제를 본격적으로 제기했다.

　"'정명'(正名)이란 그 고전적 용례로 보면 '이름을 바룬다'는 뜻의 동사이다. '바루다'는 비뚤어진 것을 곧게 함이니, 정명은 이미 있어온 비뚤어진 이름을, 잘못 붙여졌던 이름을 바로잡는다는 뜻도 된다. 그 결과는 '바른 이름'이니, 이것은 명사로서의 '정명'의 뜻이 될 것이다. 그리고 이름 붙이는 행위는 정명(定名)이니, 이름을 새로 붙이되 바르게 붙인다는 정명(正名)은 의미론적 차원에서 정명(定名)의 하위 개념이고 가치론적 관점에서는 상위인 관계이다."

　그에 따르면 '동학농민혁명'은 '동학난'으로 불리다가 '동학농민운동', '동학농민전쟁', '갑오농민전쟁', '1894년 농민혁명운동', '동학농민혁명운동', '동학농민혁명' 등 여러 이름이 붙여졌고, 역사관의 차이를 드러내면서 경합하다 지금의 공식 명칭으로 확정되는 사회적 합의에 이르렀다.

　'동학농민혁명'이라는 이름은 정명(正名)이기보다는 시대정신을 따르는 정명(定名)의 산물로 보았다. 그는 "동학난에서 동학농민혁명으로 사회적 합의에 도달하는 데 100년에 가까운 시간이 걸렸다. 그 시간을 거쳐 비로소 정명화됐다"고 말했다.

　1901년의 '이재수의 난'도 비슷한 궤적을 밟고 있다. 이 사건만큼 다양한 명칭으로 불리는 사건도 드물다. 이 사건은 '이재수의 난', '이재수란' '신축년 난리', '신축민란', '신축교난', '신축항쟁', '제주민란' 등으로 불렸다. 사건 발생 100년을 맞은 2001년에 시민 사회를 주축으로 구성된 '1901년 제주항쟁기념사업회'가 기념사업 등을 거쳐 그 이름을 '1901년 제주 항쟁'으로 명명하고, 천주교와 기념사업회가 화해 선언문을 발표하기에 이르렀으나, 120년이 지나도 여전히 정명(正名)됐다고는 할 수 없다.

4·3의 정명 운동은 '4·3 항쟁'이라는 '정답'을 결정하고, 이에 명칭을 강제하는 운동이 아니다. 정명은 지난한 논의를 거쳐 사회적 공감대를 형성하는 과정이 필요하다. 따라서 4·3의 정명은 오랜 기간 연구와 성찰, 공감대 형성을 통한 사회적 합의에 이를 때 가능할 것이다. 그때까지 우리는 이름이 아닌 그 의미를 제대로 기억하는 것이 우선일지도 모른다.

에필로그

제주4·3은 공동체를 뿌리째 파괴했다. 4·3 이후 제주도는 국가로부터 소외됐다. 5·16 군사쿠데타 직후 제주도지사로 부임한 김영관은 중앙 정부의 제주도 소외론을 거론했다. 그는 제주도에 부임할 때 "4·3사건 이래로 10여 년 동안 정부 시책에서 버림받아왔다는 사실"을 지적하면서 이렇게 말한 바 있다.

> "4·3사건의 일부 책임이 행정의 졸렬에서 파생되었다는 이야기는 긍정되는 바가 있다. (중략) 그 어마어마한 피해에 대한 원한이 일조일석(一朝一夕)에 사라지리라고 믿는 편이 오히려 무리일 것이다."

4·3의 비극성은 세대를 뛰어넘는 가족의 해체, 부모 형제와 자신이 당한 인적·물적 피해 앞에서 변변한 항의를 하지 못한 채 숨죽여 살아야 했고, 사건 이후 오늘날까지 트라우마를 안고 살아가는 사건의 현재성에 있다. 살아남은 자들에게 강요한 침묵은 또 다른 학살이었다.

*

나치 트레블린카(유대인 처형 수용소) 소장 슈탕글은 트레블린카에서 희생자들을 '화물'(cargo)로 부르며 비인간적 존재로 간주했다. 베트남전쟁 당시 사이공 장교들은 농민들을 일종의 하위종(subspecies)으로 여겨 "인간의 목숨을 앗아간 게 아니라 반역적인 동물들을 절멸시켰다"라고 했다.

4·3 시기 군·경과 극우 세력의 눈에 제주 사람들은 빨갱이 나 폭도로 간주됐다. 이러한 비인간화는 학살에 대한 도덕적 억제력을 손상시켰다.

4·3은 남겨진 자들의 삶의 궤적을 결정짓는 중요한 요소였다. 그들의 삶은 4·3으로부터 달아나기 위한 생존 투쟁의 연속이었지만, 4·3은 그들을 내버려두지 않았다. 오랜 시간 침묵했으나 그들은 자신들에게 씌워진 연좌제의 그물 안에서 좌절해야 했고, 깊은 트라우마에 시달렸다.

4·3 진상 규명과 명예 회복은 사건 발생 이후 40여 년의 탄압과 금기의 시대를 지나 진전했다. 1987년 한국 사회의 민주화운동 이후 4·3 진상 규명과 명예 회복 운동이 시작됐다. 시민 사회가 나섰고, 학생과 유족들이 서서히 나섰다. 김대중 정부 때인 1999년 12월 국회에서 여야 합의로 4·3특별법이 통과됐다. 문재인 정부 들어 4·3 추가 진상 조사와 4·3 문제 해결의 가장 큰 난관 가운데 하나였던 보상금 지급이 담긴 4·3특별법이 전면 개정됐다. 4·3 당시 불법적 군법회의에서 징역형을 선고받고 수감됐던 이들에게 무죄가 선고됐으며, 4·3특별법에 따라 2022년에는 희생자들에 대한 보상금 지급이 시작됐다. 길고 긴 여정이었다.

*

이제 무엇을 할 것인가. 진실은 다 밝혀졌는가. 보상금을 받고 어느 정도 명예 회복이 됐으니 이제 다 끝났는가. 이것으로 안주하고 어느덧 우리 사회는 4·3의 교훈을 잊고 있는 것은 아닌가.

진실 규명은 여전히 중요한 과제 가운데 하나다. 정부 보고서는 결론 부분에서 이렇게 밝혔다.

"집단 인명 피해 지휘 체계를 볼 때, 중산간 마을 초토화 등의 강경 작전을 폈던 9연대장과 2연대장에게 1차 책임을 물을 수밖에 없다. 이 두 연대장의 작전 기간인 1948년 10월부터 1949년 3월까지 6개월 동안에 전체 희생의 80퍼센트 이상을 발생시켰기 때문이다. 최종 책임은 이승만 대통령에게 돌아갈 수밖에 없다."

"4·3사건의 발발과 진압 과정에서 미군정과 주한미군사 고문단도 자유로울 수 없다."

정부 보고서에서 가해자 책임과 관련하여 기술했다는 점, 최종 결정권자인 대통령과 미국에 4·3 시기 인명 피해의 책임을 거론한 것은 큰 진전이다. 그러나 제주도 내 곳곳에서 자행된 집단 학살과 반인륜적 범죄 행위의 가해자들은 여전히 베일에 가려져 있다. 사건의 원인에 대한 사료 발굴과 치밀한 분석도 필요하다. 원인을 규명하는 것은 4·3의 정명 문제와도 맥락을 같이 하기 때문이다.

제주도의 중학교에서 역사를 가르치고 좌익 활동을 하다 무장봉기 발발 이전 일본으로 피신한 김봉현이 1978년 일본에서 발간한 『제주도 피의 역사-〈4·3〉 무장투쟁의 기록』은 4·3에 대한 그의 인식을 보여준다. 그는 책의 서문에서 이렇게 말한다.

"이 비참한 대사건은 당시 모든 보도가 금지돼 외부 특파원이 현장에 접근하는 일이 허용되지 않았기 때문에 대부분의 세계에 알려지지 않은 채 끝났다. 제2차 세계대전 중에 나치 독일이 저질렀던 '아우슈비츠' 학살, 일본군의 '난징 대학살', 전후 일어난 대만의 '2·28' 학살, 그리고 세계를 흔들었던 남베트남의 '밀라이 마을' 학살 사건을 생각나게 하는 완전한 잔학성을 보여주는 살육이 전후 얼마 지나지 않아 이 섬에서 일어났던 것이다."

그는 중국의 난징대학살, 대만 2·28사건, 베트남의 밀라이 학살 사건 속에서 4·3을 위치지으려고 시도했다. 그는 또한 4·3 무장봉기의 이유를 이렇게 설명했다.

"제주도 인민들의 4·3 무장봉기에 대한 평가는 입장에 따라 여러 가지 차이가 있다. 그러나 전체적으로 보면 인류의 역사가 이민족의 지배나 권력의 학정에 대항하는 투쟁의 발걸음에 있는 이상 조국과 민족의 운명이 결정되는 순간, 그것이 행인지 불행인지는 차치하고 민족의 독립을 염원하는 애국 인민이 압제자에 저항하는 것은 당연한 이치다."

천주교 강우일 주교는 4·3에 대해 이렇게 말했다.

"4·3을 단순히 한국 현대사의 한 귀퉁이에서 일어난 일시적인 비극으로 간주해 그에 대한 시시비비를 논하고 사회적 책임을 규명하는 데 그치는 것만으로는 부족하다. 오랜 시일이 지나 책임자의 사법 처리와 처벌까지는 갈 수 없다고 해도 진정한 과거 상처의 치유와 해결을 위해선 진실을 감추지 말고 올바로 밝히며 원인, 과정과 책임을 반드시 규명해야 한다.

그렇지 않으면 뿌리의 치료가 안 된다."

사건의 원인을 더 깊이 규명하고, 가해자들에 대한 책임을 기록으로 남기는 일이야말로 앞으로 해야 할 과제들이다.

*

사건 이후 40여 년 이상 억압과 금기시되어온 4·3은 시민 사회와 언론 등 민간 영역에서 먼저 재조명하기 시작했다. 제주 4·3연구소는 증언 채록 등을 통해 4·3의 진실 규명과 명예 회복 운동에 나섰고, 지역 언론의 꾸준한 4·3 기획 보도는 4·3의 관심을 대중적으로 확산하고, 4·3의 가치를 알리는 데 기여했다.

이런 가운데 2008년 10월 16일 제주4·3평화재단이 설립되면서 4·3의 가치와 정신을 다음 세대에 전승하기 위한 제도적 틀이 마련됐다. 재단은 4·3특별법에 따라 평화의 증진과 인권의 신장을 위해 제주4·3사료관 및 평화공원의 운영·관리와 4·3위원회가 의결한 추가 진상 조사, 희생자 및 그 유족의 생활 안정과 복지 증진 등 기타 필요한 사업을 수행할 목적으로 설립됐다.

이를 더욱 구체화한 시행령과 재단 정관에 따르면 재단은 제주4·3평화공원 및 제주4·3평화기념관의 운영·관리, 추가 진상 조사, 추모 사업 및 유족 복지 사업, 문화·학술·교육 사업, 국내외 평화 교류 사업, 행정 기관의 위임 및 위탁 사업, 기타 목적에 부합하는 사업 등을 한다.

이런 취지에 맞게 재단은 교육 기관 및 문화예술 단체, 4·3 단체들과 유기적 관계를 맺어 사업을 추진하고 있다. 4·3의 가치를 평화와 인권의 가치로 끌어올리고 전승하기 위해 전국의 대학생과 교사들을 대상으로 한 연수, 대학생 자원봉사 활동, 시민 강좌는 물론 다양한 문화예술 활동을 지원하고 있다. 국내외 과거사 관련 기관과의 연대 활동에 나서 평화 교류 사업도 추진한다. 2021년 4·3특별법 개정에 따른 추가 진상 조사도 재단이 맡았다.

4·3의 진실을 알리고 교훈을 얻기 위한 미래 세대의 4·3 교육은 주요 과제 가운데 하나다. 제주도교육청은 해마다 4월이 되면 '4·3 교육 주간'을 지정해 운영하고 있다. 4·3 평화 인권 교육은 4·3을 과거의 역사가 아닌 살아 있는 현재이자 희망의 미래로 승화시키기 위해 이루어진다.

*

4·3의 역사를 드러내는 기록물들이 있다. 기록은 말한다. 4·3 시기 불법적 군법회의를 증거하는 '수형인 명부', 이승만 정부가 발표한 1948년 11월 17일 계엄령 문건, 2연대 앨범 속 초토화된 제주 모습과 군 작전 사진들, 형무소에서 보내온 엽서들, 미국의 직간접적 개입을 보여주는 각종 문서와 사진들을 통해 우리는 4·3의 진실을 추적했다. 제주도의회의 4·3 피해 신고서, 총리실 산하 4·3위원회의 4·3희생자 심의·결정 기록들은 진상 규명과 명예 회복 운동의 역사를 보여준다. 진상 규명과 명예 회복의 과정은 제주 사회의 노력과 더불어 국내외의 연대 속에 이루어졌다. 이런 과정은 한국의 과거사 해결의 모델을 만들어갔다.

이런 의미에서 4·3 기록물 자체가 역사가 됐다. 냉전 체제와 분단이라는 거대한 흐름 속에서 국가 폭력으로 초토화된 땅을 일으켜 세우고, 진실과 화해, 상생이라는 용광로 속에 녹인 사례는 세계적으로 드물다. 4·3 기록물의 유네스코 세계기록유산 등재는 4·3의 역사가 누구도 부정할 수 없는 역사적 사실이며, 대한민국의 역사이자 세계의 역사로 자리매김하는 데 기여할 것이다.

이는 1947년 4월 언론이 언급하고, 2005년 정부가 지정한 '평화의 섬 제주'의 이론적, 실체적 토대이기도 하다. 제주도와 제주4·3평화재단은 2023년 2월 20일 '4·3 기록물 유네스코 세계기록유산 등재 추진 위원회'를 만들었다.

1987년 6월 항쟁 이후 금기시되던 역사의 빗장이 서서히 풀려갔다. 그러나 여전히 해결해야 할 과제도 많다. 지금껏 가해자들로부터의 어떤 사과도 없었다. 그들을 어떻게 대해야 할까.

가해자들에 대한 처벌을 통해 다시는 그러한 범죄 행위가 반복되지 않도록 해야 한다는 주장도 있다. 그러나 제주 사람들은 가해자들에 대한 처벌을 요구하는 대신 화해와 상생을 내세웠다. 고통스러운 기억을 딛고 화해의 손길을 먼저 내민 것이다.

가해자에 대한 처벌의 실효성은 과연 얼마나 될까. 그로 인해 사회적 갈등을 야기하기보다 그들의 가해 기록을 제대로 남기는 것이 역사에서 교훈을 얻고, 화해와 상생을 꾀하는 길이라는 걸 제주 사람들은 알고 있다. 이러한 화해와 상생이야말로 남북 갈등과 남남 갈등을 비롯한 우리 사회의 수많은 갈등을 극복하는 방법이기도 하다.

*

과제는 또 있다. 무장봉기 주도 세력이라는 이유로 4·3 희생자 선정에서 탈락한 희생자와 유족 들은 여전히 4·3의 그늘 아래 숨죽이고 있다. 이들은 또 어떻게 대해야 하는가. 이들에 대한 포용 없이 진정한 화해와 상생이 가능한 것일까.

미국의 책임을 규명하고 따지는 일도 필요하다. 미국은

4·3의 전개 과정에서 직간접적으로 개입했고, 이를 입증할 미국의 문서들도 발굴되어왔다. 한-미 관계의 건강한 발전을 위해서도 미국의 개입 문제를 묻어둘 수는 없다. 지속적으로 미국의 책임을 규명하기 위한 작업이 이루어져야 한다.

외면해서는 안 되는 일이 있다. 4·3의 진실은 사건 자체만이 아니라 사건 이후 수십여 년 동안 있었던 정부의 탄압을 밝히는 것까지 아울러야 한다. 또한 여전히 미진한 진상 규명운동과 명예 회복 운동 등을 치열하게 전개해야 한다. 이를 통해 인권의 보편적 가치를 강조하는 데까지 이르러야 한다.

4·3의 미래는 평화와 인권, 화해와 상생을 향해야 한다는 목소리가 있다. 이는 과거의 아픈 역사를 밝히고, 그 해결 과정을 통해 서로를 치유하고 화해하며 평화와 인권 의식을 높여나가는 계기로 삼으려는 움직임이기도 하다. 이러한 의식이 제주 사회 전반에 걸쳐 스며들고, 모두를 아우를 수 있게 될 때 비로소 제주도가 지향하는 '평화와 인권의 섬'으로 나아갈 수 있을 것이다. 4·3을 기억해야 하는 이유가 여기에 있다.

부록

노무현 대통령 2003년 10월 31일 발표문 전문

존경하는 제주 도민과 제주4·3사건 유족 여러분, 그리고 국민 여러분,

55년 전, 평화로운 이곳 제주도에서 한국 현대사의 커다란 비극 중의 하나인 4·3사건이 발생했습니다. 제주 도민들은 국제적인 냉전과 민족 분단이 몰고 온 역사의 수레바퀴 밑에서 엄청난 인명 피해와 재산 손실을 입었습니다.

저는 이번 제주 방문 전에 4·3사건 진상규명 및 희생자 명예회복에 관한 특별법에 의거해 각계 인사로 구성된 위원회가 2년여의 조사를 통해 의결한 결과를 보고받았습니다.

위원회는 이 사건으로 무고한 희생이 발생된 데 대한 정부의 사과와 희생자 명예회복, 그리고 추모 사업의 적극적인 추진을 건의해왔습니다.

저는 이제야말로 해방 직후 정부 수립 과정에서 발생했던 이 불행한 사건의 역사적 매듭을 짓고 가야 한다고 생각합니다.

제주도에서 1947년 3월 1일을 기점으로 하여 1948년 4월 3일 발생한 남로당 제주도당의 무장봉기, 그리고 1954년 9월 21일까지 있었던 무력 충돌과 진압 과정에서 많은 사람이 무고하게 희생됐습니다.

저는 위원회의 건의를 받아들여 국정을 책임지고 있는 대통령으로서 과거 국가 권력의 잘못에 대해 유족과 제주 도민 여러분에게 진심으로 사과와 위로의 말씀을 드립니다. 무고하게 희생된 영령들을 추모하며 삼가 명복을 빕니다.

정부는 4·3평화공원 조성, 신속한 명예 회복 등 위원회의 건의사항이

조속히 이루어질 수 있도록 적극적으로 지원하겠습니다.

존경하는 국민 여러분,

과거 사건의 진상을 밝히고 억울한 희생자의 명예를 회복시키는 일은 비단 그 희생자와 유족만을 위한 것이 아닙니다. 대한민국의 건국에 기여한 분들의 충정을 소중히 여기는 동시에, 역사의 진실을 밝혀 지난날의 과오를 반성하고 진정한 화해를 이룩하여 보다 밝은 미래를 기약하자는 데 그 뜻이 있는 것입니다.

이제 우리는 4·3사건의 소중한 교훈을 더욱 승화시킴으로써 '평화와 인권'이라는 인류 보편의 가치를 확산시켜야 하겠습니다. 화해와 협력으로 이 땅에서 모든 대립과 분열을 종식시키고 한반도의 평화, 나아가서 동북아와 세계 평화의 길을 열어나가야 하겠습니다.

제주 도민 여러분께서는 폐허를 딛고 맨손으로 이처럼 아름다운 평화의 섬 제주를 재건해 냈습니다. 제주 도민들에게 진심으로 경의를 표합니다.

이제 제주도는 인권의 상징이자 평화의 섬으로 우뚝 설 것입니다. 그렇게 되도록 전국민과 함께 돕겠습니다. 감사합니다.

노무현 대통령 2006년 4·3 제58주년 추도사 전문

존경하는 국민 여러분, 제주 도민과 4·3 유가족 여러분.

우리는 오늘, 58년 전 분단과 냉전이 불러온 불행한 역사 속에서 무고하게 희생당한 분들의 넋을 위로하기 위해 이 자리에 함께했습니다. 저는 먼저, 깊은 애도의 마음으로 4·3 영령들을 추모하며 삼가 명복을 빕니다. 오랜 세월 말로 다 할 수 없는 억울함을 가슴에 감추고 고통을 견디어 오신 유가족 여러분께 진심으로 위로의 말씀을 드립니다. 아울러 무력 충돌과 진압의 과정에서 국가 권력이 불법하게 행사 되었던 잘못에 대해 제주 도민 여러분께 다시 한번 사과 드립니다.

제주 도민과 유가족 여러분.

2년 반 전, 저는 4·3사건 진상 조사 결과를 보고 받고, 대통령으로서 국가를 대표하여 여러분께 사과드린 바 있습니다. 그때 여러분이 보내주신 박수와 눈물을 저는 생생히 기억하고 있습니다. 그리고 그것이 무엇을 의미하는지 늘 가슴에 새기고 있습니다. 정부는 그동안 희생자 명예 회복과 추모사업 등에 많은 노력을 기울여 왔습니다. 지난 달에도 2,800여 명을 4·3사건 희생자로 추가 인정했고, 이곳 4·3평화공원 조성을 적극 지원하고 있습니다. 유해와 유적지를 발굴하는 일도 지속적으로 추진해 나갈 것입니다. 이제 4·3사건위원회가 건의한 정부의 사과와 명예 회복, 추모사업 등은 나름대로 많은 진전이 이루어진 것 같습니다. 아직도 아쉬운 부분이 적지 않을 것입니다만, 이에 대해서는 국민적 공감대를 넓혀가면서 가능한 부분부터 점진적으로 풀어가야 할 것으로 생각합니다. 앞으로도 평화와 인권의 소중함을 일깨워준 4·3사건을 제대로 알리고, 무고한 희생이 헛되지 않도록 최선을 다해 나가겠습니다.

국민 여러분.

자랑스런 역사든 부끄러운 역사든, 역사는 있는 그대로 밝히고 정리해야 합니다. 특히 국가 권력에 의해 저질러진 잘못은 반드시 정리하고 넘어가야 합니다. 국가 권력은 어떠한 경우에도 합법적으로 행사되어야 하고, 일탈에 대한 책임은 특별히 무겁게 다루어져야 합니다. 또한 용서와 화해를 말하기 전에 억울하게 고통받은 분들의 상처를 치유하고 명예를 회복해 주어야 합니다. 이것은 국가가 해야 할 최소한의 도리입니다. 그랬을 때 국가 권력에 대한 국민의 신뢰도 확보되고 상생과 통합을 말할 수 있을 것입니다.

아직도 과거사 정리 작업이 미래로 나아가는 데 걸림돌이 된다고 생각하는 분들이 있는 것 같습니다. 그렇지 않습니다. 과거사가 제대로 정리되지 않았기 때문에 갈등의 걸림돌을 넘어서지 못하고 있는 것입니다. 누구를 벌하고, 무엇을 빼앗자는 것이 아닙니다. 사실은 사실대로 분명하게 밝히고, 억울한 누명과 맺힌 한을 풀어주고, 그리고 다시는 이런 일이 재발하지 않도록 다짐하자는 것입니다. 그래야 진정한 용서와 화해를 통해 통합의 길로 나아갈 수 있습니다. 지난날의 역사를 하나하나 매듭지어갈 때, 그 매듭은 미래를 향해 내딛는 디딤돌이 될 것입니다.

제주 도민 여러분.

제주도는 대한민국의 보배입니다. 우리 국민은 물론 세계인이 사랑하는 평화의 섬, 번영의 섬으로 힘차게 도약하고 있습니다. 저는 제주도가 반드시 해낼 것이라고 확신합니다. 도민 여러분은 폐허를 딛고 아름다운 섬을 재건해냈고, 어느 지역보다 높은 자치역량을 보여주고 있습니다. 주민 스스로 결의해서 항상 중앙정부가 기대하는 이상의 높은 성과를 이루어오셨습니다. 여러분이 앞장서 나아가는 만큼 정부도 열심히 성원하고 힘껏 밀어드리겠습니다.

함께 힘을 모아 풍요롭고 활력 넘치는 제주를 만들어 나갑시다. 이 평화의 섬을 통해 한국과 동북아의 평화, 나아가 세계의 평화가 이루어질 수 있도록 합시다. 그리고 저는 오늘 이 자리에서 이 행사를 지켜보면서 엄청난 고통과 분노가 시간이 흐르면서 돌이켜 볼 수 있는 역사가 되고, 역사의 마당에서 진행되는 공연을 보면서 수십 년이 흐르면 이게 제주도의 새로운 하나의 문화로서 자리잡고, 그것이 우리 모든 국민들에게 분노와 불신과 증오가 아닌, 사랑과 믿음, 화해를 가르쳐주는 그런 중요한 상징물이 될 것이라는 기대를 가지게 됐습니다. 함께 노력합시다. 다시 한번 4·3 영령들을 추모하며, 영원한 안식을 빕니다.

문재인 대통령 2018년 4·3 제70주년 추념사 전문

4·3 생존 희생자와 유가족 여러분, 제주 도민 여러분.

돌담 하나, 떨어진 동백꽃 한 송이, 통곡의 세월을 간직한 제주에서 "이 땅에 봄은 있느냐?" 여러분은 70년 동안 물었습니다. 저는 오늘 여러분께 제주의 봄을 알리고 싶습니다. 비극은 길었고, 바람만 불어도 눈물이 날 만큼 아픔은 깊었지만 유채꽃처럼 만발하게 제주의 봄은 피어날 것입니다.

여러분이 4·3을 잊지 않았고 여러분과 함께 아파한 분들이 있어, 오늘 우리는 침묵의 세월을 딛고 이렇게 모일 수 있었습니다. 혼신의 힘을 다해 4·3의 통한과 고통, 진실을 알려온 생존 희생자와 유가족, 제주 도민들께 대통령으로서 깊은 위로와 감사의 말씀을 드립니다.

존경하는 제주 도민 여러분, 국민 여러분.

70년 전 이곳 제주에서 무고한 양민들이 이념의 이름으로 희생당했습니다. 이념이란 것을 알지 못해도 도둑 없고, 거지 없고, 대문도 없이 함께 행복할 수 있었던 죄 없는 양민들이 영문도 모른 채 학살을 당했습니다. 1948년 11월 17일 제주도에 계엄령이 선포되고, 중산간 마을을 중심으로 '초토화 작전'이 전개되었습니다. 가족 중 한 사람이라도 없으면 '도피자 가족'이라는 이유로 죽임을 당했습니다. 중산간 마을의 95% 이상이 불타 없어졌고, 마을 주민 전체가 학살당한 곳도 있습니다.

1947년부터 1954년까지 당시 제주 인구의 10분의1, 3만 명이 죽은 것으로 추정됩니다. 이념이 그은 삶과 죽음의 경계선은 학살터에만 있지 않았습니다. 한꺼번에 가족을 잃고도 '폭도의 가족'이란 말을 듣지 않기 위해 숨죽이며 살아야 했습니다. 고통은 연좌제로 대물림되기도 했습니다. 군인이 되고, 공무원이 되어 나라를 위해 일하고자 하는 자식들의 열망을 제주의 부모들은 스스로 꺾어야만 했습니다. 4·3은 제주의 모든 곳에 서려 있는 고통이었지만, 제주는 살아남기 위해 기억을 지워야만 하는 섬이 되었습니다.

그러나 말 못할 세월 동안 제주 도민들의 마음속에서 진실은 사라지지 않았습니다. 4·3을 역사의 자리에 바로 세우기 위한 눈물어린 노력도 끊이지 않았습니다. 1960년 4월 27일 관덕정 광장에서, "잊어라, 가만히 있어라" 강요하는 불의한 권력에 맞서 제주의 청년학생들이 일어섰습니다. 제주의 중고등학생 1천500명이 3·15 부정선거 규탄과 함께 4·3의 진실을 외쳤습니다. 그해, 4월의 봄은 얼마 못가 5·16 군부 세력에 의해 꺾였지만, 진실을 알리려는 용기는 사라지지 않았습니다.

수많은 4·3 단체들이 기억의 바깥에 있던 4·3을 끊임없이 불러냈습니다. 제주4·3연구소, 제주4·3도민연대, 제주민예총 등 많은 단체들이 4·3을 보듬었습니다.

4·3을 기억하는 일이 금기였고 이야기하는 것 자체가 불온시 되었던 시절, 4·3의 고통을 작품에 새겨 넣어 망각에서 우리를 일깨워준 분들도 있었습니다. 유신독재의 정점이던 1978년 발표한, 소설가 현기영의 『순이 삼촌』, 김석범 작가의 『까마귀의 죽음』과 『화산도』, 이산하 시인의 장편서사시 『한라산』, 3년 간 50편의 '4·3연작'을 완성했던 강요배 화백의 〈동백꽃 지다〉, 4·3을 다룬 최초의 다큐멘터리 영화 조성봉 감독의 〈레드헌트〉, 오멸 감독의 영화 〈지슬〉, 임흥순 감독의 〈비념〉과 김동만 감독의 〈다랑쉬굴의 슬픈 노래〉, 고(故) 김경률 감독의 〈끝나지 않는 세월〉, 가수 안치환의 노래 〈잠들지 않는 남도〉. 때로는 체포와 투옥으로 이어졌던 예술인들의 노력은 4·3이 단지 과거의 불행한 사건이 아니라 현재를 사는 우리들의 이야기임을 알려 주었습니다. 드디어 우리는 4·3의 진실을 기억하고 드러내는 일이 민주주의와 평화, 인권의 길을 열어가는 과정임을 알게 되었습니다.

제주 도민과 함께 오래도록 4·3의 아픔을 기억하고 알려준 분들이 있었기에 4·3은 깨어났습니다. 국가 폭력으로 말미암은 그 모든 고통과 노력에 대해 대통령으로서 다시 한 번 깊이 사과 드리고, 또한 깊이 감사드립니다.

4·3 생존 희생자와 유가족 여러분, 국민 여러분.

민주주의의 승리가 진실로 가는 길을 열었습니다. 2000년, 김대중 정부는 4·3진상 규명 특별법을 제정하고, 4·3위원회를 만들었습니다. 노무현 대통령은 대통령으로서 처음으로 4·3에 대한 국가의 책임을 인정하고, 위령제에 참석해 희생자와 유족, 제주 도민께 사과했습니다.

저는 오늘 그 토대 위에서 4·3의 완전한 해결을 향해 흔들림 없이 나아갈 것을 약속합니다. 더 이상 4·3의 진상 규명과 명예 회복이 중단되거나 후퇴하는 일은 없을 것입니다. 그와 함께, 4·3의 진실은 어떤 세력도 부정할 수 없는 분명한 역사의 사실로 자리를 잡았다는 것을 선언합니다.

국가 권력이 가한 폭력의 진상을 제대로 밝혀 희생된 분들의 억울함을 풀고, 명예를 회복하도록 하겠습니다. 이를 위해 유해 발굴 사업도 아쉬움이 남지 않도록 끝까지 계속해 나가겠습니다. 유족들과 생존 희생자들의 상처와 아픔을 치유하기 위한 정부 차원의 조치에 최선을 다하는 한편, 배·보상과 국가 트라우마센터 건립 등 입법이 필요한 사항은 국회와 적극 협의하겠습니다. 4·3의 완전한 해결이야말로 제주 도민과 국민 모두가 바라는 화해와 통합, 평화와 인권의 확고한 밑받침이 될 것입니다.

제주 도민 여러분, 국민 여러분.

지금 제주는 그 모든 아픔을 딛고 평화와 생명의 땅으로 부활하고 있습니다.

우리는 오늘, 4·3 영령들 앞에서 평화와 상생은 이념이 아닌, 오직 진실 위에서만 바로 설 수 있다는 사실을 다시 확인하고 있습니다. 좌와 우의 극렬한 대립이 참혹한 역사의 비극을 낳았지만 4·3 희생자들과 제주 도민들은 이념이 만든 불신과 증오를 뛰어 넘었습니다. 고 오창기님은 4·3 당시 군경에게 총상을 입었지만, 한국전쟁이 발발하자 '해병대 3기'로 자원 입대해 인천상륙작전에 참전했습니다. 아내와 부모, 장모와 처제를 모두 잃었던 고 김태생님은 애국의 혈서를 쓰고 군대에 지원했습니다. 4·3에서 '빨갱이'로 몰렸던 청년들이 죽음을 무릅쓰고 조국을 지켰습니다. 이념은 단지 학살을 정당화하는 명분에 불과했습니다.

제주 도민들은 화해와 용서로 이념이 만든 비극을 이겨냈습니다. 제주 하귀리에는 호국영령비와 4·3희생자 위령비를 한자리에 모아 위령단을 만들었습니다. "모두 희생자이기에 모두 용서한다는 뜻"으로 비를 세웠습니다. 2013년에는 가장 갈등이 컸던 4·3유족회와 제주경우회가 조건 없는 화해를 선언했습니다.

제주 도민들이 시작한 화해의 손길은 이제 전 국민의 것이 되어야 합니다. 저는 오늘 이 자리에서 국민들께 호소하고 싶습니다. 아직도 4·3의 진실을 외면하는 사람들이 있습니다. 아직도 낡은 이념의 굴절된 눈으로 4·3을 바라보는 사람들이 있습니다. 아직도 대한민국엔 낡은 이념이 만들어낸 증오와 적대의 언어가 넘쳐납니다. 이제 우리는 아픈 역사를 직시할 수 있어야 합니다. 불행한 역사를 직시하는 것은 나라와 나라 사이에서만 필요한 일이 아닙니다. 우리 스스로도 4·3을 직시할 수 있어야 합니다. 낡은 이념의 틀에 생각을 가두는 것에서 벗어나야 합니다. 이제 대한민국은 정의로운 보수와 정의로운 진보가 '정의'로 경쟁해야 하는 나라가 되어야 합니다. 공정한 보수와 공정한 진보가 '공정'으로 평가받는 시대여야 합니다. 정의롭지 않고 공정하지 않다면, 보수든 진보든, 어떤 깃발이든 국민을 위한 것이 될 수 없을 것입니다.

삶의 모든 곳에서 이념이 드리웠던 적대의 그늘을 걷어내고 인간의 존엄함을 꽃피울 수 있도록 모두 함께 노력해 나갑시다. 그것이 오늘 제주의 오름들이 우리에게 들려주는 이야기입니다.

4·3 생존 희생자와 유가족 여러분, 국민 여러분.

4·3의 진상 규명은 지역을 넘어 불행한 과거를 반성하고 인류의 보편 가치를 되찾는 일입니다. 4·3의 명예 회복은 화해와 상생, 평화와 인권으로 나가는 우리의 미래입니다.

제주는 깊은 상흔 속에서도 지난 70년간 평화와 인권의 가치를 외쳐왔습니다. 이제 그 가치는 한반도의 평화와 공존으로 이어지고, 인류 전체를 향한 평화의 메시지로 전해질 것입니다. 항구적인 평화와 인권을 향한 4·3의 열망은 결코 잠들지 않을 것입니다. 그것은 대통령인 제게 주어진 역사적인 책무이기도 합니다. 오늘의 추념식이 4·3영령들과 희생자들에게 위안이 되고, 우리 국민들에겐 새로운 역사의 출발점이 되길 기원합니다.

여러분.
"제주에 봄이 오고 있습니다."
감사합니다.

문재인 대통령 2020년 4·3 제72주년 추념사 전문

4·3 생존 희생자와 유가족 여러분, 제주 도민 여러분.

4·3은 제주의 깊은 슬픔입니다. 제주만의 슬픔이 아니라, 대한민국 현대사의 큰 아픔입니다. 제주는 해방을 넘어 진정한 독립을 꿈꿨고, 분단을 넘어 평화와 통일을 열망했습니다. 제주 도민들은 오직 민족의 자존심을 지키고자 했으며 되찾은 나라를 온전히 일으키고자 했습니다. 그러나 누구보다 먼저 꿈을 꾸었다는 이유로 제주는 처참한 죽음과 마주했고, 통일 정부 수립이라는 간절한 요구는 이념의 덫으로 돌아와 우리를 분열시켰습니다.

우리가 지금도 평화와 통일을 꿈꾸고, 화해하고 통합하고자 한다면, 우리는 제주의 슬픔에 동참해야 합니다. 제주 4·3이라는 원점으로 돌아가 그날, 그 학살의 현장에서 무엇이 날조되고, 무엇이 우리에게 굴레를 씌우고, 또 무엇이 제주를 죽음에 이르게 했는지 낱낱이 밝혀내야 합니다. 그렇게 우리의 현대사를 다시 시작할 때 제주의 아픔은 진정으로 치유되고, 지난 72년, 우리를 괴롭혀왔던 반목과 갈등에서 자유로울 수 있습니다.

평화를 위해 동백꽃처럼 쓰러져간 제주가 평화를 완성하는 제주로 부활하길 희망합니다. 희생자들이 남긴 인권과 화해, 통합의 가치를 가슴 깊이 새깁니다. 국가 폭력과 이념에 희생된 4·3 영령들의 명복을 빌며 고통의 세월을 이겨내고 오늘의 제주를 일궈내신 유가족들과 제주 도민들께 감사와 존경의 마음을 바칩니다.

국민 여러분, 제주 도민 여러분.

우리는 '코로나19'를 극복해야 하는 매우 엄중하고 힘든 시기에 다시 4·3을 맞이했습니다. '연대와 협력'의 힘을 절실하게 느끼며 그 힘이 우리를 얼마나 강하게 만들고 있는지 확인하고 있습니다. 4·3은 왜곡되고 외면당하면서도 끊임없이 화해와 치유의 길을 열었습니다. 2013년, 4·3희생자 유족회와 제주 경우회가 화해를 선언하고, 매년 충혼묘지와 4·3공원을 오가며 함께 참배 행사를 진행하고 있습니다. 지난해에는 군과 경찰이 4·3 영령들 앞에 섰습니다. 무고하게 희생된 제주 도민들과 유가족들께 공식적으로 사과를 드렸고,

4·3의 명예 회복과 상처를 치유하는 데 동참할 것을 약속했습니다.

유가족들과 제주 도민들도 화해와 상생의 손을 맞잡아주었습니다. 화해와 상생의 정신은 '코로나19' 속에서도 도민들의 마음을 하나로 묶어주고 있습니다.

제주는 "우리 동네 우리가 지킨다"는 운동으로 43개 읍면동, 60개 단체가 2만 7천여 곳에 달하는 다중 이용 시설에서 방역 활동을 전개하고 있습니다. 새마을부녀회와 자원봉사센터는 마스크를 만들어 이웃과 지역 사회에 나눠주었고, 바르게살기운동협의회와 도연합청년회는 휴대용 손소독제를 직접 제조해 도민에게 배부했습니다.

도민들은 지역을 넘어 전국의 아픔을 함께 나누고 있습니다. 대구·경북 지역에 마스크를 비롯한 물품과 성금을 전달했고, 제주 도민의 자율 방역 활동은 서울, 경기, 인천, 나주와 부산, 울산 등 다른 지자체에서 보고 배울 만큼 민관협력의 모범이 되고 있습니다. 어려운 시기, 연대와 협력의 힘을 앞장서 보여주신 제주 도민 여러분께 깊이 감사드립니다.

4·3의 해결은 결코 정치와 이념의 문제가 아닙니다. 이웃의 아픔과 공감하고 사람을 존중하는 지극히 상식적이고 인간적인 태도의 문제입니다. 국제적으로 확립된 보편적 기준에 따라 생명과 인권을 유린한 잘못된 과거를 청산하고 치유해 나가는 '정의와 화해'의 길입니다.

저는 대통령으로서 제주 4·3이 화해와 상생, 평화와 인권이라는 인류 보편의 가치로 만개할 수 있도록 최선을 다할 것을 약속 드립니다.

국민 여러분, 제주 도민 여러분.

진실은 용서와 화해의 토대입니다. 진실은 이념의 적대가 낳은 상처를 치유하는 힘입니다. 올해 3월, '제주4·3사건 진상 조사보고서'가 발간된 지 16년 만에 '추가진상보고서' 제1권이 나왔습니다. 집단 학살 사건, 수형인 행방불명과 예비검속, 희생자 유해발굴의 결과를 기록했고, 피해 상황도 마을별로 정리했습니다. 교육계와 학생들의 피해를 밝히고, 군인·경찰·우익 단체의 피해도 정확하게 조사했습니다. 진실규명에 애써준 제주4·3평화재단과 관계자들의 노고에 감사드립니다.

올해 시행되는 고등학교 한국사 교과서에 4·3에 대한 기술이 더욱 많아지고 상세해졌습니다. 4·3이 '국가공권력에 의한 민간인 희생'임을 명시하고, 진압과정에서 국가의 폭력적 수단이 동원되었음을 기술하고 있습니다. 진상규명을 위한 제주 도민들의 노력과 함께 화해와 상생의 정신까지 포함하고 있어 참으로 뜻깊습니다.

제주는 이제 외롭지 않습니다. 4·3의 진실과 슬픔, 화해와 상생의 노력은 새로운 세대에게 전해져 잊히지 않을 것이며, 4·3은 더 나은 세상을 향해 가는 미래 세대에게 인권과 생명, 평화와 통합의 나침반이 되어줄 것입니다. 진실의 바탕 위에서 4·3 피해자와 유족의 아픔을 보듬고 삶과 명예를 회복시키는 일은 국가의 책무입니다. 진실은 정의를 만날 때 비로소 화해와 상생으로 연결됩니다. 진실을 역사적인 정의뿐 아니라 법적인 정의로도 구현해야 하는 것이 국가가 반드시 해야 할 일입니다. 부당하게 희생당한 국민에 대한 구제는 국가의 존재 이유를 묻는 본질적 문제입니다.

4·3의 완전한 해결의 기반이 되는 배상과 보상 문제를 포함한 '4·3특별법 개정'이 여전히 국회에 머물러 있습니다. 제주 4·3은 개별 소송으로 일부 배상을 받거나, 정부의 의료 지원금과 생활 지원금을 지급받는 것에 머물고 있을 뿐 법에 의한 배·보상은 여전히 이루어지지 않고 있습니다. 더딘 발걸음에 대통령으로서 마음이 무겁습니다.

하지만 4·3은 법적인 정의를 향해서도 한걸음씩 나아가고 있습니다. 지난해 열여덟 분의 4·3생존 수형인들이 4·3 군사재판의 부당성을 주장하며 제기한 재심재판과 형사보상 재판에서 모두 승소했고, 제주지방법원 201호 법정에서 "우리는 이제 죄 없는 사람이다"라는 환호성이 터져 나왔습니다. 이 자리에 참석한 추미애 법무부 장관이 국회의원 시절 국가기록원에서 발굴한 수형인 명부가 4·3 수형인들의 무죄를 말해주었습니다.

지난 1년 사이, 그 분들 가운데 현창용, 김경인, 김순화, 송석진 어르신이 유명을 달리하셨지만, 국가는 아직 가장 중요한 생존 희생자와 유족들에게 국가의 도리와 책임을 다하지 못하고 있습니다. 생존 희생자는 물론 1세대 유족도 일흔을 넘기고 있고, 당시 상황을 기억하는 목격자들도 고령인 상황에서 더이상 지체할 시간이 없습니다.

마틴 루터 킹 목사는 "너무 오래 지연된 정의는 거부된 정의"라고 말했습니다. 해방에서 분단과 전쟁으로 이어지는 과정에서, 우리가 해결하고 극복해야 할 많은 아픈 과거사들이 있었기 때문에 어려움이 있지만, 피해자와 유가족들이 생존해 있을 때 기본적 정의로서의 실질적인 배상과 보상이 실현될 수 있도록 계속 노력해 나가겠습니다.

정치권과 국회에도 '4·3 특별법 개정'에 대한 특별한 관심과 지원을 당부합니다. 입법을 위한 노력과 함께 정부가 할 수 있는 일은 신속하게 해나가겠습니다. 정부는 2018년, 그동안 중단됐던 4·3희생자와 유족 추가신고사업을 재개했습니다. '제주4·3사건 진상 규명 및 희생자 명예 회복 위원회'는 '6차 신고기간' 동안 추가로 신고된 희생자와 유족에 대한 심의를 거쳐, 희생자 90명, 유족 7,606명을 새롭게 인정했습니다. 특히, 부친의 희생 장면을 목격한 후 외상후 스트레스 장애로 고통받아온 송정순 님을 4·3희생자 중 최초로 외상후 스트레스 장애로 인한 희생자로 인정해 매우 뜻깊습니다. 앞으로 단 한 명의 희생자도 신고에서 누락되지 않도록 추가 신고의 기회를 드리고, 희생자들의 유해를 가족의 품으로 돌려보내기 위한 유해발굴과 유전자 감식에 대한 지원도 계속해나가겠습니다. 올 4월부터 생존 희생자와 유족들의 상처와 아픔을 치유하기 위한 '4·3트라우마센터'가 시범 운영됩니다. 제주 도민들이 마음속 응어리와 멍에를 떨쳐낼 수 있도록 적극 지원하겠습니다. 관련 법률이 입법화되면 국립 트라우마센터로 승격할 수 있도록 준비해 나가겠습니다.

4·3 생존 희생자와 유가족 여러분, 국민 여러분.

4·3은 과거이면서 우리의 미래입니다. 민족의 화해와 평화를 위한 노력은 4·3 그날부터 시작되었습니다. 지난날 제주가 꾸었던 꿈이 지금 우리의 꿈입니다. 동백꽃 지듯 슬픔은 계속되었지만 슬픔을 견뎠기에 오늘이 있습니다. 아직은 슬픔을 잊자고 말하지 않겠습니다. 슬픔 속에서 제주가 꿈꾸었던 내일을 함께 열자고 말씀드리겠습니다. 정부는 제주 도민과 유가족, 국민과 함께 화해와 상생, 평화와 인권을 향해 한 걸음 한 걸음 전진하겠습니다. 4·3에서 시작된 진실과 정의, 화해의 이야기는 우리 후손들에게 슬픔 속에서 희망을 건져낸 감동의 역사로 남겨질 것입니다. 감사합니다.

문재인 대통령 2021년 4·3 제73주년 추념사 전문

존경하는 국민 여러분, 4·3 생존 희생자와 유가족 여러분, 제주 도민 여러분.

73주년 4·3 희생자 추념일, 제주 전역에 봄비가 다녀가고 있습니다. 생존 희생자와 유가족들의 아픔이 비와 함께 씻겨가기를 진심으로 기원하며 이자리에 섰습니다. 국방부 장관과 경찰청장도 함께 했습니다. 정부에서 주관하는 공식 추념식 참석은 사상 처음입니다. 당연히 해야 할 일이지만, 첫 걸음인 만큼 특별한 의미가 있습니다. 군과 경찰의 진정성 있는 사죄의 마음을 희생자와 유가족, 제주 도민들께서 포용과 화합의 마음으로 받아주시기 바랍니다. 국가가 국가 폭력의 역사를 더욱 깊이 반성하고 성찰하겠다는 마음입니다. 유가족들의 아픔을 조금이나마 달래드릴 수 있기를 바라며, 국민과 함께 4·3 영령들의 안식을 기원합니다.

오늘, '4·3 특별법'의 개정을 보고 드릴 수 있게 되어 매우 다행입니다. 추가 진상 규명과 피해자의 명예 회복, 국가 폭력에 의한 희생자 지원 방안을 담았습니다. 특별법 개정으로 이제 4·3은 자기 모습을 되찾게 되었습니다. 제주 도민들이 겪어야 했던 참혹한 죽음과 이중 삼중으로 옭아맨 구속들이 빠짐없이 밝혀질 때, 좋은 나라를 꿈꿨던 제주도의 4·3은 비로소 제대로 된 역사의 자리를 되찾게 될 것입니다. 이번에 개정된 특별법은 4·3이라는 역사의 집을 짓는 설계도입니다.

아직 가야 할 길이 멀지만, 정부는 4·3 영령들과 생존 희생자, 유가족과 국민의 염원을 담아 만든 설계도를 섬세하게 다듬고, 성실하게 이행해 나갈 것을 약속드립니다.

국민 여러분, 제주 도민 여러분.

4·3에는 두 개의 역사가 흐르고 있습니다. 국가 폭력으로 국민의 생명과 인권을 유린한 우리 현대사 최대의 비극이 담긴 역사이며, 평화와 인권을 향한 회복과 상생의 역사입니다.

완전한 독립을 꿈꾸며 분단을 반대했다는 이유로, 당시 국가 권력은 제주 도민에게 '빨갱이', '폭동', '반란'의 이름을 뒤집어씌워 무자비하게 탄압하고 죽음으로 몰고 갔습니다. '피해자'를 '가해자'로 둔갑시켰고, 군부 독재 정권은 탄압과 연좌제를 동원해 피해자들이 목소리조차 낼 수 없게 했습니다.

그러나 4·3은 대립과 아픔에 갇히지 않았습니다. 살아남은 제주 도민들은 서로를 보듬고 돌보며 스스로의 힘으로 봄을 되찾기 위해 노력했습니다. 화해의 정신으로 갈등을 해결하며 평화와 인권을 향해 쉼 없이 전진했습니다. 가재도구조차 남김없이 모든 것을 잃은 사람들은 이웃 마을의 도움으로 품삯을 얻어 생계를 이어나가고, 목수를 빌려 새로 집을 지을 수 있었습니다. 부모를 잃은 아이들은 가까운 친척과 이웃이 키웠고, 나무하기, 밭갈기, 제사와 결혼식, 학교 세우기 같은 큰일은 마을이 함께 힘을 모아 치렀습니다. 육지로 떠난 이들도, 심지어 타국으로 떠난 이들도 물건과 돈을 보내 고향 사람들을 도왔습니다. 상생의 정신으로 서로를 일으켜 세웠고, 마침내 4·3의 진실을 깨울 수 있었습니다.

반세기 만에 금기를 풀고, 김대중 정부에서 진상 규명과 명예 회복의 초석을 다질 수 있었던 것은 용기를 낸 증언과 행동이 지속되었기 때문입니다. 2003년 노무현 정부가 정부 차원의 진상 조사보고서를 확정하고, 대통령으로서 최초로 과거 국가 권력의 잘못에 대해 유족과 제주 도민들에게 공식 사과할 수 있었던 것도, 그리고 우리 정부에서 4·3의 진실에 더 다가갈 수 있었던 것도, 오랜 시간 흔들림 없이 이웃과 함께하며 한걸음 한걸음 나아간 제주 도민과 국민들이 계셨기 때문입니다.

이번 '4·3 특별법'의 개정 역시 4·3을 역사의 제자리에 바로 세우기 위해 모든 산 자들이 서로 손을 잡았기에 할 수 있었습니다. 제주도, 제주도의회, 제주도교육청을 포함한 124개 기관과 단체, 종교계, 학생, 정당을 비롯하여 다양한 분야의 제주 도민들이 한마음 한뜻으로 '4·3 특별법 개정 쟁취를 위한 공동행동'을 출범시켜 힘을 모았습니다. '전국 시도지사 협의회', '전국 시도의회 의장단 협의회', '전국 시도교육감 협의회'가 특별법 개정에 한 목소리를 냈고, 전국 곳곳의 시도의회에서도 각각 촉구 결의안을 채택해 제주 도민의 염원을 이루는 데 힘을 보탰습니다. 국회도 여야 없이 힘을 모았습니다. '4·3 특별법' 개정이 여야 합의로 이뤄진 것은 21대 국회의 가장 큰 성과 중 하나로 평가받게 될 것입니다. 이 자리를 빌려 특별법 개정에 힘을 모아주신 각계각층 모든 분들께 깊은 감사와 존경의 인사를 올립니다.

　　국민 여러분, 제주 도민 여러분.

　　이번 특별법 개정으로 1948년과 1949년 당시 군법회의로 수형인이 되었던 2,530분이 일괄 재심으로 명예를 회복할 길이 열렸습니다. 이미 2019년과 작년, 두 차례의 재심을 통해 생존 군법회의 수형인 스물다섯 분이 무죄선고를 받고 70년 세월 덧씌워진 굴레를 벗으신 바 있습니다. 지난달 16일에는 행방불명 수형인 333분과, 일반재판 생존 수형인 두 분이 재심 재판에서 무죄 판결을 받았습니다. 살인적 취조와 고문을 받은 뒤 이름만 호명하는 재판을 거쳐 죄인의 낙인이 찍힌 채 살아온 70여 년, 어린 소년들이 아흔 살 넘은 할아버지가 되어서야 비로소 '무죄'라는 두 글자를 받아안게 되었습니다.

　　가족을 잃고, 명예와 존엄, 고향과 꿈을 빼앗긴 2,162분의 특별재심이 아직 남아 있습니다. 정부는 한 분 한 분의 진실규명과 명예 회복, 배상과 보상을 통해 국가 폭력에 빼앗긴 것들을 조금이나마 돌려드리는 것으로 국가의 책임을 다해 나갈 것입니다.

　　그 무엇으로도 지나간 설움을 다 풀어낼 수 없겠지만, 정부는 추가 진상 조사는 물론, 수형인 명예 회복을 위한 후속 조치에도 만전을 기하겠습니다. 배상과 보상에 있어서도 공정하고 합리적인 기준을 마련하기 위해 최선을 다하겠습니다.

　　지금도 행방불명된 가족을 찾지 못해 애태우는 유가족이 많습니다. 며칠 전 가시리에서 유해를 발굴한 세 분을 포함해 지금까지 유해로 돌아오신 408분 중 275분은 아직까지 신원을 확인하지 못하고 있습니다. 정부는 유해 발굴 사업과 함께 유전자 감식을 지원하여 반드시 고인들을 가족의 품으로 돌려드릴 것입니다.

　　지난해 5월부터 '4·3트라우마센터'가 시범 운영되고 있고, 개소 9개월 만에 1만 2천여 분이 트라우마센터를 다녀가셨습니다. 희생자 어르신들과 유가족들께서 다시 떠올리기 싫은 그 날의 기억들을 꺼내놓고, 혼자 안고 살아야 했던 응어리를 풀어가신다니 늦게나마 보람 있는 일입니다. 상처 입은 분들의 마음을 치유하기 위해 애써주신 제주4·3평화재단과 4·3트라우마센터 관계자 여러분께 진심으로 감사드립니다. 정부는 관련 법률이 제정되는 대로 국립 트라우마센터로 승격하고, 많은 분들의 아픔이 온전히 치유되도록 지원하겠습니다.

존경하는 국민 여러분, 4·3 생존 희생자와 유가족 여러분, 제주 도민 여러분.

4·3 평화공원 내 기념관에는 여전히 이름을 갖지 못한 백비가 누워 있습니다. 제주도에 일흔세 번째 봄이 찾아왔지만, 4·3이 도달해야 할 길은 아직도 멀리 있습니다. 비어 있는 비석에 어떤 이름이 새겨질지 모르지만, 밝혀진 진실은 통합으로 나아가는 동력이 되고, 되찾은 명예는 우리를 더 큰 화합과 상생, 평화와 인권으로 이끌 것이라는 점만은 분명합니다.

마침내 제주도에 완전한 봄이 올 때까지 우리 모두 서로의 손을 더욱 단단히 잡읍시다.

감사합니다.

문재인 대통령 2022년 4·3 제74주년 메시지 전문

74주년 제주 4·3, 올해도 어김없이 봄이 왔습니다.

제주는 상처가 깊었지만 이해하고자 했고, 아픔을 기억하면서도 고통을 평화와 인권으로 승화시키고자 했습니다. 다시금 유채꽃으로 피어난 희생자들과 슬픔을 딛고 일어선 유족들, 제주 도민들께 추모와 존경의 인사를 드립니다.

얼마 전, 4·3 수형인에 대한 첫 직권재심과 특별재심 재판이 열렸습니다. 4·3특별법의 전면개정으로 이뤄진 재심이었습니다. 검사는 피고인 전원 무죄를 요청했고, 판사는 4·3의 아픔에 공감하는 특별한 판결문을 낭독했습니다. 일흔 세분의 억울한 옥살이는 드디어 무죄가 되었고, 유족들은 법정에 박수로 화답했습니다.

상처가 아물고 제주의 봄이 피어나는 순간이었습니다. 많은 시간이 걸렸습니다. 김대중 정부의 4·3특별법 제정, 노무현 정부의 진상 조사보고서 발간과 대통령의 직접 사과가 있었기에 드디어 우리 정부에서 4·3특별법의 전면개정과 보상까지 추진할 수 있었습니다.

그러나 무엇보다 제주 도민들의 간절한 마음이 진실을 밝혀낼 수 있는 힘이었습니다. 군과 경찰을 깊이 포용해주었던 용서의 마음이 오늘의 봄을 만들어냈습니다.

이제 우리는 4·3특별법 개정을 통해 완전한 진상 규명과 명예 회복에 한 걸음 더 다가섰습니다. 2018년, 8년 만에 재개한 유해 발굴에서 열한 구의 유해를 찾았고, 올해 3월부터 4·3에 대한 추가 진상 조사가 시작되었습니다.

하반기부터 희생자에 대한 합당한 보상이 이뤄질 것입니다. 30년 전, 장례도 없이 바다에 뿌려졌던 다랑쉬굴의 영혼들이 이번 다랑쉬굴 특별 전시회를 통해 위로받기를 숙연한 마음으로 기원합니다.

"죽은 이는 부디 눈을 감고 산 자들은 서로 손을 잡으라."

2020년, 제주 하귀리 영모원에서 보았던 글귀가 선명합니다. 이처럼 강렬한 추모와 화해를 보지 못했습니다. 아직 다하지 못한 과제들이 산 자들의 포용과 연대로 해결될 것이라 믿습니다. 다음 정부에서도 노력이 이어지기를 기대합니다.

5년 내내 제주 4·3과 함께 해왔던 것은 제게 큰 보람이었습니다. 언제나 제주의 봄을 잊지 않겠습니다.

1945. 09. 08. · 미 24군단 인천 도착.

1945. 09. 09. · 미24군단장 하지 중장, 아베 노부유키 조선총독 항복 조인식.

1945. 09. 28. · 미군 항복 접수팀, 제주도 주둔 일본군 항복 조인식.

1945. 11. 09. · 미 59군정중대 제주도 상륙.

1946. 08. 01. · 제주도제(道制) 실시.

1946. 10. 21. · 미국 뉴욕발 AP통신, 제주도 서태평양 '지브롤터'화 가능성 보도.

1946. 10. 29. · 남조선과도정부 입법의원 선거, 제주도 문도배·김시탁 당선.

1946. 11. 16. · 국방경비대 9연대 모슬포 창설.

1946. 12. 14. · 문도배·김시탁, 서울 민전회관에서 입법의원 거부 성명.

1947. 02. 10. · 제주도 59군정중대 사령부 앞 (관덕정) 광장에서 청년학생 시위.

1947. 02. 23. · 제주도 민주주의민족전선(민전) 결성.

1947. 03. 01. · 제주도 3·1사건 발생. 경찰 발포로 6명 사망하고 수 명 부상.

1947. 03. 08. · 미군정 조사단(단장 카스틸 대령), 3·1사건 조사차 입도.

1947. 03. 10. · 제주도청을 시작으로 민·관총파업 돌입.

1947. 03. 13. · 미군정 3·1사건 진상조사단 이도.

1947. 03. 14. · 경무부장 조병옥, 민·관총파업 조사차 입도해 포고문 발표하고 파업 주도자 검거 명령.

1947. 03. 15. · 전남 경찰 122명, 전북 경찰 100명 등 경찰 222명 제주도 입도.

1947. 03. 16. · 제주경찰감찰청 특별수사과(과장 이호) 설치. 파업 관련자 취조.

1947. 03. 20. • 경무부장 조병옥, "1구(제주) 경찰서 앞에서 발포한 행위는 정당방위" 담화 발표.

1947. 04. 02. • 제주도 민정장관에 베로스 중령 부임. 스타우트 소령은 차석으로 유임.

1947. 04. 10. • 제주도지사에 한독당 농림부장 출신 유해진 임명.

1947. 06. 06. • 구좌면 종달리에서 집회를 단속하던 경찰 3명이 청년들로부터 폭행당한 6·6사건 발생.

1947. 07. 18. • 전 제주도지사 박경훈, 제주도 민전 의장에 추대.

1947. 08. 08. • 안덕면 동광리에서 보리 수매 독려차 마을을 방문했던 관리들이 집단폭행당함.

1947. 09. 07. • 서북청년단(이하 서청), 제주도 식량사무소장 박태훈 테러.

1947. 09. 08. • 서청, 전 제주도 민전 의장 현경호 제주중 교장 자택 찾아가 아내 테러.

1947. 10. 15. • 베로스 중령, 미군정청 사법부 부고문관에게 "박경훈 전 지사는 중도파이며 가장 훌륭한 인물 가운데 한 명"이라고 언급.

1947. 11. 03. • 딘 소장, 3대 군정장관으로 취임.

1947. 11. 05. • 유엔 소련 대표 그로미코, 유엔총회에서 미국이 제주도 군사 기지 건설 희망 주장.

1947. 11. 12. • 미군정청 특별감찰실(감찰관 넬슨 중령), 유해진 지사 특별감찰 개시. 조사는 1948년 2월 28일까지 실시.

1947. 11. 14. • 유엔총회, 한반도에서 인구 비례에 따른 총선거를 실시하자는 미국안 통과.

1947. 11. 18. • 서청, 제주 CIC에 제주도는 '조선의 작은 모스크바'라며, 입증하겠다고 밝힘.

1947. 11. 21. • 제주도 민정장관 베로스 중령, 특별감찰실에 "박 전 지사는 공산주의자가 아니며 매우 친미적 인사"라는 내용의 비망록 제출.

1947. 11. 22. • 미군정청 특별감찰실 감찰관 넬슨 중령, 유해진 지사 경질 건의.

1947. 11. 26. • 군정장관 딘 소장, 제주도 방문(26~28일)해 유해진 지사를 만나 독립 국가 건설을 위한 팀워크 필요성 강조했으며, 유 지사는 적극 협력 다짐.

1947. 12. 03. • 부군정장관, 수석고문관실에 도지사 경질은 간단한 일이 아니라는 비망록 전달. • 제주도 민정장관 베로스 중령 이도 및 맨스필드 중령 부임.

1947. 12. 07. ・제주 CIC, "제주도 상황을 누그러뜨리기 위한 조처가 취해지지 않으면 경찰에 대한 공격이 곧 닥칠 것 같은 사회적 긴장감이 상당히 고조됐다"고 보고.

1948. 01. 08. ・유엔조선임시위원단 서울 도착 시작.

1948. 01. 중순. ・남로당 제주도위원회 조직부 연락책 경찰에 검거돼 전향. 조직 체계 노출.

1948. 01. 23. ・미군 정보 보고서, "제주도 좌파가 반미주의자들이 아니라는 사실은 의미심장하다. 최근의 테러는 우익이 선동한 것이다."

1948. 02. 12. ・제주 CIC, 경찰과 함께 제주도 남로당 본부 급습해 전단과 각종 서류 압수.

1948. 02. 01. ・9연대장 이치업 중령 후임으로 부연대장 김익렬 소령 임명.

1948. 02. 26. ・유엔 소총회에서 유엔조위가 접근할 수 있는 지역에서 단독 선거를 실시하자는 미국안 채택.

1948. 03. 06. ・조천지서에서 조사받던 조천중학원생 김용철 고문 치사.

1948. 03. 11. ・미군정청 특별감찰관 넬슨 중령, 유해진 지사 경질과 과밀 유치장 조사 등 4개 건의사항 담긴 특별감찰보고서 딘 소장에게 제출.

1948. 03. 14. ・모슬포지서에서 조사받던 대정면 영락리 청년 양은하 고문 치사.

1948. 03. 중순. ・남로당 제주도위원회, 무장투쟁 결정.

1948. 03. 23. ・딘 소장, 넬슨 중령의 4개 건의사항 가운데 '유해진 경질' 제외하고 승인.

1948. 03. 28. ・이승만, 방한 중인 미 육군차관 드레이퍼에게 제주도를 미군 기지로 제공할 의사가 있다고 언급.

1948. 04. 03. ・무장봉기 발발. 남로당 제주도위원회, "탄압이면 항쟁이다"라는 슬로건을 내걸고 350여 명의 무장대가 12개 지서와 우익 단체 사무실과 자택 공격.

1948. 04. 05. ・미군정, 제주도 도령(道令) 공포해 제주 해상교통 차단 및 미함정 동원 해안 봉쇄. ・미군정, 전남 경찰 100명을 제주 급파하고 제주경찰감찰청 내에 제주비상경비사령부(사령관 김정호 경무부 공안국장) 설치.

1948. 04. 09. ・유엔조위 감사 1반, 제주도 방문(9~10일).

1948. 04. 14. · 선거 등록 결과 제주도 등록률 64.9%로 전국 최하위 기록(전국 평균 91.7%).

1948. 04. 15. · 딘 소장, 유엔조위 주무위원회 출석해 제주도 고문 치사 사건과 경찰의 구타 행위에 대한 우려 청취.

1948. 04. 16. · 딘 소장, 해안경비대와 국방경비대의 제주도 합동 작전 구두 명령. · 경무부 공보실장 김대봉, 경무부장 조병옥의 특명으로 선무활동차 제주도 파견.

1948. 04. 17. · 주한미군사령관 하지 중장, 미 6사단장에게 제주도 군정중대 맨스필드 중령 지원 지시. · 통위부 고문관 프라이스 대령, 경비대 3여단 고문관 드로이스 대위에게 경비대 대대의 제주도 이동 및 맨스필드 지휘 따르도록 명령.

1948. 04. 18. · 딘 장관, 맨스필드에게 경비대 작전지휘권 행사 및 무장대 지도자와 교섭 명령.

1948. 04. 19. · 경비대 합동 작전 시작돼 부산 주둔 국방경비대 5연대 2대대 진해 출발.

1948. 04. 20. · 5연대 2대대가 3여단 고문관 드로이스 대위와 함께 제주도 도착. · 하지 중장, 6사단장 워드 소장에게 전문 보내 "6사단 소속 연락기 2대를 정찰용으로 제주도에 보내고, 제주도 군정중대와 직접 교신을 승인하는 한편 미군 부대는 공격을 받지 않는 한 개입하지 않도록 하라"고 지시.

1948. 04. 24. · 『워싱턴포스트』, 『뉴욕타임즈』 등, '제주도 소요 사태 심각' 보도.

1948. 04. 27. · 미 24군단사령부 작전참모부 슈 중령 제주도 입도. 6사단 20연대장 브라운 대령, 경비대 5연대 고문관 드로이스 대위, 맨스필드 중령 등과 대책 회의. · 작전명령 1호 실행. 미군 연락기 이용해 경비대 5연대의 마을 소탕 작전 시찰. 드로이스 대위는 차량에 탑승해 직접 마을 진입.

1948. 04. 28. · 슈 중령, 작전명령 2호 실행 과정 연락기 탑승해 항공 정찰. · 『뉴욕헤럴드트리뷴』 특파원 알렌 레이먼드와 『타임』 사진 기자 칼 마이던스, 제주도 취재차 입도.

1948. 04. 29. · 딘 소장과 6사단장 워드 소장 제주 시찰, 미군 부양 가족, 제주도에서 철수. · 경비대 5연대와 9연대, 제주와 모슬포에서 노로오름 방면 소탕 작전(작전명령 3호).

1948. 04. 30. ·9연대장 김익렬-제주도 인민유격대 사령관 김달삼 평화 협상. 미군
　　　　　　 정의 공격 명령으로 무산.

1948. 05. 01. ·오라리 방화사건 발생. ·『스타스앤스트라이프』지, 제주도 사건을
　　　　　　 미-소 간 긴장을 야기한 사건으로 보도.

1948. 05. 03. ·『뉴욕타임즈』, 제주도 무장대가 경찰의 무기 압수, 경찰과 서청 처
　　　　　　 벌 등 5개항의 항복 조건 제시 보도.

1948. 05. 05. ·딘 소장, 민정장관 안재홍, 경무부장 조병옥 경비대 사령관 송호성
　　　　　　 과 함께 제주도를 방문하고 대책 회의. 9연대장 김익렬 중령을 해임하고 후
　　　　　　 임에 박진경 중령 임명. ·스피어 대위, 테일러 대위, 번하이젤 중위, 제주도
　　　　　　 선거 감시차 제주도 입도. ·『워싱턴뉴스』, 스탈린이 제주도에서 게릴라전
　　　　　　 벌이고 있다고 보도.

1948. 05. 06. ·딘 소장, 기자회견에서 “제주도 소요는 북한군 간자 개입” 주장.

1948. 05. 07. ·유엔조위 감시 8반, 제주도 입도(7~11일.)

1948. 05. 10. ·5·10선거 실시. 제주도 투표율 62.8%로 전국 최저. 북제주군 갑·을
　　　　　　 2개 선거구는 과반수 미달로 무효.

1948. 05. 11. ·정치고문관 제이콥스가 국무부에 보낸 보고서. “제주도에서는 4월
　　　　　　 3일부터 사실상 게릴라전 상황으로 발전했다.”

1948. 05. 12. ·주한미군사령관 하지 중장, “민주주의의 미증유의 승리” 성명. ·미
　　　　　　 구축함 크레이그 호, 제주도 연안 급파.

1948. 05. 15. ·선거 감시차 파견된 스피어 대위, 테일러 대위, 번하이젤 중위 서울
　　　　　　 행. ·11연대 수원에서 제주 이동(연대장에 9연대장 박진경). 9연대는 11연
　　　　　　 대에 합편.

1948. 05. 중순. ·6사단 20연대장 브라운 대령 제주도 최고 지휘관으로 부임.

1948. 05. 18. ·수도경찰청 최난수 경감이 인술하는 특별수사대 제주도 파견.

1948. 05. 19. ·국회선거위원장 노진설, 딘 장관에게 제주도 북제주 갑·을 선거구
　　　　　　 무효 건의.

1948. 05. 20. ·로버츠 준장, 프라이스 대령 후임으로 통위부 고문관에 부임. ·미
　　　　　　 구축함 크레이그 호, 제주읍 연안 정박 중. ·경비대원 41명이 모슬포 부대
　　　　　　 에서 탈영.

1948. 05. 21. ·미군정, 남제주군 선거구에서 오용국이 국회의원에 당선됐다고 발표.

1948. 05. 22. · 탈영한 경비대원 41명 중 20명 대정 부근에서 체포.

1948. 05. 26. · 딘 소장, 북제주 갑·을 2개 선거구의 선거 무효화 및 6월 23일 재선 거 실시 포고문 발표.

1948. 05. 27. · 제주비상경비사령관 최천(경찰), 브라운 대령과 회담 뒤 하곡 수집 철폐 발표.

1948. 05. 28. · 도지사 유해진 경질, 후임에 제주 출신 임관호 임명. · 경무부장 조병옥, 치안 상황 점검차 제주도 방문.

1948. 06. 02. · 브라운 대령, 귀순 촉구 전단 살포 및 기자회견 열어 6월 23일 재선 거 실시 장담.

1948. 06. 05. · 제주 CIC 대장 메리트, 제주경찰감찰청에서 사찰과 김명성 형사 권 총 저격.

1948. 06. 08. · 국내 언론, 브라운 대령의 "원인에는 흥미가 없다. 나의 사명은 진 압뿐이다" 보도.

1948. 06. 10. · 딘 소장, 행정명령 22호 공포하고 제주도 재선거 무기 연기.

1948. 06. 11. · 통위부장 고문관 프라이스 대령 후임에 로버츠 준장 취임. · 제주 경찰감찰청장 최천, 감독 불충분 등을 이유로 정직.

1948. 06. 14. · 11연대장 박진경 대령 진급.

1948. 06. 15. · 부군정장관 콜터, 제주도 상황 확인차 제주도 방문. · 통위부 고문 관 로버츠 준장, 박진경 대령 진급식 참석차 제주도 입도.

1948. 06. 17. · 제주경찰감찰청장에 제주 출신 김봉호 임명.

1948. 06. 18. · 11연대장 박진경 대령 피살. 딘 소장, 로버츠 준장과 총포 연구자 2 명 등과 함께 제주도 입도 뒤 시신 수습하고 당일 귀경.

1948. 06. 20. · 브라운 대령, 경비대 신임 장교 파견 요청.

1948. 06. 21. · 로버츠 준장, 브라운 대령에게 11연대장에 최경록, 부연대장에 송 요찬 부임 통보.

1948. 06. 22. · 브라운 대령, 제주도 신문기자단과 치안 사태 시찰하고 기자회견. · 서울 경비대총사령부에서 전 11연대장 박진경 장례식 거행.

1948. 07. 01. · 도내 여행증명제도 폐지·어획금지 해제.

1948. 07. 02. · 정치고문관 제이콥스가 국무부에 부군정장관 콜터의 제주도 방문 보고서를 급송 문서로 보내며, 문서를 '비밀'로 엄격하게 취급할 것과 국무부

내에서도 제한된 범위 내에서만 배포 요망.

1948. 07. 05. ・목포-제주 간 정기연락선 여행증명제도 폐지.

1948. 07. 15. ・9연대, 11연대에서 해제해 재편성(연대장 송요찬 소령, 부연대장 서종철 대위).

1948. 07. 20. ・이승만, 국회에서 초대 대한민국 대통령으로 선출.

1948. 07. 24. ・11연대 제주도에서 경기도 수원으로 이동.

1948. 07. 30. ・통위부 고문관실의 참모 비망록. "정보참모부 관계자들이 8월 3일 처형을 참관하기 위해 제주도 갈 것"이라고 보고. ・주한미군사령부 정보참모부 시코어 대위, 리드 대위, 야고다 대위 제주도 도착.

1948. 08. 03. ・리드 대위 등 미군 장교들, 제9연대장, 제주 신문기자단과 함께 오후 3시 제주읍 교외에서 진행된 경비대원 3명 총살 집행 입회.

1948. 08. 13. ・제주도 여행증명제 부활.

1948. 08. 14. ・박진경 대령 암살 사건 관련 고등군법회의. 문상길 등 4명에게 총살형 등 선고.

1948. 08. 15. ・대한민국 정부 수립 선포.

1948. 08. 23. ・주한미사절단 특별대표 무초 한국 도착.

1948. 08. 24. ・이승만-하지, '대한민국 대통령과 주한미군사령관 간에 체결된 과도기에 시행될 군사안전에 관한 행정협정' 체결.

1948. 08. 26. ・로버츠 준장을 단장으로 한 임시군사고문단(PMAG) 조직.

1948. 08. 27. ・주한미군사령관 하지 이임 및 콜터 장군이 주한미군사령관 겸 24군단장에 임명.

1948. 09. 09. ・조선민주주의인민공화국 수립 선포.

1948. 09. 15. ・주한미군 철수 시작.

1948. 09. 23. ・박진경 대령 암살 관련 문상길, 손선호 총살형 집행. 나머지 관련자는 감형.

1948. 09. 29. ・로버츠 준장, 경비대 작전통제권이 주한미군사령관에게 있다는 서한을 국무총리 이범석에게 보냄.

1948. 10. 01. ・남원면 한남리에서 경찰과 무장대 교전. 경찰 1명 사망, 1명 부상, 주민 1명 사망.

1948. 10. 02. ・경비대 총참모장 정일권, 해안경비대 참모장 김영철과 제주 시찰

(2~5일). • 수도경찰청과 8관구경찰청, 응원 경찰대 제주도 파견.

1948. 10. 05. • 제주경찰감찰청장에 제주 출신 김봉호 후임으로 평남 출신 홍순봉 임명.

1948. 10. 06. • 59군정중대 노엘 소령, 로버츠 준장에게 '무전기, 무기, 탄약 즉각 선적' 요청.

1948. 10. 08. • 노엘 소령, 성산포 전면 5마일 해상에 잠수함 1척을 정찰기로 발견 보고.

1948. 10. 10. • 미군 정찰 조종사 에릭슨 중위, 제주도 정찰비행 통해 제9연대에 정 보 제공 시작.

1948. 10. 11. • 미군 정보 보고서, "제주도에서 서청이 경찰과 경비대를 지원한 것 은 일부 미군 장교들의 추천에 따른 것이다." • 제주도비상경비사령부(사령 관 김상겸 대령) 설치.

1948. 10. 17. • 9연대장 송요찬, 해안에서 5킬로미터 이상 지역에 통행금지 명령 포고문 발표.

1948. 10. 18. • 전남 여수 주둔 14연대 1개 대대 제주도에 파견 명령. • 주한미군사 령관 콜터, 로버츠 준장에게 제주도 작전을 육군부의 공식 '주한미군정사'에 다룰 수 있도록 자료 제출 요청.

1948. 10. 19. • 여순사건 발생. 제주도경비사령관 김상겸 대령이 14연대 사건에 대 한 문책으로 파면되고 송요찬이 제주도비상경비사령관 겸직.

1948. 10. 28. • 로버츠 준장, 여순사건 가담 병사들의 제주도 입도를 저지토록 참 모총장 채병덕에게 전문.

1948. 11. 01. • 임시군사고문단, 민간인 5명의 시체가 제주읍 해안가에 밀려왔다 고 보고.

1948. 11. 03. • 주한미사절단 대사 무초, 국무부에 전문. "제주도 공산주의자 섬멸 에 있어 (한국)정부의 무능력에 대한 긴장감이 여전하다."

1948. 11. 17. • 제주도지구 계엄령 선포.

1948. 11. 19. • 미 항공정찰대, 제주읍 산천단에서 불타는 가옥 4채와 경비대원 10 여 명 관찰. • 제주경찰감찰청, 제주도경찰국으로 개편.

1948. 11. 28. • 무장대, 남원면 남원리와 위미리를 습격해 주민들을 학살하고 가옥 방화.

1948. 12. 03. · 1차 계엄고등군법회의 개정. 12월 3일부터 27일까지 12차례에 걸쳐 제주 도민 871명에 대해 유죄 판결. · 무장대, 구좌면 세화리를 습격해 주민들을 학살하고 가옥 방화.

1948. 12. 06. · 임시군사고문단 풀러 중령, "제주도 주둔 9연대를 본토로 이동시키고 2연대로 교체 투입 계획" 보고. · 9연대장 송요찬, 하지 중장에게 미군 조종사 도움으로 진압하게 됐다고 감사를 표함.

1948. 12. 08. · 유엔 소련 대표 말리크, 유엔총회 정치위원회에서 제주도 5·10선거 거론하며 남한 선거 정당성 의문 거론.

1948. 12. 12. · 유엔총회, 대한민국 정부 승인.

1948. 12. 16. · 2연대 선발대 제주도 입도.

1948. 12. 17. · 무초, 국무부에 급송 문서, "제주도 사태 개선 전망이 밝지 않은 채 양쪽의 습격과 죽임이 계속되고 있다."

1948. 12. 18. · 로버츠 준장, 이범석 국무총리에게 서한 보내 9연대장 송요찬의 진압 작전 칭찬. · 군·경·민 합동 토벌대, 다랑쉬굴에 숨어 있던 주민 11명을 집단 질식사 시킴. · 토벌대, 표선국교에 감금했던 토산리 주민과 여성 등 150여 명을 18~19일 집단 학살.

1948. 12. 19. · 9연대 선발대, 제주 이동 대전 도착. · 대동청년단·서북청년회 등이 대한청년단으로 통합 결성. · 서청 단원 250명 제주도 입도. 이 가운데 25명은 경찰, 225명은 군인이 됨.

1948. 12. 21. · 참모총장 채병덕, 로버츠 준장에게 송요찬의 활동 상찬 계획 답신. · 토벌대, 함덕리 대대본부에 자수한 조천면 주민 150명을 제주읍 박성내에서 집단 학살.

1948. 12. 22. · 토벌대, 표선면 가시리에서 소개한 주민 가운데 '도피자 가족' 76명을 집단 학살.

1948. 12. 29. · 2연대(연대장 함병선), 9연대와 교체해 제주도 주둔.

1948. 12. 31. · 제주도 계엄령 해제.

———

1949. 01. 01. · 무장대, 제주읍 오등리 주둔 2연대 3대대 습격해 교전. 무장대 10여 명과 장병 7명 사망.

1949. 01. 03. · 외도지서 경찰과 특공대원들이 무장대로 위장해 제주읍 도평리에

서 70여 명 총살.

1949. 01. 04. · 2연대장 함병선, 계엄령의 지속 시행을 요구. · 토벌대, 제주읍 화북리 곤을동 주민들을 총살하고 가옥 방화.

1949. 01. 07. · 주한미사절단이 국무부에 보낸 보고서. "지난 1~2개월 동안 제주도 공산분자들에 대한 진압작전이 만족스러울 만큼 진전을 보이고 있다."

1949. 01. 09. · 『워싱턴포스트』 『뉴욕타임스』 등, '소련 잠수함에서 제주 공격 신호' UP통신 인용 보도.

1949. 01. 12. · 소련 타스 통신, UP통신의 제주도 연안 소련 잠수함 출현설 보도 거짓이라고 비난. · 무장대, 남원면 의귀리 주둔 2연대 2중대를 습격했으나 패퇴. 군은 전투 직후의 귀국교에 수용됐던 주민 80여 명을 집단 학살.

1949. 01. 13. · 무장대, 표선면 성읍리를 습격해 주민 38명을 집단 학살하고 방화.

1949. 01. 15. · 미 24군단, 한국을 떠나 일본에서 해체. · 임시군사고문단장 로버츠, 주한미군사령관 겸임.

1949. 01. 17. · 북촌리 학살 사건 발생. 2연대 3대대가 270명 집단 학살하고 방화.

1949. 01. 18. · 2연대 군인들이 북촌리에서 함덕리로 소개된 주민 가운데 29명을 집단 학살. · 3구 경찰서(모슬포)와 4구 경찰서(성산포) 설치.

1949. 01. 21. · 대통령 이승만, 국무회의에서 '가혹한 방법'으로 탄압 지시.

1949. 01. 24. · 국무회의, 제주도에 국군 1개 대대 증파 의결. · 무초, 미 해군 관계자들과 함정의 제주도 방문 협의.

1949. 01. 25. · 미 해군 함정 3시간 제주도 기항.

1949. 01. 28. · 대통령 이승만, 국무회의에서 "제주도 사태는 미 해군이 기항해 호결과를 냈다"며 "군 1개 대대와 경찰 1천 명을 증파였으니 조속히 완정(完征)하라"고 지시.

1949. 01. 31. · 육군본부, 유격전 부대인 6여단 산하 유격대대를 제주도에 파견.

1949. 02. 04. · 무장대, 구좌면 김녕리 부근에서 2연대 병력 습격해 소총 150정을 탈취하고, 군인 15명과 경찰 1명 사살. · 제주읍 봉개지구(봉개·용강·회천리)에 대한육해공군 합동 토벌 작전. 주민 수백여 명 총살.

1949. 02. 10. · 임시군사고문단 보급고문관 우스터스 중령, 로버츠 준장에게 2연대 시찰보고서 제출. "군·경의 주민들에 대한 고압적인 태도가 주민들을 폭도 활동에 가담하게 하는 원인이 되고 있으며, 재판 없이 주민들을 처형해

주민들을 자극시키고 있고, 규율이 없는 병사들이 권한을 남용하고 있다."

1949. 02. 12. · 관음사, 2연대 군인들에 대해 전소.

1949. 02. 15. · 제주도 스위니 신부, 서울의 캐롤 신부에게 "(제주도) 주민들은 짐
승같이 살고 있으며 하루 평균 고구마 한 개로 연명하고 있다"는 내용의 서
한 보냄.

1949. 02. 19. · 경찰특별부대(사령관 김태일 경무관) 505명 제주도 파견.

1949. 02. 20. · 임시군사고문단원 4명, 도두리에서 76명이 민보단에 학살되는 장
면 목격.

1949. 02. 23. · 경찰서 명칭 변경(1구 경찰서→제주경찰서, 2구 경찰서→서귀포
경찰서, 3구 경찰서→모슬포경찰서, 4구 경찰서→성산포경찰서).

1949. 03. 02. · 제주도지구 전투사령부(사령관 유재흥 대령, 참모장 함병선 2연대
장) 설치.

1949. 03. 10. · 총리 이범석, 내무장관 신성모 제주도 시찰. · 주한미사절단 참사
관 드럼라이트, 로버츠 준장에게 서한. "제주도가 매우 심각한 상황에 처해
있으며, 이런 상황을 타개하기 위해 적극적인 조치가 취해져야 한다."

1949. 03. 11. · 로버츠 준장, 주한미사절단 참사관 드럼라이트에게 회신. "한국 대
통령과 국무총리에게 제주도의 게릴라와 군사 작전 등에 대해 강력한 서한
을 보냈다. 제주도에 CIA를 설치해 운영하도록 했다."

1949. 03. 21. · 제주도 재선거를 1949년 5월 10일 시행한다고 공포.

1949. 03. 28. · 주한미사절단 대사대리 드럼라이트, 미 국무부에 보낸 전문. "(제주
도 등지에서) 지속적이고 장기적인 작전으로 이들을 완전히 뿌리 뽑을 필요
가 있다."

1949. 04. 04. · 무초와 드럼라이트, 대통령 이승만 예방해 "대한민국이 제주도와
전라남도의 게릴라 도당을 제거하고 진압군을 훈련시켜 남한에서의 입지를
확실히 해야 한다"고 언급.

1949. 04. 05. · 해병대 창설.

1949. 04. 07. · 대통령 특명으로 국방장관 신성모와 사회장관 이윤영이 제주도 방문.

1949. 04. 09. · 무초, "제주도가 남한에 혼란을 퍼뜨리고 테러를 가하기 위한 소련
의 주요 노력의 무대로 선택됐다는 것은 통제를 받고 있는 라디오방송에서
나오는 선전 특성상 분명하다. 소련의 에이전트들이 큰 어려움 없이 제주도에

침투하고 있음이 분명하다. 소련 선박과 잠수함들이 제주도 근처에 나타난다는 보고가 계속되고 있다."고 국무부에 보고. •대통령 이승만, 부인과 함께 제주도 방문. •제주도 재선거 유권자 및 입후보자 등록 마감.

1949. 04. 14. •국방장관 신성모, 제주도 시찰 후 귀경. •무초, 국무부에 항공우편. "제주도 작전은 현재 소탕 단계에 들어선 것으로 보인다."

1949. 04. 16. •로버츠 준장, 국방장관 신성모와 일부 한국군 병력의 제주도 철수 합의.

1949. 04. 18. •유엔한국임시위원단 소위원회 제주도 입도(18~20일).

1949. 05. 04. •미군 정보 보고서, "제주도 연안에 미확인 잠수함 목격설이 나돌고 있지만, 증거는 없다." •주한미대사관 관리들, 제주도 소요 상황 확인 및 제주도 이용 가능성 확인차 제주도 방문(4~6일). •제주도지사 임관호 후임에 김용하 임명.

1949. 05. 08. •유엔한국임시위원단, 제주도 선거 참관차 제주도 입도(8~14일).

1949. 05. 10. •제주도 5·10 재선거 실시. 홍순녕·양병직 당선.

1949. 05. 11. •유재흥 제주도지구전투사령관, 유엔한국위원단에 3월 25일~4월 12일 잡힌 포로수 3,600명이라고 보고.

1949. 05. 15. •로버츠 준장, 국방장관 신성모에게 서청으로 구성된 2연대 3대대의 제주도 철수 건의. 3대대는 전투사령부와 함께 제주에서 철수. 로버츠 준장은 경찰 소속 서청의 철수도 건의.

1949. 05. 18. •주한미사절단 참사관 드럼라이트, 함병선의 토벌 작전을 '가혹한 작전'이라고 규정. •경찰특별부대(사령관 김태일 경무관) 귀경.

1949. 05. 25. •유격대대, 2연대에서 배속 해제돼 철수.

1949. 05. 26. •김용하 제주도지사, 제주행 항공편을 알아보기 위해 주한미대사관 방문해 드럼라이트와 대화하면서 군·경과 서청의 횡포 언급.

1949. 06. 01. •2연대장 함병선, 대령으로 진급.

1949. 06. 05. •보도연맹 창립.

1949. 06. 07. •제주도 인민유격대 사령관 이덕구, 경찰에 의해 사살.

1949. 06. 16. •주한미사절단 참사관 드럼라이트와 가디너, 김용하 지사와 대화. 김 지사는 2연대의 고압적인 태도와 서청의 독단적이고 잔혹한 태도 언급. 무초는 도지사가 한국군의 부정 행위를 과장하고 있다고 평가.

1949. 06. 21. · 남조선과도정부 수석고문관 지낸 존슨, 미국 하원 외교위원회 대한 원조프로그램 관련 청문회에서 '한국군의 첫 테스트는 제주도 사건'이라고 언급.

1949. 06. 23. · 2차 고등군법회의 개최. '수형인 명부' 상 6월 23일부터 7월 7일까지 10차례 열려 제주 도민 1,659명에 대해 유죄 선고.

1949. 06. 25. · 2연대, 제주도 전역에서 '공비 완전 소탕기념 축하대회'(25~26일) 개최.

1949. 06. 29. · 주한미군, 철수 완료. 미군사고문단 500명 잔류.

1949. 07. 01. · 주한미군사고문단(KMAG) 조직.

1949. 07. 07. · 2연대 2대대, 인천으로 철수(1대대만 제주도 잔류).

1949. 07. 15. · 독립 1대대(부대장 김용주 소령), 수원에서 제주도로 이동.

1949. 07. 28. · 로버츠 준장, 제2군 사령관 멀린스 소장에게 보낸 서한. "제주도에서 반도들의 저항이 확산된 것은 부분적으로 경찰과 군의 무능한 지휘관 때문이다. 그들은 공산분자들과 마찬가지로 무자비하게 주민들을 살해하고 마을을 방화했다."

1949. 08. 07. · 장제스, 한국 정부에 중국 본토 공격을 위한 공군 기지로 제주도 제공 요청.

1949. 08. 13. · 2연대, 도립 1대대에 제주도 경비를 인계한 뒤 완전 철수.

1949. 09. 14. · 목포형무소 탈옥 사건 발생. 탈옥자 286명 사살.

1949. 10. 02. · 이승만의 재가에 따라 제주비행장에서 사형이 선고된 249명에 대한 총살형 집행.

1949. 10. 13. · 무초, 국무부에 제주 작전이 너무나 파괴적일 정도로 성공을 거둬 기쁘다고 보고.

1949. 11. 14. · 제주도지사 김용하, 제주어업조합 공금 횡령 등 이유로 경질.

1949. 11. 15. · 국민회 제주도지부장 김충희, 제주도지사에 임명.

1949. 11. 16. · 군사고문단 작전참모부 부고문관 피쉬그룬드 대위, 서청과 군 장교들의 불법 행위 여론 확인차 장창국 대령과 함께 제주도 감찰(16~19일). 군·경의 불법 행위 확인.

1949. 11. 24. · 계엄법 제정·공포.

1949. 12. 27. · 독립 1대대 제주에서 철수.

1949. 12. 28. • 해병대(사령관 신현준 대령) 제주도에 도착.

———

1950. 05. 30. • 2대 국회의원 선거. 제주도에서 김인선, 강창용, 강경옥 당선.

1950. 06. 하순 • 제주도 예비검속(6월 말~8월 초순)

1950. 06. 13. • 남조선과도정부 수석고문관 출신 존슨, 대한경제원조와 관련해 상
           원 세출위원회 청문회에서 남한 상황 언급. "제주도의 게릴라 제거는 힘든
           일이었지만 이뤄냈다. 제주도 내 3만여 채의 가옥 가운데 1만 채가 파괴됐지
           만, 지금은 평화롭고 조용하다."

1950. 06. 25. • 한국전쟁 발발. 제주도 해병대사령관이 제주도지구 계엄사령관 겸
           임. • 치안국장, 제주도경찰국장에게 '불순분자 구속의 건' 보내 "보도연맹
           및 기타 불순분자를 구속, 본관 지시가 있을 때까지 석방을 금한다"고 명령.

1950. 07. 25. • 무장대, 중문면 하원리 습격해 방화.

1950. 07. 27. • 계엄당국, 예비검속돼 제주읍 주정공장에 수용했던 사람들을 바다
           에 수장시킴.

1950. 07. 29. • 서귀포경찰서 관내 예비검속됐던 구금자 150여 명 바다에 수장.

1950. 08. 04. • 경찰 공문서(불순분자 검거의 건), 4일 현재 제주도 내에서 820명이
           예비검속돼 있다고 밝힘. • 제주경찰서, 주정공장 등지에 구금됐던 예비검
           속자 수백여 명 바다에 수장.

1950. 08. 08. • 제주지검장, 법원장 등 유력인사 16명 '인민군환영준비위원회'를
           결성했다는 혐의로 구금.

1950. 08. 13. • 주한미대사관, 제주도 외국인 신부들로부터 제주도에서 게릴라 활
           동 전개됐다는 보고 접수.

1950. 08. 15. • 주한미대사관 관리들, 제주도 방문(15~17일). 대게릴라전 유경험
           미고문관 1명 경찰 배치, 토벌과 정찰 활동을 위한 전투경찰대대 창설 및 해
           병대의 본토 철수 등 건의.

1950. 08. 19. • 제주경찰서 유치장에 구금됐던 예비검속자 수백여 명 제주비행장
           에서 총살 후 암매장(19~20일).

1950. 08. 20. • 모슬포경찰서 관내 한림면·대정면·안덕면 예비검속자 252명 섯알
           오름에서 집단 학살.

1950. 08. 30. • 성산포경찰서장 문형순, 관내 예비검속자 총살 명령에 대해 '부당

함으로 미이행'이라며 거부.

1950. 08. 31. ㆍ해병대 일부 병력 철수.

1950. 09. 03. ㆍ제주도인민군환영준비위원회 사건 구금자 석방.

1950. 09. 29. ㆍ오스트레일리아 신문 『베리어마이너』, 전 내무부장관 김효석의 말을 인용해 무초와 로버츠가 제주도가 중요한 군사 전략적 요충지로서, 봉기 진압이 절대 필요하다고 말했다고 보도.

1950. 10. 10. ㆍ제주도지구 계엄령 해제.

1950. 11. 06. ㆍ주한미대사관, 제주도 주재 경제협조처 고문관들로부터 제주읍 부근에서 경찰관 6명과 자위대원 2명 무장대에 피살 보고.

1950. 11. 09. ㆍ주한미대사관, 제주도 주재 경제협조처 고문관들로부터 제주경찰 피살 보고 접수. 대사관은 국무총리 서리와 구두 및 서면으로 의견 교환하고 경찰청장과 내무장관에게도 내용 전달.

1950. 11. 20. ㆍ주한미대사관 관리들, 제주도에서 게릴라 활동에 대한 한국 정부 계획 조사.

———

1951. 01. 01. ㆍ『뉴욕타임즈』 등 , 본토에서 유엔군 철수 경우 제주도 임시 수도 구상안 보도.

1951. 01. 18. ㆍ주한미대사관, 국무부에 보낸 급송 문서. "도지사와 제주도 해군사령관, 경찰에 따르면 제주에 게릴라 문제가 여전히 존재한다. 소수의 무장 도당이 제주 도민을 불안 상태에 놓아두고 있어 영원히 제거돼야 한다."

1951. 01. 22. ㆍ육군 1훈련소 대구에서 제주도로 이동.

1951. 05. 10. ㆍ제주도 육군 특무대 창설.

———

1952. 02. 01. ㆍ제주도 내 현재 구금자 85명.

1952. 04. 01. ㆍ제주경찰, 치안국 작전지도반의 지도 아래 4월 30일까지 '제주도지구 잔비섬멸작전' 전개.

1952. 05. 16. ㆍ육군 정보국, 제주도 무장대 규모를 65명(무장 30명, 비무장 35명)으로 파악.

1952. 07. 03. ㆍ대통령 이승만 부부, 미8군사령관 밴 플리트, 유재홍 중장 등과 제주도 육군 1훈련소 시찰.

1952. 09. 16. · 제주방송국에 무장대 5명이 습격해 방송과장 등 3명 납치.

1952. 10. 31. · 무장대, 서귀포발전소 습격해 방화.

1952. 11. 01. · 제주도경찰국, 100전투경찰사령부 창설.

1952. 11. 04. · 군사고문단 작전참모부 맥기브니 중령, 관련 부서 검토 거쳐 '제주도의 대공비작전'보고서 작성. "소규모 공비들과 대처하는 최상의 방법은 대게릴라 전술을 교육받은 소수 기동부대와 같은 부대에 의한 것이다."

1952. 11. 06. · 군사고문단 부관보 모슈어, 고문단장에게 동 보고서 제출. "최근 제주도에서 공비들의 증가와 심각성에 비춰 지체 없이 모든 공비들을 제거하기 위해 가능한 모든 수단을 채택하는 것이 시급하다. 계획은 특히 1952년 12월 1일 이전에 집행할 수 있어야 한다."

1952. 12. 25. · 제주도 잔여 무장대 섬멸을 위해 경기·충남·경북에서 1개 중대씩 3개 중대 경찰 파견.

―――

1953. 01. 29. · 육군 특수부대인 무지개부대(소령 박참암) 86명 제주도에 투입.

1953. 05. 01. · 무지개부대 작전 종료.

1953. 06. 15. · 경기·충남·경북에서 파견됐던 경찰 원대 복귀.

1953. 11. 20. · 제주도경찰국장 이경진, 도내 경찰주둔소 경비 초소의 경찰 병력 철수 발표.

―――

1954. 01. 14. · 제주도경찰국장 이경진, 잔여무장대 6명(남자 4명, 여자 2명)뿐이라고 발표.

1954. 01. 22. · 제주도 사회과, 1953년 말 현재 이재 세대 수 1만 5,228세대 중 1만 628세대가 원주지 복귀했다고 발표.

1954. 04. 01. · 한라산 부분 개방. 산간 부락 입주 및 복귀 허용.

1954. 09. 21. · 한라산 금족 구역 해제.

―――

1957. 04. 02. · 경찰, 구좌면 송당리 장기동에서 마지막 무장대 오원권 생포.

―――

1960. 04. 19. · 4·19 혁명.

1960. 05. · 제주대생들로 제주4·3사건진상규명동지회 발족.

1960. 05. 27. ・모슬포우체국 앞에서 토벌에 참여한 하모리 민간인 '특공대원 참살' 고발 시위.

1960. 06. 02. ・제주신보사, 4·3 및 한국전쟁 당시 양민학살 진상규명 신고서 접수 (2~6일).

1960. 06. 03. ・제주시의회, 3~5일 국회진상조사단에 자료 제공 위해 양민 학살 진상 조사. ・표선면의회, 3~5일 표선리 백사장 집단 학살 진상 조사.

1960. 06. 04. ・모슬포 특공대 참살 유족회 결성.

1960. 06. 06. ・국회 양민학살사건 진상조사특별위원회(위원장 최천, 4·3 당시 제주경찰감찰청장) 제주도 현지 조사.

1960. 06. 08. ・제주도의회, 4·3으로 인한 양민학살 조사 결과 보고. 10일까지 공식 진정서를 국회양민학살조사단에 건의키로 결의.

1960. 06. 21. ・재경제주학우회(대표 신훈식), 국회 앞에서 양만 7만여 명을 빨갱이로 몰아 집단 학살했다며 진상 조사와 책임자 처벌을 요구하는 집회 열고 탄원서를 법무장관에 보냄.

———

1961. 01. 26. ・김성숙 민의원, 제주도 양민학살사건 조사 위한 대정부 건의안 제출.

1961. 05. 17. ・『제주신보』 전무 신두방, 제주대 4·사건진상규명동지회 회원 이문교, 박경구 구속.

———

1963. 04. 03. ・김봉현·김민주, 일본에서 『제주도 인민들의 〈4·3〉 무장투쟁사』 발간.

———

1978. 09. ・현기영, 북촌리 학살 사건을 다룬 「순이삼촌」, 『창작과 비평』 가을호에 발표.

———

1987. 11. ・시 「한라산」 발표한 이산하, 국가보안법 위반 구속.

1987. 11. 30. ・김대중 평민당 대통령 후보, 4·3 문제 해결 공약.

———

1988. 04. 03. ・서울과 일본 도쿄에서 공개적인 4·3 첫 학술행사 개최.

1988. 11. 02. ・국회, 5공화국 청문회(11. 02.~12. 31.)

1989. 04. 03. · 제주도 내 11개 시민 사회 단체로 구성된 '제주4·3사월제공동준비 위원회' 주최로 1~3일 추모굿, 강연회, 진상규명 촉구대회, 놀이패 한라산의 마당굿 '한라산' 등 추모제 봉행.

1990. 07. · 『제주민중항쟁』(전 3권) 발간한 김명식, 국가보안법 위반 구속.

1992. 04. 02. · 제주시 구좌읍 다랑쉬굴에서 4·3 희생자 유해 11구 발견.

1992. 12. 11. · 김대중 민주당 대통령 후보, 제주 유세에서 국회 4·3특별위원회 구성, 4·3특별법 제정, 진상 규명과 명예 회복, 위령사업과 보상 등 4·3 공약.

1993. 03. 20. · 제주도의회 4·3특별위원회 발족.

1993. 10. 28. · 제주도의회, 국회 4·3특별위원회 구성에 관한 청원서 채택. · 제주 지역총학생회협의회(제총협·의장 오영훈), 도민 1만 750명의 서명을 받아 국회에 4·3 특별위원회 구성 요구 청원서 제출.

1997. 04. 01. · 제주4·3 제50주년 기념사업 추진 범국민위원회 결성.

1998. 02. 03. · 제50주년 제주4·3학술문화사업추진위원회가 제주시 가톨릭회관 에서 결성.

1999. 03. 08. · 제주 지역 24개 시민 사회 단체가 참여한 4·3특별법 쟁취 연대회의 발족.

1999. 09. 15. · 추미애(새정치국민회의) 의원, 당시 정부기록보존소가 소장한 4·3 군법회의 수형인 명부 발굴해 공개.

1999. 10. 25. · 우근민 제주도지사, 기자회견 통해 4·3위령공원 부지 제주시 봉개 동 확정 발표.

1999. 10. 28. · 제주 지역 24개 시민 사회 단체, '4·3특별법쟁취를위한연대회'(4·3 연대회의) 결성.

1999. 12. 16. · 제주4·3사건 진상 규명 및 희생자 명예 회복에 관한 특별법(이하

4·3특별법), 여야 합의로 국회 통과.

———
2000. 01. 12. ・정부, 4·3특별법 제정 공포.

2000. 03. 13. ・제주4·3행방불명인유족회 창립.

2000. 08. 28. ・국무총리실 산하 제주4·3사건 진상규명 및 희생자명예회복위원회
출범(위원장 국무총리).

———
2001. 09. 27. ・헌법재판소, '4·3특별법 의결 행위 취소 등' 재판에서 '무장대 수괴
급 등'을 희생자 범위에서 제외하는 기준 정함.

———
2003. 10. 15. ・정부, 『제주4·3사건 진상 조사 보고서』 확정.

2003. 10. 31. ・노무현 대통령, 4·3 관련 국가 권력의 잘못에 대해 공식 사과.

———
2005. 01. 27. ・정부, 제주도를 '세계 평화의 섬'으로 지정.

———
2006. 04. 03. ・노무현 대통령, 대통령으로서는 처음으로 4·3위령제 참석해 제주
도민들에게 거듭 사과.

———
2007. 08. ・제주국제공항 유해 발굴(2009년 9월까지 진행).

2007. 11. 13 ・진실·화해를위한과거사정리위원회, 제주 예비검속사건(섯알오름)
진실 규명.

———
2008. 10. 16. ・제주4·3평화재단 발족.

———
2010. 06. 08. ・진실·화해를위한과거사정리위원회, 제주 예비검속사건(제주시·
서귀포시) 진실 규명.

———
2013. 08. 02. ・제주4·3희생자유족회와 제주도재향경우회, 조건 없는 화해 선언.

———
2014. 03. 24. ・정부, 4·3 희생자 추념일 국가 기념일로 공식 지정.

2018. 04. 03. · 문재인 대통령, 4·3 70주년 추념식 참석. '4·3은 부정할 수 없는 역사적 사실"

2018. 10. 11. · 천주교 제주교구, 4·3 70주년 기념 묵주기도의 밤 실시. 중문성당을 '4·3기념성당'으로 선포.

2020. 04. 03. · 문재인 대통령, 4·3 72주년 추념식 참석. "제주가 꾸었던 꿈이 지금 우리의 꿈"

2021. 01. 21. · 4·3 군법회의 수형인 재심(10명) 재판에서 모두에게 처음으로 무죄 선고.

2021. 02. 26. · 오영훈 의원(더불어민주당)이 대표 발의한 4·3특별법 전면 개정안 국회 통과. 4·3특별법에는 불법 군사재판 수형자들의 명예 회복을 위한 직권 재심 규정과 희생자에 대한 배·보상 법적 근거 마련 등이 포함됨.

2021. 03. 16. · 제주지방법원 4·3전담 재판부, 4·3군법회의 수형인 335명에 무죄 선고.

2021. 04. 03. · 문재인 대통령, 4·3 73주년 추념식 참석. "4·3은 비극의 역사이자 평화·인권을 위한 회복과 상생의 역사"

2021. 11. 22. · 검찰, 제주4·3사건 직권 재심 권고 합동 수행단 설치.

2022. 01. 06. · 4·3위원회 추가진상조사분과위원회, 지역별 피해 실태 등 6대 추가 진상 조사 주제 선정.

2022. 02. 10. · 제주4·3사건직권재심합동수행단, 4·3 군법회의 수형인 첫 직권 재심 청구.

2022. 03. 29. · 4·3특별법 전면 개정에 따른 첫 4·3 군법회의 수형인 직권 재심 및 일반재판 관련자 특별재심 재판에서 모두에 무죄 선고.

2022. 04. 03. · 윤석열 대통령 당선자, 4·3 74주년 추념식 참석.

2022. 11. 07. · 4·3희생자 국가 보상금 첫 지급 기념식.

2023. 02. 20. · 4·3기록물 유네스코 세계기록유산 등재 추진위원회 출범.

참고문헌

*논문 및 단행본

김봉현·김민주,『제주도 인민들의 4·3 무장투쟁사』, 오사카: 문우사, 1963.

김영범, 「4·3'의 의미 반추와 정명의 문제-'제주 독립항쟁' 시론」, 제주4·3연구소, 『4·3과 역사』 19호, 제주: 도서출판 각, 2019.

제주4·3사건진상규명및희생자명예 회복위원회,『제주4·3사건진상조사보고서』, 서울:제주4·3사건진상규명및희생자명예 회복위원회, 2003.

제주4·3연구소,『4·3과 여성』(전 3권), 제주: 도서출판 각, 2019~2021.

제주4·3평화재단,『한눈에 보는 4·3』, 제주: 제주4·3평화재단, 2021.

_____,『제주4·3사건추가진상조사보고서 I』, 제주: 제주4·3평화재단, 2019.

_____,『4·3과 평화』 15호, 제주: 제주4·3평화재단, 2014. 4.

제주도,『제주도』 제5호, 제주: 제주도, 1962.

제주민예총, 2015 4·3문화예술축전 접화군생 자료집, 2015.

_____, 2022 4·3문화예술축전 구좌 연두망 해원상생굿 자료집, 2022.

진실·화해를위한과거사정리위원회, 「제주예비검속사건(제주시·서귀포시) 진실규명결정서」, 2010. 7.

허호준,『4·3, 미국에 묻다』, 서울: 도서출판 선인, 2021.

_____,『그리스와 제주, 비극의 역사와 그 후』, 서울: 도서출판 선인, 2014.

프란츠 파농 지음, 남경태 옮김,『대지의 저주받은 사람들』, 서울: 그린비, 2007.

金奉鉉,『濟州島 血の歴史 -〈4·3〉武裝闘爭の記録』, 東京: 國書刊行會, 1978.

*문서

국사편찬위원회, 국내 항일운동자료 경성지방법원 검사국 문서.

USAMGIK, *Audit New Korea Company*, *Cheju Pure Alcohol Plant*, 8 August 1945-
　　31 August 1946.

*신문

『대한신문』

『독립신보』

『동아일보』

『부산신문』

『서울신문』

『수산경제신문』

『영남일보』

『자유신문』

『조선일보』

『한겨레』

『호남신문』 외

이 책을 둘러싼 날들의 풍경

한 권의 책이 어디에서 비롯되고, 어떻게 만들어지며,
이후 어떻게 독자들과 이야기를 만들어가는가에 대한 편집자의 기록

2022년 12월 14일. 이 책과 관련한 모든 이야기는 문자 한 통으로 시작한다. 2024년 출간을 준비하고 있는 저자와의 미팅을 마치고, 조금은 들썩할 송년회 모임 장소로 이동할 때, 『한겨레』 이주헌 기자로부터 문자를 받는다. 같은 회사 이세영 부장의 페이스북 게시물을 봐달라는 내용으로, '제주 사내, 허호준'의 책을 출간할 출판사를 찾고 있다는 취지의 글이었다. 글쓴이의 허락을 받아 전문을 옮겨 두다.

> "<제주 사내, 허호준>
> 허호준은 『한겨레』 지역 기자로 내년이 정년이다. 넉넉한 풍채에 웃을 때면 눈가 주름이 매력적인 제주 사내다. 그의 글을 독자가 아닌 데스크의 위치에서 접한 건 미국 연수에서 돌아와 전국팀장을 맡은 2018년 가을이다. 아홉 살이나 어린 초짜 팀장에게, 허호준이 어느 날 전화를 걸어왔다.
>
> "지면은 아니고 디지털에 연재하는 기획물인데, 일주일에 한 편씩 올리려고 합니다. 부족한 글이지만 잘 살펴봐주세요."
>
> '제주 4·3, 동백에 묻다'라는 온라인 연재물이라고 했다. 70주기를 맞은 4·3의 생존 피해자 사연을 취재해 원고지 20~30매 분량으로 풀어내는 시리즈 기획이었다. 데스킹을 하면서 읽게 된 허호준의 글은 단순한 취재 기사가 아니었다. 오랜 연구(그는 4·3 연구로 박사학위를 받았다)와 현장 취재로 다져진 전문성이, 허호준 특유의 부지런함과 취재원 한 사람 한 사람의 절절한 사연들을 만나 문학 작품과 다름없는 탁월한 서사 텍스트로 빚어져 있었던 거다. 무엇보다 글 한편 한편에 담긴 이야기의 힘이 어마어마했다. 허호준의 글은 다음 포털 뉴스에 매주 소개됐는데, 그때마다 댓글이 700~800개, 많게는 1200개까지 달렸다.
> 내게 허호준의 글이 각별했던 데는 제주 한림 출신으로 4·3에 휘말렸던 부친쪽 가계 내력도 상당 부분 작용했다. 1970년대 초 풍을 맞아 돌아가신 조부가 4·3 당시 입산자들과 가깝다는 이유로 토벌대에 붙들려 마을 창고에 갇혔고, 화를 당하기 직전 할머니가 큰 돈을 써 빼냈다는 얘기를 성인이 된 뒤 나는 아버지로부터 전해 들었다.
> 팀장 6개월 만에 정치부 데스크로 발령 나 전국부를 떠나면서 허호준에게 연

재물을 모아 책으로 출판해보면 어떻겠느냐고 물었다. 그는 사람 좋게 웃으며 이렇게 말했다.

"에이, 기사로 많이 읽혔으면 됐죠, 뭐."

올해 4월 전국부장으로 허호준을 다시 만났다. 지난 주 그는 4·3 당시 군사재판을 받고 실형까지 살았으면서도 피해 사실을 70년 넘게 숨기고 살았던 90대 여인이 직권재심에서 무죄를 선고받은 사실을 기사로 썼다. 애초 5매 정도로 쓰겠다고 기사 계획을 올린 걸, 사연을 녹여 넉넉하게 쓰면 디지털 기사에 그대로 살리겠다고 말씀드렸다. 5시간 뒤 15매 분량의 글이 기사 출고 시스템에 올라왔다. 머리를 치고 가슴을 흔드는 글, 역시 허호준이었다. 국장단에 보고하고 디지털 기사를 손질해 지면에 고스란히 옮겨 실었다.

지난 10월 한라산 트레일런 대회가 끝나고 제주에서 만났을 때 '제주 4·3, 동백에 묻다' 시리즈를 이제라도 출판할 생각은 없는지 다시 물었다. 그는 4년 전엔 남세스럽다는 느낌이 들었는데, 지나고 나니 아쉽다고 했다. 책을 낼 기회가 있으면 좋겠지만, 제주에 머무르며 출판사를 알아보기가 여의치 않다고 했다. 허호준은 내년 9월 말에 정년을 맞는다. 그 전에 좋은 출판사와 편집자를 만났으면 좋겠다."_2022. 12.

편집자는 때가 되었다고 여긴다. 아주 오래전부터 제주를 찾았으며 바람결에 4·3에 관한 이야기를 듣는다. 여행지로 자주 찾던 곳의 남다른 역사에 마음은 아팠으나 '오래 전의 이야기'이며 '그들의 역사'로 여긴다. 그러나 이내 그것이 전부가 아님을 자각한다. 이후로 제주를 찾을 때마다 제대로 알지 못한 시절로 인한 마음의 빚이 쌓이는 듯하다. 언젠가 편집자로서 기회가 닿는다면, 책을 통해 4·3을 '우리의 역사'로 만드는 길에 함께 설 수 있기를 바란다. 2021년 최열 선생의 책 『옛 그림으로 본 제주』를 만들며 제주 곳곳에 남은 4·3의 흔적을 마주하며 다시 한 번 그 마음을 떠올린다.

불현듯 받은 문자가 마치 때가 되었다는 신호처럼 여겨진다. 그러나 과연, 감당할 만한 일인가 자문한다. 2023년 초에 내야 할 책들이 순서대로 기다리고 있음을 떠올린다. 하루를 온전히 집중하여 고민해 보기로 한다.

2022년 12월 15일. "어제 말씀 주신 책, 해볼까 합니다." 이주현 기자에게 답을 보낸다. 지난 밤, 떠들썩한 송년회 자리에서 이 일이 머리에서 떠나지 않는다. 내기로 한다면 2023년 4월 3일에 맞춰 내야 한다고 생각한다. 2018년 5월 출판사를 시작하면서 어떤 책이든 천천히 공을 들여 만들기로 했던 마음을 떠올린다. 그렇게 한 권을 만드는 데 일 년 가까운 시간을 들여온 날들을 떠올린다. 12월에 시작하여 3월말에 책을 내는 건 불가능하다고 여겨진다. 그러나 마음은 자꾸만 하고 싶다, 해야한다는 쪽으로 향한다. 주저하는 마음을 다잡기 위해 문자를 보내는 것으로 고민을 종료하다. 작은 출판사인 혜화1117에서 출간하는 것에 저자가 동의하는지 확인을 청하다. 이후 저자의 연락처를 건네 받다.

2022년 12월 16일. 제주의 저자와 첫 통화를 하다. 5년 전의 원고를 그대로 출간하는 것보다 지금까지 취재해온 기록을 바탕으로 새로 쓸 것을 요청하다. 처음 통화를 시작할 때와 마칠 때의 목소리가 달라지다. 과연 가능할까, 하는 저자의 염려가 전화선 너머로 전해지다. 그럴수록 꼭 해내고 싶은 투지에 가까운 마음이 고개를 들기 시작하다.

2022년 12월 22일. 통화 이후 4·3과 관련하여 저자가 쓴 글들을 가능한 찾아서 모두 읽다. 이를 토대로 주요 구성안 및 주요 일정을 정리하여 저자에게 보내다. 책의 제목은 '제주4·3사건진상규명및희생자명예회복에 관한 특별법'에서 정의한 4·3의 기점일과 종료일을 밝히는 것으로 정하다. 숫자로만 이루어진 제목이 낯설수 있다는 우려가 없지는 않았으나, 적어도 이 책을 통해 4·3이 며칠 또는 몇 달의 일이 아닌 7년이 넘는 기간 동안 진행된 것임을 알리는 것에 의의를 두기로 하다. 저자로부터 구성안에 관한 의견과 함께 빠듯한 일정이 부담스러우나 해보는 데까지 해보겠다는 회신을 받고, 여기에 다시금 편집자의 의견을 더한 구성안을 다시 보내다. 출간계약서 내용 검토를 요청하다.

2022년 12월 23일. 어떤 책을 만들 것인가에 관한 구상을 끝내다. 빠듯한 일정을 감안하여 효율적인 진행을 위해 편집 계획서를 작성, 저자와 공유하다. 본문 디자인을 위한 샘플 원고를 요청하다. 출간계약서에 관한 회신을 받지 못하다.

2023년 1월 13일. 제주에 내려가 저자를 만나다. 제주시 도두봉 근처 문을 연 지 얼마 되지 않은 카페에서 준비해간 출간계약서에 서명을 받고, 예상했던 것보다 훨씬 더 진척된 원고를 일별하다. 원고를 보며 이 책을 통해 4·3을 더 널리 알리는 데 기여하고 싶은 마음이 더욱 커지다. 이후 일정 및 계획에 관해 밀도 있게 의논하다. 처음에 생각했던 것보다 일이 커지고 있는 듯하다는 부담을 토로하며 "목에 뭐가 걸린 것 같다"는 저자의 말을 애써 못 들은 척하다. 그동안 집필한 원고 전체와 이미지 자료 등을 가지고 간 노트북에 담아오다.

2023년 1월 19일. 제주에서 받아온 샘플 원고와 이미지 등으로 디자이너 김명선에게 본문 레이아웃 디자인을 의뢰하다. 일정의 촉박함을 미리 알리고, 작업에 차질이 없도록 미리 준비해줄 것을 당부하다.

2023년 1월 25일. 제주에서 받아온 원고를 모두 숙독한 뒤 보완사항을 요청하다. 이 책 이외에 두 권의 책을 함께 진행하고 있는 상황에서 마치 여러 과목을 동시에 공부해야 하는 수험생 같은 나날을 보내다. 연말과 연시, 설 연휴 등 계절과 시절을 느낄 여유도 없이 꼬박 책상 앞에서 떠나지 못하는 나날이 이어지다.

2023년 1월 30일. 본문 레이아웃 시안을 입수하다. 몇 가지 수정을 거친 뒤 저자에게 검토를 요청하다. 판형 및 디자인의 방향을 최종 확정하다.

2023년 1월 31일. 저자로부터 집필을 마친 원고 전체를 입수하다. 4·3을 정확하게 알리는 데서 나아가 냉전 체제의 산물로서 세계사의 한 부분으로 조망하는 원고를 읽으며 편집자 스스로도 미처 몰랐던 4·3의 의미를 정면으로 마주하는 계기가 되다. 나아가 100여 명에 가까운 생존 희생자 및 유족, 목격자 및 관계자들을 직접 만나 취재한 저자의 원고를 통해 집단의 기억인 동시에 개별적인 존재들의 매우 구체적인 삶을 뒤흔든 역사임을 새삼스럽게 확인하며 이 책을 만들 수 있게 한 인연에 감사함을 느끼다.

2023년 2월 8일. 입수한 전체 원고를 정독하고, 이후 작업 기간을 줄이기 위해 화면에서 최대한 교정을 진행하다. 교정을 거친 원고에 확인 및 보완 요청 사항을 메모하여 저자에게 보내다. 저자로부터 확인 및 보완을 거친 원고를 받은 뒤 다시 확인을 거치다. 이 작업이 약 일주일 동안 서울과 제주에서 밤낮을 가리지 않고 이어지다.

2023년 2월 14일. 총 13장, 에필로그 등으로 이루어진 전체 원고를 정독하며 문맥을 최종 점검한 뒤 본문 디자인 작업을 위해 디자이너에게 원고를 넘기다.

2023년 2월 15일. 오전에 책 앞 부분에 들어갈 컬러 화보 이미지 및 구성안을 디자이너에게 넘기다. 오후에는 책 뒤 부록으로 넣을 전직 대통령 추념사 및 관련 발언 전문, 주요 연보, 참고문헌, 4·3 주요 유적지를 표시한 지도 자료 등을 저자로부터 받아 교정을 거쳐 디자이너에게 넘기다.

2023년 2월 17일. 저자로부터 '책을 펴내며' 원고를 받다. 이로써 60여 일 동안 밤낮으로 달려온 저자의 원고 집필이 모두 끝나다. 검토를 마친 뒤 저자의 확인을 거쳐 디자이너에게 넘기다. 표지 자료를 디자이너에게 넘기다. 4·3이 제주의 역사, 한국의 역사만이 아닌 세계사의 한 부분임을 드러내기 위해, 혹시 이 책을 만날 외국인들에게 책의 내용을 알리고 나아가 한국 독자들에게 상징적인 장치가 될 수 있기를 바라는 마음으로 '책을 펴내며'의 영문본을 넣기로 하고, 최종 원고로 번역가 김영범에게 작업을 의뢰하다.

2023년 2월 19일. 디자이너로부터 1차 본문 파일을 받다. 눈에 띄는 몇몇 부분을 보완한 뒤 저자에게 보내 최종 정독과 교정을 요청하다. 교정을 시작하다. 조판하기 전 수차례 교정을 거쳤음에도 보완할 부분이 눈에 띄다.

2023년 2월 21일. '책을 펴내며' 영문본 원고를 입수하다. 혜화1117의 소중한 저자이자 언어학자인 로버트 파우저 전 서울대 교수에게 영문본의 검토를 요청하다. 이미 4·3에 대해 잘 알고 있던 파우저 선생이 기꺼이 검토를 맡아주다. 책값을 정하기 위한 제작비 견적서를 받아든 편집자는 무섭게 오른 제작 비용에 시름을 금치 못하다. 책을 낼 때마다 책값을 앞에 둔 전전긍긍이 문득 서글퍼지다.

2023년 2월 23일. 표지 디자인 시안을 입수하다. 저자와의 협의를 거쳐 제목 및 부제를 확정하다. 디자인의 보완을 요청하다.

2023년 2월 25일. 저자의 본문 교정과 '책을 펴내며' 영문본 확인이 끝나다. 촉박한 일정 중 저자의 육지행으로 김포공항에서 퀵서비스로 교정지를 받아 진행하여 시간을 아끼다. 편집자의 교정 사항과 합하여 최종 교정 사항을 정리하다. 편집자의 컬러 화보 이미지 추가 요청으로 저자가 몇몇 곳의 사진을 다시 촬영하여 보내오다.

12월 중순에 시작, 2월의 마지막 주말까지 지난 겨울을 꼬박 이 책과 함께 했음을 실감하다. 때는 바야흐로 봄의 문턱에 다가서다.

2023년 3월 2일. 표지 및 본문의 모든 요소를 확정하다. 디자이너와 최종 수정 및 점검을 마치다. 이로써 모든 작업을 2022년 12월 22일 예정한 주요 일정에 맞춰 끝내다. 양장본 제작에 시일이 오래 걸려 한참 뒤의 출간을 고대하다. 표지 및 본문 디자인은 김명선이, 제작 관리는 제이오에서(인쇄 : 민언 프린텍, 제본 : 다온바인텍, 용지 : 표지-스노우120그램, 본문-그린라이트100그램, 컬러 화보 미색모조 95그램, 면지-화인페이퍼110그램), 기획 및 편집은 이현화가 맡다.

2023년 4월 3일. 혜화1117의 열아홉 번째 책, 『4·3, 19470301-19540921, 기나긴 침묵 밖으로』가 출간되다.

2023년 3월 31일. 『한겨레』에 '침묵 밖으로 나왔지만 여전히 이름 얻지 못한 '제주 4·3''이라는 제목의 기사가 실리다. 특별히 『한겨레』 책&생각 지면의 커버스토리로 실렸음을 각별하게 기록하다. 온라인서점 '알라딘'의 '편집장의 선택' 도서로 선정되다. 선정의 글을 아래와 같이 옮겨 적다.

"4·3의 시작점부터 끝점까지
잔인한 봄. 역사를 흔드는 목소리가 부끄러움 없이 거리에 나뒹구는 봄. 제75주년 4·3 추념식을 앞두고 또다시 소란이 반복되고 있다. 혼란한 와중의 희망이라면, 왜곡과 폄훼의 커지는 그림자 앞에서는 늘 진실의 구체적인 모습을 더 명확히 알고자 하는 이들도 늘어난다는 것이다. 가장 길게 이어져온 희망이다.
이 책은 지난 30년간 4·3을 취재해 온 허호준 기자가 기록한 진실이다. 1947년 3월 1일부터 1954년 9월 21일까지 2,762일 동안 제주에서는 무슨 일이 있었는가. 국가의 시민 학살, 4·3 일어난 시대적 배경, 세계사 안에서 4·3의 위치, 사건을 겪어낸 사람들의 이야기, 현대 한국사에서 4·3의 의미 등 4·3에 초점 맞춘 눈을 줌인, 아웃하며 책은 총체적인 진실을 드러낸다.
저자가 4·3에 대해 오랜 시간 폭넓고 집요하게 취재한 내공이 깊이 느껴진다. 건조한 문체는 이 비극을 더 날카롭게 진술하고, 핵심을 놓치지 않는 문장들은 독서의 몰입을 돕는다. 진 빠지는 독서가 아님에도 어느새 4·3에 대한 통합적인 이해가 자리 잡는다. 이제 이 빼곡하게 준비된 진실을 각자의 마음에 붙잡는 일만 남았다. 희망 편에 선 이들이 만들 수 있는 가장 큰 힘이다._역사 MD 김경영 (2023. 03. 31)"

2023년 4월 3일. 『오마이뉴스』에 '『4·3, 19470301-19540921』이 설명하는 양과자 반대운동과 4·3 항쟁'라는 제목의 기사가 실리다. 『딴지일보』에 '4·3, 기나긴 침묵 밖으로 : 왜 그리 많이 죽었고 왜 그리 많이 떠났나'라는 제목의 기사가 실리다. 시사주간지 『시사인』에 '제주 4·3 75주년, "살암시난 살앗주"라는 제목의 기사가 실리

다. 이 기사를 위해 기자가 제주도에 내려가 저자를 인터뷰하다. 『한국일보』에 4·3
을 주제로 한 다른 책들과 함께 다룬 기사가 실리다. 출간을 전후로 책 출간 소식을
알리는 SNS 게시물 가운데 유난히 뜨거운 트위터의 반응을 경험하다. 온라인 서점
'예스24' 국내서 '화제의 책'에 선정되다. 출간 직후부터 4월 중순까지 『헤드라인 제
주』, 『국민일보』, 『연합뉴스』, 『노컷뉴스』, 『뉴제주일보』, 『전남매일』, 『기자협회보』,
『한겨레21』, 『제주의소리』, 『서울신문』 등 다양한 매체에서 각별한 관심을 가져주다.

2023년 4월 14일. 제주에서 올라온 저자와 이 책의 시발점이라 할 수 있는 이세영
기자, 매개가 되어준 이주현 기자와 더불어 마포의 한 음식점에서 늦은 밤까지 출
간을 전후한 소회를 나누다.

2023년 4월 15일. 제주의 책방 '어떤바람'에서 독자와의 만남이 이루어지다.

2023년 4월 17일. 더 널리 이 책을 알리기 위해 처음으로 홍보 영상을 제작, 유시민
작가와 조수진 변호사가 함께 진행하는 '알릴레오 북스'의 광고를 집행하다. 온라인
서점 '알라딘'의 '이 달의 주목도서' 광고를 집행하다.

2023년 4월 26일. 문재인 전 대통령께서 새로 시작한 평산책방 홈페이지 첫 화면에
이 책을 들고 포즈를 취하고 계신 문 전 대통령의 사진이 실리다. 어디선가 평산책방
다녀온 분들의 인증샷이 올라올 때마다 눈에 불을 켜고 이 책의 존재를 확인하다.

2023년 5월. 책을 만들 때부터, 책의 컬러 화보에 김대중, 노무현, 문재인 전직 대
통령 세 분의 사진을 실을 때부터 마음먹었던 일 가운데 하나인 '김대중 도서관'에
다녀오다. 마음속으로 당신이 한 일을 기억하고 책에 담았노라 말씀 드리다.

2023년 6월 13일. 초판 2쇄본을 출간하다. 이로써 초판 제작 부수를 들은 뒤부터
목에 가시가 걸린 것 같다던 저자의 염려를 해소할 수 있게 되어 편집자는 안도하다.

2023년 7월 27일. 대만 Walkers Cultural Enterprise Ltd.(Horizon) 출판사와 번역
출간 계약을 체결하다. 이로써 4·3을 제주 너머 더 넓은 세상의 독자들에게 알리고
싶다는 소망을 조금은 이룬 듯하여 편집자는 몹시 기쁘다.

2023년 7월 30일. 제주 '달리도서관'에서 준비한 프로그램 '동서남북적' 주제 도서
로 선정되어 저자와 함께 독자들이 함께 4·3 현장을 걷고 '보배책방'에서 이에 관해
이야기를 나누다.

2023년 11월. 2023 세종도서 교양 부문 도서로 선정되다. 혜화1117의 책으로는
2022년 『외국어 학습담』에 이어 두 번째로 선정된 것으로, 더불어 『동아시아 미술,
젠더로 읽다』까지 선정되어 기쁨이 배가 되다.

2024년 4월. 4·3추념일을 앞두고 온라인 서점 예스24, 알라딘 등에서 관련 도서
를 한 자리에 모아 독자들과 함께 이 날을 기억하다.

2024년 8월 5일. 초판 3쇄본을 출간하다. 책의 판매가 꾸준히 이어지고 있음으로
일반적인 3쇄의 제작 부수보다 많은 부수를 제작하다. 그러나 이 책을 더 많은 독
자들이 읽음으로써 4·3에 대해 관심을 갖는 독자들이 많아지고 있음을 확인하고
싶은 편집자는 하루라도 빨리 4쇄를 찍는 날이 오기를 기다리는 마음을 여기에 남
기다. 이후의 기록은 4쇄 이후 추가하기로 하다.

4·3, 19470301-19540921

2023년 4월 3일 초판 1쇄 발행
2024년 8월 5일 초판 3쇄 발행

지은이 허호준
펴낸이 이현화
펴낸곳 혜화1117 **출판등록** 2018년 4월 5일 제2018-000042호
주소 (03068)서울시 종로구 혜화로11가길 17(명륜1가)
전화 02 733 9276 **팩스** 02 6280 9276 **전자우편** ehyehwa1117@gmail.com
블로그 blog.naver.com/hyehwa11-17 **페이스북** /ehyehwa1117 **인스타그램** /hyehwa1117

ⓒ 허호준

ISBN 979-11-91133-08-0 03910

'옛 그림으로 본 연작'을 마치며

"실경의 숲에서 보낸 나의 서른 해는
이렇게 책이 되어 독자들에게로 향한다.
지난 시간 내내 내가 기뻤듯 여러분들도
앞으로의 시간 내내 이 숲에서 기쁘시길."_최열

옛 그림으로 본 서울 - 서울을 그린 거의 모든 그림
최열 지음 · 올컬러 · 436쪽 · 값 37,000원

옛 그림으로 본 제주 - 제주를 그린 거의 모든 그림
최열 지음 · 올컬러 · 480쪽 · 값 38,500원

옛 그림으로 본 조선 1, 금강 - 천하에 기이한, 나라 안에 제일가는 명산
최열 지음 · 올컬러 · 528쪽 · 값 40,000원

옛 그림으로 본 조선 2, 강원 - 강원이여, 우리 산과 강의 본향이여
최열 지음 · 올컬러 · 400쪽 · 값 35,000원

옛 그림으로 본 조선 3,
경기·충청·전라·경상 - 과연 조선은 아름다운 실경의 나라
최열 지음 · 올컬러 · 592쪽 · 값 45,000원